职业教育·城市轨道交通类专业教材

城市轨道交通调度指挥
（第2版）

主　编　操　杰　应夏晖
副主编　洪钰洁　王　亮
主　审　李　永

人民交通出版社股份有限公司
北京

内 容 提 要

本书为职业教育城市轨道交通类专业教材。主要内容包括列车开行方案、运输计划编制、列车运行图编制、正常情况下调度指挥、特殊情况下调度指挥、其他调度工作组织。

本书可作为职业教育城市轨道交通运营管理专业教材或教学参考书、本科相关专业的实训教材使用，也可供相关行业人员参考。

本书配套丰富助教助学资源，请有需求的任课教师通过加入职教轨道教学研讨群（QQ 群：129327355）获取。

图书在版编目（CIP）数据

城市轨道交通调度指挥/操杰,应夏晖主编. —2 版 —北京:人民交通出版社股份有限公司,2023.3
ISBN 978-7-114-18688-2

Ⅰ.①城… Ⅱ.①操… ②应… Ⅲ.①城市铁路—轨道交通—运输调度—职业教育—教材 Ⅳ.①U239.5

中国国家版本馆 CIP 数据核字（2023）第 049308 号

职业教育·城市轨道交通类专业教材
Chengshi Guidao Jiaotong Diaodu Zhihui

书　　　名	城市轨道交通调度指挥（第 2 版）
著 作 者	操　杰　应夏晖
责任编辑	钱　堃
责任校对	孙国靖　刘　璇
责任印制	刘高彤
出版发行	人民交通出版社股份有限公司
地　　　址	（100011）北京市朝阳区安定门外外馆斜街 3 号
网　　　址	http：//www.ccpcl.com.cn
销售电话	（010）59757973
总 经 销	人民交通出版社股份有限公司发行部
经　　　销	各地新华书店
印　　　刷	北京武英文博科技有限公司
开　　　本	787 × 1092　1/16
印　　　张	15.25
字　　　数	340 千
版　　　次	2017 年 1 月　第 1 版 2023 年 3 月　第 2 版
印　　　次	2024 年 2 月　第 2 版　第 2 次印刷
书　　　号	ISBN 978-7-114-18688-2
定　　　价	45.00 元

（有印刷、装订质量问题的图书，由本公司负责调换）

前言

【教材定位】

随着我国城市轨道交通行业的快速发展，城市轨道交通企业的用人需求也更加迫切，尤其需要具有专业职业素养、掌握职业岗位所需要的理论知识和操作技能的高素质技术技能型人才。

本书依据项目导向、任务驱动的职业教育理念，以城市轨道交通调度指挥工作任务为中心设置编写体例，依据"城市轨道交通调度指挥"课程教学改革成果编写。本书可作为职业教育城市轨道交通运营管理专业教材或教学参考书、本科相关专业的实训教材使用，也可供行业工作人员参考。

【编写思路】

(1) 依据职业岗位（群）的职业技能标准以及《城轨道交通行车调度员技能和素质要求 第 1 部分：地铁、轻轨和单轨》（JT/T 1004.1—2015）等行业标准，确定学习领域的学习目标；根据调度员岗位典型工作任务确定学习项目。

(2) 改变传统的教学模式，遵循项目导向、任务驱动的职业教育理念，针对学习项目的能力目标、知识目标、素质目标设计学习任务，使学生在完成任务的过程中，实现对课程知识的内化掌握。

(3) 改革传统的考核方式，综合评价学生职业技能和职业能力，采用形成性评价与终结性评价相结合，笔试、口试、操作相结合，开卷、闭卷相结合，学生之间自评、互评、他评相结合等多种形式全面考核学生学习效果。

【特色创新】

(1) 基于城市轨道交通企业需求，以工作任务为中心设计教学内容，使学生在完成具体任务的过程中建构城市轨道交通调度指挥知识体系、掌握职业技能、发展职业能力。

(2) 设置"拓展知识"栏目，扩大知识面，让学生了解不同设备对应的调度指挥工作，提高职业适应能力。

【使用建议】

建议在城市轨道交通实训室中，采用项目教学法，通过模拟各种行车情况，引导学生主动地学习调度指挥相关专业知识，协助学生按规章和程序完成典型调度工作任务，培养学生职业技能和职业素养。本书内容可按照 64~88 学时安排，推荐学时分配为：项目一安排 8~12 学时，项目二安排 8~12 学时，项目三安排 20~24 学时，项目四安排 14~18 学时，项目五安排 10~14 学时，项目六安排 4~8 学时。

本书由武汉铁路职业技术学院操杰进行统稿、长沙市轨道交通集团有限公司李永进行主审。本书编写分工如下：项目一由武汉铁路职业技术学院洪钰洁编写，项目二由湖南高速铁路职业技术学院孙莉编写，项目三由湖南高速铁路职业技术学院应夏晖编写，项目四和项目五由武汉铁路职业技术学院操杰编写，项目六由湖北铁道运输职业学院王亮编写。本书由操杰、应夏晖担任主编，由洪钰洁、王亮担任副主编。

本书在编写过程中，参考和引用了国内外大量文献资料，在此谨向相关作者表示衷心感谢。由于编者水平有限，本书难免存在不足之处，敬请各位读者批评指正。

编　者

2022 年 10 月

目录

项目一　列车开行方案 /1

任务一　确定列车开行方案 ……………………………………………… 2
任务二　客流分析与行车组织 …………………………………………… 4
任务三　确定列车编组方案 ……………………………………………… 9
任务四　确定列车交路 …………………………………………………… 11
任务五　确定列车开行数量和开行间隔时间 …………………………… 15
任务六　确定快慢列车开行方案和列车停站方案 ……………………… 17

项目二　运输计划编制 /25

任务一　编制客流计划 …………………………………………………… 26
任务二　编制全日行车计划 ……………………………………………… 28
任务三　确定车辆配备和运用计划 ……………………………………… 33

项目三　列车运行图编制 /45

任务一　认知列车运行图 ………………………………………………… 46
任务二　学习列车运行图组成要素 ……………………………………… 50
任务三　通过能力计算 …………………………………………………… 63
任务四　列车运行图编制 ………………………………………………… 66

项目四　正常情况下调度指挥 /81

任务一　认知调度指挥工作 ……………………………………………… 82

任务二　学习调度日常工作制度及安全管理制度……………………90
　　任务三　ATS 系统操作…………………………………………………95
　　任务四　编发调度命令与绘制实绩运行图……………………………114
　　任务五　列车运行调整…………………………………………………120
　　任务六　正常情况下调度指挥…………………………………………128
　　任务七　调度工作统计与分析…………………………………………141

项目五　特殊情况下调度指挥/151

　　任务一　ATC 设备故障处理……………………………………………152
　　任务二　车站联锁设备故障处理………………………………………158
　　任务三　列车在区间被迫停车处理……………………………………164
　　任务四　其他突发情况下调度指挥……………………………………174
　　任务五　特殊列车开行…………………………………………………185

项目六　其他调度工作组织/201

　　任务一　电力调度员工作组织…………………………………………202
　　任务二　环控调度员工作组织…………………………………………208
　　任务三　维修调度员工作组织…………………………………………216

参考文献　/232

附录1　缩略语对照表/233

附录2　数字资源二维码列表/235

项目一

列车开行方案

项目描述

本项目主要引导学生了解城市轨道交通列车开行方案概念,理解客流与行车组织的关系,掌握客流分析的基本技能,掌握确定列车开行方案的基本方法。

教学目标

☞ 知识目标

1. 了解列车开行方案的确定过程;
2. 掌握适应路网客流特征的行车组织方案确定方法;
3. 掌握列车编组方案确定方法;
4. 掌握列车交路的基本类型及其适用条件;
5. 掌握列车开行数量和列车开行间隔时间的确定方法;
6. 掌握列车停站方案的确定方法。

☞ 技能目标

1. 能够说出列车开行方案的确定过程;
2. 能够根据客流特征确定相应的行车组织方案;
3. 能够根据客流特征确定列车编组方案;
4. 能够说出列车交路的种类和适应情况;
5. 能够说出列车开行数量和列车开行间隔时间的确定方法;
6. 能够说出列车停站方案的确定方法。

☞ 素质目标

1. 培养严谨的科学研究态度;
2. 培养创新意识。

任务一　确定列车开行方案

任务描述

了解列车开行方案概念，理解列车开行方案的影响因素，掌握列车开行方案的确定过程。

任务发布

1. 说出列车开行方案的影响因素。
2. 说出列车开行方案的确定过程。

知识准备

一　列车开行方案概念

城市轨道交通列车开行方案，是指确定列车运行区段、列车类型及开行对数的计划。列车从始发站到终到站经由的线路和停站构成列车的运行区段。列车根据其技术规格的不同分为不同的类型。开行对数的多少反映行车量的大小。城市轨道交通列车开行方案的具体内容一般包括列车编组方案、列车交路方案、列车开行数量、列车开行间隔时间、列车快慢开行方案、列车停站方案等。

二　列车开行方案影响因素

1. 客运密度

各区段客运密度是确定开行方案的基础，"按流开车"是确定列车运行区段和列车开行数量的基本原则。

2. 车站折返能力

当车站折返能力不足时，可延长或缩短列车运行区段。

3. 列车编组数量

列车编组数量较少时，列车开行数量则相应增多；列车编组数量较多时，列车开行数量则相应减少。

三　列车开行方案的确定原则

确定列车开行方案时必须满足下列基本原则。

1. 满足客流需求原则

以客流需求分析和预测为依据，根据不同时间、不同区段的客流变化特点，制定不同的列车开行方案，做到按需开车，为广大乘客乘车以及换乘提供便捷和高质量的服务，充分满足乘客出行需求。

2. 发车间隔时间适当原则

乘客候车都有一定的耐受度，即超出一定的候车时间，乘客就会不耐烦，对城市轨道交通服务有不满。乘客候车的耐受度依时段不同而不同，比如早高峰时段，由于多数乘客出行的目的是通勤、通学，因此能够接受的候车时间就要比其他时段短。乘客候车的满意度一般以候车时间长短来衡量，候车时间越长，则满意度越低。如果发车间隔时间短，会导致开行列车数多、满载率低，运营收入增加、运营成本提高，可能不利于企业效益最大化，特别是城市轨道交通客流在时间上具有较大的波动性时。因此，必须在乘客满意度和企业效益之间取得科学的平衡，选取一个适当发车间隔时间。

3. 合理停站原则

随着城市轨道交通的不断发展，许多大城市形成多个客流密集区。一方面，一般情况下停站越多吸引的客流也越多，对于某些乘客的出行比较有利；另一方面，停站多会降低列车的运行速度，增加部分乘客尤其是中、长途乘客在途时间，会导致一部分客流流失。因此，停站方案应兼顾满足客流需求与乘客对列车运行速度的要求。

4. 能力适应原则

列车开行方案提供的运输能力应与城市轨道交通客流需求相适应，且保持合理的区间通过能力和车站折返能力。

四 列车开行方案的确定过程

1. 绘制区段客流密度图

根据客流计划绘制区段客流密度图，清楚、直观地表示出各方向上各区段乘客的流量、流向及客流变化的位置，可为划分列车运行区段、确定列车类型、计算开行对数等工作提供便利。

2. 确定列车交路

区间断面客流分布情况是确定列车交路的关键。通常情况下，线路区间断面客流突变的位置是设置中间折返站的地方。根据线路断面客流和编组方案，选择合理的折返区段并确定列车交路，可使城市轨道交通系统的运行效率更高、乘客出行更方便。

3. 确定列车开行数量和列车开行间隔时间

根据客流量大小确定列车开行数量，根据乘客出行期望等因素确定列车开行间隔时间。

4. 确定快慢列车开行方案和列车停站方案

快慢列车开行是随着城市轨道交通网络不断扩大而出现的。当城市轨道交通线路不断向城市偏远地方延伸时，为满足不同的客流特征和节约运营成本，可采取快慢列车开行方案。此外，对不同区域的线路实行不同的列车停站方案是非常必要的，特别是特大城市的超长线路。

5. 检查列车开行方案

列车开行方案既要适应客流的需要,又要使客运设备得到经济合理的利用。列车开行方案一般依据客运服务水平、车辆运用情况、通过能力适应性、运营组织复杂性、运输成本等指标进行检查。

任务实施与评价

1. 教师课前下发任务,学生课前按要求完成预习任务。
2. 教师进行讲解,学生分组学习。
3. 学生完成任务。
4. 教师和各组长承担本次任务的他人评价工作,评判学生的任务完成情况。

任务二 客流分析与行车组织

任务描述

掌握客流分析方法,掌握根据客流特征选择合适的行车组织方案的方法。

任务发布

1. 说出客流特征和演变规律。
2. 说出适应客流特征的行车组织方法。

知识准备

一 客流分析

在城市轨道交通系统的运营过程中,对客流的动态变化进行适时跟踪和系统分析,掌握客流现状与变化规律是城市轨道交通行车组织工作顺利开展的前提。

客流是动态流,它因时、因地变化,这种变化归根结底是城市社会经济活动和生活方式及城市轨道交通系统运营特征的反映。客流分析的核心是分析客流在时间上和空间上分布的不均衡性,以及它们与行车组织的关系。

1. 客流的时间分布不均衡性分析

1) 一日内小时客流的不均衡性

小时客流随人们的生活节奏和出行目的而变化,通常是夜间少,早晨渐增,上班和上学时达到高峰,午间稍减,傍晚又因下班和放学再次形成高峰,此后逐渐减少,子夜最少。这种规律在大部分国内外的城市轨道交通线路上都有体现。在单向小时最大断面客流不均衡程度较大的情况下,可采用小编组、高密度行车组织方式,即在客流高峰期开行较多的列车以满足乘客需求,而在客流非高峰期减少开行列车数量以提高车辆满载率。

2) 一周内全日客流的不均衡性

由于城市居民的工作与休息一般是以周为循环周期进行的,这种活动规律性会反映到一周内各日客流的变化上。在以通勤、通学客流为主的城市轨道交通线路上,双休日的客流会有所减少;在连接商业网点、旅游景点的线路上,双休日客流会有所增加。另外,星期一与节假日后第一天的早高峰小时客流,星期五与节假日前一天的晚高峰小时客流,一般会比其他工作日早、晚高峰小时客流要大。

3)季节性或短期性客流的不均衡性

在一年内,客流存在季节性的变化,如由于雨水较多和学生复习迎考等原因,六月份的客流通常是全年的低谷。另外,在旅游旺季,城市中流动人口的增加又会使城市轨道交通客流增加。短期性客流快速增长通常发生在举办重大活动或天气骤然变化的时候。

2. 客流的空间分布不均衡性分析

1)各条线路客流的不均衡性

各条线路客流的不均衡性包括现状客流的不均衡性和客流增长的不均衡性两方面。

2)上行、下行(简称上下行)客流的不均衡性

城市轨道交通线路上下行方向发、到的客流通常是不相等的。在放射型的城市轨道交通线路上,早、晚高峰小时的上下行方向客流不均衡性尤为明显。在上下行方向最大断面客流不均衡程度较大的情况下,可采取上下行线路安排不同运力的措施。

3)各个断面客流的不均衡性

在城市轨道交通线路上,由于各个车站乘降人数不同,线路单向各个断面的客流不均衡现象是不可避免的。城市轨道交通线路单向断面客流不均衡系数可按相应公式计算。线路单向断面客流不均衡系数越大,一般线路单向最大断面客流不均衡程度越大。在线路单向最大断面客流不均衡程度较大的情况下,可采取在客流较大的区段加开区段列车的措施。

4)各个车站乘降人数的不均衡性

城市轨道交通线路各个车站的乘降人数是不均衡的。在不少线路上,全线各站乘降量的大部分往往集中在少数几个车站。

3. 客流动态及演变规律

1)线网上的客流动态

线网上的客流一般由中心区的集散点逐渐向外延伸。线网上的客流动态数值用断面客流量表示。

2)线路方向上的客流动态

一般线路有上行、下行两个方向。两个方向的客流量在同一时间段内一般是不相等的。有的线路双向的客流量几乎相等,有的线路则相差很大。线路方向上的客流动态可分为双向型和单向型。

(1)双向型。

该类型的上下行的断面客流量接近,如图1-1所示。市区线路的客流动态属于双

向型的较多。这种线路在车辆调度上比较容易,同时车辆的利用率比较高。

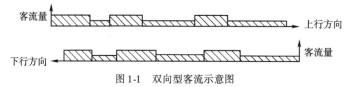

图 1-1 双向型客流示意图

(2)单向型。

该类型的上下行的断面客流量差异很大。很多连接中心区与郊区或工业区的线路方向上的客流动态属于单向型,如图 1-2 所示。这种线路比较复杂,车辆的有效利用率较双向型线路低。

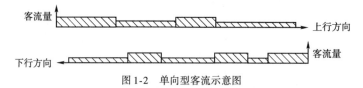

图 1-2 单向型客流示意图

客流在方向上的不均衡性一般用方向不均衡系数 p_d 表示,其计算方法如下:

$$p_d = \frac{2V_d}{(V_d + V_d')} \tag{1-1}$$

式中:p_d——方向不均衡系数,一般中心区线路的 p_d 为 1.1~1.2;

V_d——某方向单向高峰小时最大断面客流量,人/h;

V_d'——对应 V_d 的另一方向高峰小时最大断面客流量,人/h。

研究不同方向的客流动态,可以为确定相应的调度措施、合理地组织车辆运行提供依据。

3)线路断面上的客流动态

客流在线路断面上的动态分布具有一定特点,大致有以下五种主要类型。

(1)"凸"型。

该类型的中间几个断面客流量数值高,如图 1-3 所示。

图 1-3 "凸"型断面客流示意图

(2)"平"型。

该类型的各断面客流量很接近;有些线路在接近起、终点站前的第 1~2 个断面客流量较低,但其余断面客流量很接近,也属于此类,如图 1-4 所示。

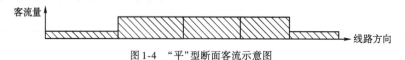

图 1-4 "平"型断面客流示意图

(3)"斜"型。

该类型的断面客流量由小到大逐渐递增,或者由大到小逐渐递减,在断面上呈现梯形分布,如图1-5所示。

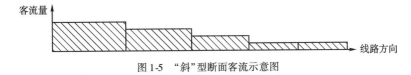

图1-5 "斜"型断面客流示意图

(4)"凹"型。

该类型的中间断面客流量低于接近两端的断面客流量,如图1-6所示。

图1-6 "凹"型断面客流示意图

(5)不规则型。

断面客流量分布规律不符合以上4种类型的,为不规则型。

4)时间上客流动态演变规律

(1)季节变化。

一年中每月的客流量互有差别,有一定的起伏变化。季节性客流动态及其特点是制订客运计划的主要资料,也是编制各月行车计划的主要依据之一。

(2)周内变化。

在一周中,由于受到工作日和双休日的影响,每天的客流量是不等的,呈现一定规律。比如每周一早高峰、周五晚高峰客流量较高,近郊线路比市区线路更明显。市区线路在周六、周日的通勤客流大幅下降,休闲娱乐客流大幅增加。

(3)昼夜变化。

一昼夜内各个时间段的客流量是不相同的。受通勤客流的影响,线路客流会出现早、晚高峰。调度员应结合客流动态类型及变化规律,安排好线路的运营时间、乘务班次、车辆使用和行车调度计划等。根据客流在一昼夜内的分布,其可以划分为双峰型、三峰型和平峰型。

①双峰型。这种类型是指在一昼夜内有两个显著的高峰,如图1-7所示。一个高峰发生在上午(6:00—8:00),称为早高峰;另一个高峰发生在下午(17:00—19:00),称为晚高峰。

②三峰型。这种类型比双峰型多一个高峰。这个高峰如果出现在中午(12:00—14:00)称为午高峰(图1-8),如果出现在晚上(20:00—22:00)称为小夜高峰(图1-9)。

③平峰型。这种类型的客流动态在时间分布上没有明显的高峰。客流量在一昼夜内虽有变化,但升降幅度不大,如图1-10所示。

一昼夜客流量动态一般以1h为单位时间统计。了解客流动态演变规律主要是分析和掌握"峰"在时间上的分布情况。

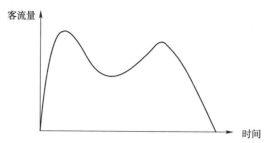

图 1-7　双峰型客流示意图

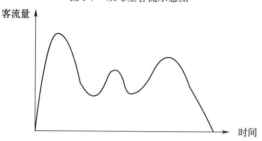

图 1-8　三峰型客流示意图(含中午高峰)

图 1-9　三峰型客流示意图(含小夜高峰)

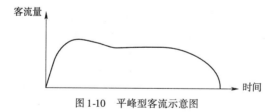

图 1-10　平峰型客流示意图

客流在时间上的不均衡性一般用时间不均衡系数 p_t 表示,其计算方法如下：

$$p_t = \frac{V_{\max}}{\dfrac{\sum V_i}{h}} \tag{1-2}$$

式中：p_t——时间不均衡系数,线路的 p_t 一般为 1.2；

$V_{\max}$——单向最大断面客流量,人/h；

V_i——单向断面分时客流量,人/h；

h——全日营业小时数。

二　适应不同客流特征的行车组织方法

行车组织必须依据客流特征,提供符合客流特点、满足客流需求的运输服务,同时行车组织也要减少运输成本。因此,行车组织的任务就是在满足客流需求的情况下,经济合理地安排车辆,达到社会效益、企业效益的"双赢"。要达到这种目的,需要针对不同客流特点,采用不同行车组织方法。

1.适应客流时间动态特征的行车组织方法

1)改变发车间隔时间,调整列车开行数量

改变发车间隔时间,调整列车开行数量是一种常见的针对非平峰型客流的行车组织方法。这种方法的特点是,有效地降低运输成本,避免列车满载率过低,调整乘客的等候时间,提高系统的服务质量。

2)适时"短列"或"长列"

开行编组辆数少于或多于常规编组辆数的"短列"或"长列"是一种非常规的行车组织方法。在客流非高峰期开行"短列"列车,可降低车辆的空载率,减少成本。在客流高峰期可将两列"短列"列车组合成一列"长列"列车,可更好满足高峰期运输需求。

2.适应客流空间动态特征的行车组织方法

1)方向动态性的行车组织方法

对于双向型客流,当上下行方向客流量相近时,行车组织较为容易,分别安排相近的开行方案即可满足运输需求,达到较高车辆利用率;对于单向型客流,在方向不均衡系数较大的情况下,非环线走向的城市轨道交通线路要做到经济合理地制定开行方案比较困难。

2)区段动态性的行车组织方法

"平"型客流的行车组织较为简单,可在全线安排相同的开行方案;对于"凸"型客流可在其客流量较大的区段增开区段列车;对于"凹"型客流,可以在客流较小的区段减少列车开行数量;对于"斜"型客流要通过分析客流的变化程度,以确定是否增开或减开区段列车。

任务实施与评价

1.教师课前下发任务,学生课前按要求完成预习任务。
2.教师进行讲解,学生分组学习。
3.学生完成任务。
4.教师和各组长承担本次任务的他人评价工作,评判学生的任务完成情况。

任务三　确定列车编组方案

任务描述

掌握列车编组的概念和设置原则,了解车型选择依据,掌握列车编组的确定方法。

任务发布

1.说出确定车辆编组的主要原则。
2.说出列车编组车辆数的计算公式。

📖 知识准备

一　车型选择影响因素

1. 客流量

客流量是车型选择的重要依据之一。一般中小运量(如高峰小时断面客流量小于或等于3万人次)的城市轨道交通线路选用C型车,大运量线路(高峰小时断面客流量大于3万人次)的城市轨道交通线路宜选用A型车或B型车。

2. 发展预留

随着社会经济的发展,居民对出行条件提出了更高要求,城市轨道交通以其特有的快捷、准点、安全、舒适等优势会吸引更多客流,这已经被国内外的城市轨道交通运营所证实。因此,在考虑城市轨道交通车辆选型及列车编组时,应该予以适当预留。

3. 工程考虑

不同类型车辆的车辆限界有较大区别。城市轨道交通工程设施,特别是地下隧道结构一旦建成,其改建将是非常困难的。车型选择应考虑线路设施相关结构情况。

车辆编组与配置

二　列车编组方案类型

(1)大编组方案。大编组方案是指在运营时间内列车编组数量固定且相对较多的方案,如地铁列车采用6辆或8辆编组。

(2)小编组方案。小编组方案是指在运营时间内列车编组数量固定且相对较少的方案,如地铁列车采用3辆或4辆编组。

(3)大小编组方案。大小编组方案是指在运营时间内列车编组数量不固定的方案。大小编组有两种情形:一种是在客流非高峰时段编组数量相对较少,另一种是在客流高峰时段编组数量相对较多,如3/6编组或4/8编组。其优点是可以根据客流量灵活地编组等。

部分地铁线路列车编组方案如表1-1所示。

部分地铁线路列车编组方案　　　　　表1-1

项　目	上海地铁1、2号线	广东地铁1、2号线	深圳地铁1号线	成都地铁1号线
初期列车编组数量(辆)	6	6	6	4
远期列车编组数量(辆)	8	6	6	6
车辆类型	A型车	A型车	A型车	B型车

三　列车编组方案制定方法

1. 主要原则

(1)必须满足单向高峰小时断面客流量的需要。

(2)兼顾信号系统设备所能达到的行车密度或行车间隔,即系统设计能力。

(3)编组数量还应该用列车的超员载客量进行校核,既使列车能满足高峰时的运输需要,又使非高峰时的车辆满载率不低,达到节能并且降低运营成本的目的。

(4)考虑方案对初、近、远期客流变化的适应能力。

通常来说,客流有一个从发育到成长的过程,因此,在线路投入运营的初期,客流量较小,仅需要较小的列车编组数量即可满足运营需要。而随着客流的逐步增长,在近期或者远期通常需要用较大编组数量的列车才能满足运营需要。

2.列车编组数量的计算

$$Z = \frac{Q}{A \times N \times \beta} \tag{1-3}$$

式中:Z——列车编组数量,辆;

Q——单向高峰小时最大断面客流量,万人次/h;

A——某一断面每小时通过的列车数量,列;

N——列车额定载客量,人;

β——满载率。

3.列车编组方案比选影响因素

(1)客流。在车辆类型、列车间隔一定的情况下,客流较大,列车编组数量也较大。

(2)车辆类型。车辆定员数越大,列车编组数量可相应减小。

(3)列车发车间隔。列车发车间隔时间越短,列车编组数量可相应减小。但列车间隔的压缩受到线路通过能力和列车折返能力的制约。

(4)乘客服务水平。在客流量不大、列车密度较低的情况下,与大编组方案相比,采用小编组方案时的乘客候车时间较短。

(5)车辆运用经济性。采用小编组方案,对提高列车满载率及降低牵引能耗具有积极的意义,但列车开行次数的增加也会使乘务员配备数增加。

(6)运营组织复杂性。与采用固定编组方案相比,在选用大小编组方案时,列车的编组与解体、高峰与非高峰时段的过渡以及列车间隔的调整等均增加了运营组织的复杂程度。

任务实施与评价

1.教师课前下发任务,学生课前按要求完成预习任务。

2.教师进行讲解,学生分组学习。

3.学生完成任务。

4.教师和各组长承担本次任务的他人评价工作,评判学生的任务完成情况。

任务四　确定列车交路

任务描述

理解列车交路的概念和设置原则,掌握列车交路的基本类型及其适用条件,了解确定列车交路的步骤。

任务发布

1. 说出列车交路的设置原则。
2. 说出列车交路的基本类型及其适用条件。
3. 说出确定列车交路的步骤。

知识准备

一　列车交路的概念

列车交路是指列车担当运输任务的固定周转区段。列车交路计划规定列车运行区段、折返车站以及按不同交路运行的列车对数。当城市轨道交通线路较长、断面客流分布不均衡时，通过合理、可行的交路组合来安排列车输送能力是一种充分利用有限资源、降低运输成本的常见方法。设置列车交路的主要目的是在满足客运需求的同时，合理分配运能，节省车辆及相关设备。

二　确定列车交路的原则

1. 列车交路必须满足客流的特点

客流在空间上所表现出的不均衡性是列车交路确定的依据。列车交路的确定应依据客流分布特点，结合全线断面客流的变化划分列车运行区段，保证输送能力能够满足相应区段的客流需求，保持适当的服务水平。

2. 必要设备是实现列车交路的保证

列车交路的实现只能在设有折返线路的车站之间进行。不同的列车交路对应不同的运营组织模式和折返站配线型式。为方便运营管理和车站设备的充分利用，近期的列车交路应为中期、远期的列车交路的实施创造条件，中期、远期的列车交路应兼顾前期相关设备的利用和运营管理的连续性。

3. 合理的客运组织是实现列车交路的必要客观条件

由于列车交路的实现可能导致列车终到站的变化，相关车站的客运组织工作都需随之不断调整。如果客运组织的工作不力可能会直接影响到列车运行图的执行情况。

4. 尽可能减少乘客平均等待时间

乘客平均等待时间是评价城市轨道交通列车交路的一项重要指标，它包括行车间隔时间和换乘时间。分段交路会使部分乘客在衔接车站下车换至另一个列车交路而延长乘客平均等待时间，同时增加衔接车站规模和车站管理难度。因此，在分段列车交路需合理地设置衔接车站配线，尽量满足乘客可同站台换至另一个列车交路，以减少乘客平均等待时间。

5. 尽可能减少配属车辆

减少配属车辆，可节省车辆购置费，进而降低运营成本，提高运营效率。

三 列车交路的基本类型及其适用条件

1. 单一交路(图 1-11)

单一交路为列车在线路起、终点间按最大需要开行贯通式列车的交路,适用于全线断面客流比较均匀的情况,一般应用于市区线路。连接市区和郊区的线路断面客流一般差别较大,为避免郊区段运能浪费,一般不采用单一交路。

图 1-11 单一交路

2. 组合交路

1) 长短交路(图 1-12)

长短交路可根据客流需要组织不同编组、开行不同对数的列车在各区段运行,以满足客流需求,提高运营效益。对于连接市区与郊区的线路,短交路一般在市区段。长短交路适用于全线或区段高峰小时断面客流量不均匀,且断面客流量在途中某处有明显的落差的情况。采用长短交路,中间折返站的选择及配线设置合理与否,是设计的关键。

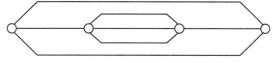

图 1-12 长短交路

2) 分段交路(图 1-13)

分段交路不仅可以组织不同编组、不同开行对数的列车分段运行,甚至相邻区段线路技术标准也可不一致。分段交路适用于高峰小时断面客流量不均衡且差异程度较大的线路相邻区段。

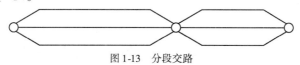

图 1-13 分段交路

3) 交错交路(图 1-14)

交错交路一般设置在市区段,是指列车在某一个区间的交路交错,共线或不共线运行。交错交路适用于客流相对集中于市区而郊区客流相对分散的情况。

图 1-14 交错交路

4) 带支路的交路

带支路的交路通常应用于线路支线。带支路的交路通常有两种类型:一种是独立交路,即支路独立运行(图 1-15),适用于支线直通客流比例较小的情况;另外一种是直通交路,即支路直通运行(图 1-16),适用于支线直通客流比例较高的情况。如果支线的短途客流比例较大,可以适当地开行独立交路,将两种列车交路进行组合。

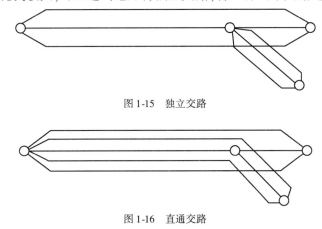

图 1-15　独立交路

图 1-16　直通交路

四　列车交路比选的影响因素

采用组合交路时,一般需要比选列车交路。比选的影响因素如下:

1. 客流的空间分布特征

客流的空间分布特征是列车交路比选的重要影响因素。线路各区段断面客流分布不均衡程度较大时,才有必要对列车交路进行比选。

2. 乘客服务水平

采用组合交路一般会使乘客平均等待时间增大,从而引起服务水平的下降。如果乘客平均等待时间增加较多,一般不宜采用组合交路。

3. 运营经济性

采用组合交路能提高列车满载率、加快列车周转、减少运用车数,从而提高车辆运用经济性、降低运营成本。但由于需要在中间站铺设折返线、道岔和安装信号设备,因此也会增加投资和运营费用。

4. 通过能力适应性

在采用组合交路时,不同交路列车的折返作业可能会产生进路干扰,此时,线路折返能力甚至最终通过能力均有可能降低。因此,通过能力适应客流需求是采用组合交路的充分条件之一。

5. 运营组织复杂性

由于列车按不同的交路运行并在中间站折返,以及需要加强站台乘车导向服务,所以组合交路的运营组织较复杂。此外,在采用组合交路时,中间折返站的选择也是运营组织中需要考虑的问题。

五 列车交路的确定步骤

1. 判断是否开行长短交路

区段客流分析是确定列车交路的前提,即将客流在时间上、空间上所表现出的不均衡性作为列车交路计划确定的依据。断面客流不均衡性用断面不均衡系数 p_h 表示。其计算方法如下:

$$p_h = \frac{nV_{\max}}{\sum_{i=1}^{n} V_i} \tag{1-4}$$

式中:n——断面数量;

$V_{\max}$——最大断面客流量,人/h;

V_i——断面 i 客流量,人/h。

判断是否开行长短交路例题

对于 p_h 达 1.5 以上的线路,可采取长短交路,增大最大断面的运输能力,保持线路各个断面运力与运量的平衡。

2. 确定长短交路列车开行配置

长短交路以长交路周期 $T_周$ 为基础编制长短交路运行图,如图 1-17 所示,其中 $t_周$ 为短交路周期。一般长交路行车间隔 $I_大$ 是短交路行车间隔 $I_小$ 的整数倍时,才能使长短交路之间得到合理匹配与协调,满足一定的服务水平。

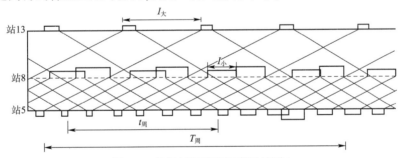

图 1-17 长短交路运行图示意图(部分)

任务实施与评价

1. 教师课前下发任务,学生课前按要求完成预习任务。
2. 教师进行讲解,学生分组学习。
3. 学生完成任务。
4. 教师和各组长承担本次任务的他人评价工作,评判学生的任务完成情况。

任务五 确定列车开行数量和开行间隔时间

任务描述

理解列车开行数量和开行间隔时间的概念,掌握确定列车开行数量和列车开行间隔时间的方法。

任务发布

1. 说出确定列车开行数量的方法。
2. 说出确定列车开行间隔时间的方法。

知识准备

一 确定列车开行数量

列车开行数量是指方向上或区段内为满足客流需求而开行的列车数量。列车开行数量确定得是否合理，是衡量列车运行图编制质量优劣的重要因素。列车开行数量既要适应客流需求，又要使客运设备得到经济合理的利用。正确计算列车开行数量，对降低运输成本、提高运输生产效率、保证服务质量、增强城市轨道交通的竞争能力和应变能力等方面具有重要意义。

计算公式如下：

$$n_i = \frac{p_{max}}{p_{列} \beta_i} \tag{1-5}$$

式中：n_i——时间段 i 内列车开行数量，列或对；

p_{max}——单向最大断面客流量，人/h；

$p_{列}$——列车定员人数，人；

β——时间段 i 内线路断面满载率。

线路断面满载率是指在单位时间内、特定断面上的车辆载客能力利用率。在实际工作中，线路高峰断面满载率 $\beta_{高峰}$ 通常是指高峰小时单向最大客流断面的车辆载客能力利用率，其计算公式如下：

$$\beta_{高峰} = \frac{p_{max}}{c_{max}} \times 100\% \tag{1-6}$$

式中：p_{max}——单向最大断面客流量，人/h；

c_{max}——高峰小时断面通过能力，人/h。

线路高峰断面满载率既反映了高峰小时开行列车在最大客流断面的满载程度，也反映了乘客乘车舒适度。为提高车辆运用效率、降低运输成本，在编制全日行车计划时，列车在高峰小时可适当超载。

线路断面满载率的大小可以根据不同时间段进行确定，在客流高峰期可以超过 100%，在其他时段可以小于 100%。

列车开行数量例题

二 确定列车开行间隔时间

列车开行间隔时间（简称行车间隔时间）是指相邻两列列车向同一方向发车的间隔时间。行车间隔时间是一个综合性指标。

一般行车间隔时间与运输能力成反比。行车间隔时间越短，每小时所能通过的列车数就越多，运输能力也就越大。

1. 计算行车间隔时间

时间段 i 内行车间隔时间 $t_{i间隔}$ 的计算公式如下：

$$t_{i间隔} = \frac{3600}{n_i} \tag{1-7}$$

式中：$t_{i间隔}$——时间段 i 内行车间隔时间，s。

2. 检查是否满足要求

检查是否满足要求主要包括以下两个方面：

（1）检查是否满足服务要求。

在已经计算得到各小时应开行列车数和行车间隔时间的基础上，应检查是否存在某段时间内行车间隔时间过长的情况。如果行车间隔时间过长，会增加乘客的候车时间，不利于吸引客流。为提高服务水平，在 9:00—21:00 的非高峰运营时间内，行车间隔时间一般不宜大于 6min；在其他非高峰运营时间内，行车间隔时间一般不宜大于 10min。

（2）检查是否满足折返能力和通过能力。

只有高峰小时行车间隔时间大于折返站出发间隔时间和线路追踪间隔时间时，才能确保高峰小时行车间隔时间的可实施性。

任务实施与评价

1. 教师课前下发任务，学生课前按要求完成预习任务。
2. 教师进行讲解，学生分组学习。
3. 学生完成任务。
4. 教师和各组长承担本次任务的他人评价工作，评判学生的任务完成情况。

任务六 确定快慢列车开行方案和列车停站方案

任务描述

理解快慢车开行的必要性，掌握快慢车间配合方案的分类；理解列车停站的必要性，掌握确定列车非站站停车的基本方法。

任务发布

1. 说出快慢列车开行方案特点。
2. 说出确定列车非站站停车的基本方法。

知识准备

在郊区与中心城区之间的城市轨道交通客流有长途客流与短途客流，可以考虑开行快车与慢车。快车在客流量较大的车站停车，主要满足长途客流需求；慢车则站站停，主要满足短途客流需求。

一 快慢列车开行方案

1. 开行快慢列车的必要性

随着城市的发展,郊区与中心城区间的联系加强,它们间的城市轨道交通线路无法分别满足乘距长和乘距短的乘客出行需求特征。若列车等速运行,会使乘客缺少乘车的选择性,使总体服务水平不高,降低了城市轨道交通的吸引力;同时,列车等速运行延缓了部分车辆的周转,增加了城市轨道交通的运营支出成本。针对这种情况,可以采用开行非等速列车,即开行快慢列车的策略。

2. 开行快慢列车的影响

城市轨道交通列车的运行基本上是严格按照上下行系统独立进行的,相互间不会产生影响,但同向的相邻列车,相互之间会产生影响,而且这种影响只可能因线路走向、组织方式等变化而改变性质或是地点,却不会消失。

当后行列车速度高于前行列车时,就存在后行列车越过前行列车的可能性。列车越行可以充分利用线路通过能力,但必须在中间站设置配线。考虑到工程条件和乘客等待时间不能过长的限制,当快慢列车混合运行时,在同一车站不允许有多列列车同时越行的情况发生,包括:①不允许出现两列及以上快车同时在同一车站被同一快车越行;②不允许出现两列及以上快车在同一车站同时越行慢车。

3. 快慢列车间配合方案

1) 快慢列车间越行

车速的不同一般会在线路或车站上出现快车对慢车的越行,无论是哪种越行,都需要设置越行线以符合运输的要求,如图1-18所示。

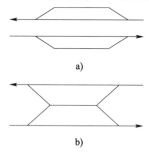

图1-18 越行线示意图

越行线不仅能在营运期间组织快车越行慢车,提高服务质量,还能作为区间运行列车的折返线,满足高峰时加开区间列车的需要或者用作夜间列车的停留线,减少列车折返段的停车线数量和工程规模,还可作为事故列车的临时停留线,减小或避免事故对正常运营的影响。

2) 快慢列车间不越行

快慢列车间不越行可通过调整列车追踪运行间隔来实现,这是以降低线路通过能力来换取的,所以难以适应大客流的线路或客流增加较快的线路。

从长期看,考虑客流的增加,快慢列车间要组织列车间越行。

二 列车停站方案

列车停站方案是城市轨道交通列车开行方案中的重要部分。对位于中心城区范围内的城市轨道交通线路,通常采用列车站站停车方案,行车组织简单,乘客无须同线路换乘。但在一些连接中心城区和郊区的长距离城市轨道交通线路上,断面客流不均衡程度较大,可选用非站站停车方案。

1. 城市轨道交通列车非站站停车常见方案

1)区段停车方案

区段停车方案在长短交路的情况下采用:长交路列车在短交路区段外每站停车作业,但在短交路区段内不停车通过;而短交路列车则在短交路区段内每站停车作业,其中间折返站又是乘客换乘站,如图 1-19 所示。

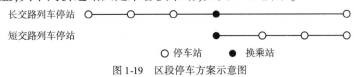

图 1-19　区段停车方案示意图

区段停车方案比较适用于郊区段各站与中心城区区段终点站或环线换乘站之间的通勤出行。

与站站停车方案比较,区段停车方案中的长交路列车在短交路区段内不停车通过。由于列车停站次数的减少,长交路列车的停站时间及起停车附加时间的总和相应减少,提高了列车旅行速度,压缩了列车周转时间,有利于压缩长距离出行乘客的乘车时间。

但是,区段停车方案也存在若干问题:首先,在列车开行数量较大时,可能会产生列车越行,需要在部分中间站修建侧线;其次,在不同交路换乘的乘客需要一定换乘时间。

2)跨站停车方案

跨站停车方案在长交路的情况下采用,将线路上开行的列车分为 M、N 两类,全线的车站分为 A、B、C 三类,其中 A、B 类车站按相邻分布的原则设置,C 类车站按每隔 2~6 个车站设置一个的原则设置。M 类列车在 A、C 类车站停车,在 B 类车站通过;N 类列车在 B、C 类车站停车,在 A 类车站通过,如图 1-20 所示。

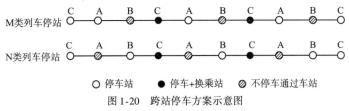

图 1-20　跨站停车方案示意图

跨站停车方案比较适用于 C 类车站上下车客流较大且乘客平均乘车距离较远的情形。采用跨站停车方案的前提是长距离出行乘客得到的节约时间总和大于部分乘客增加的候车时间与换乘时间的总和。

3)部分列车跨多站停车方案

部分列车跨多站停车方案是指线路上开行两类长交路列车,即普速(站站停车)列车和快速(跨多站停车)列车,其中快速列车只在线路上的主要客流集散站(一般为换乘站)停车,而在其他站则安排通过,如图 1-21 所示。

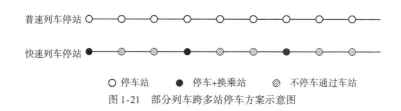

图 1-21　部分列车跨多站停车方案示意图

部分列车跨多站停车方案适用于连接中心城区和郊区的长距离市域快速轨道交通线路。

2. 列车非站站停车方案的客流条件

上述三种非站站停车方案均有利于减少车辆运用数与降低运营成本,但会出现一部分乘客节约了乘车时间而另一部分乘客增加了旅行时间的情况。旅行时间可定义为乘客从候车时起至下车时止的全部时间,包括候车时间、乘车时间以及在同线路、不同种类列车间的换乘时间。只有当全部乘客出行时间的增加总和小于节约总和时,采用非站站停车方案才是可行的。

线路上长距离出行乘客比例较大及某些发、到站间的直达客流也较大时,采用非站站停车方案通常是有利的,能够使全部乘客在出行时间上的增加总和小于节约总和。当线路上以同一客流区段内发、到的短途客流为主时,不宜采用非站站停车方案,以避免降低城市轨道交通系统对乘客的服务水平。

3. 影响列车停站方案比选的因素

影响列车停站方案比选的因素为站间起讫点(OD)客流特征、乘客服务水平、列车越行、运营经济性和运营组织复杂性等。

(1) 站间 OD 客流特征。在长距离出行乘客比例较大及某些发、到站间的直达客流也较大时,采用非站站停车方案通常是有利的。在线路上以同一区段内发、到的短途客流为主时,不宜采用非站站停车方案。

(2) 乘客服务水平。应根据站间 OD 客流,定量分析计算长途出行乘客节约的出行时间与短途出行乘客增加的换乘时间与候车时间,来确定非站站停车方案的可行性。如果乘客的节约时间总和大于增加时间总和,或者乘客的节约时间与增加时间基本持平,采用非站站停车方案是可行的,能够提高或至少不降低乘客服务水平。

(3) 列车越行问题。在采用非站站停车方案时,必须对列车越行相关问题(如列车越行判定条件、越行站设置数量及位置等)做进一步分析。

(4) 运营经济性。非站站停车方案能加快列车周转、减少运用车数,从而降低运营成本。但在采用非站站停车方案时,通常要在部分中间站增设越行线,这会带来车站土建与轨道等费用的增加,会引起车站造价成本的上升。

(5) 运营组织复杂性。由于各类列车的停站安排不同以及列车在中间站越行,运营控制中心(OCC)、车站控制室对列车运行的监控以及站台上的乘车导向服务均应加强。因此,非站站停车方案的运营组织要比站站停车方案复杂。

任务实施与评价

1. 教师课前下发任务,学生课前按要求完成预习任务。
2. 教师进行讲解,学生分组学习。
3. 学生完成任务。
4. 教师和各组长承担本次任务的他人评价工作,评判学生的任务完成情况。

思政案例

北京地铁发展历程

1969年10月1日,北京地铁一期工程建成通车。线路长23.6km,采用明挖填埋法施工,共有17座车站。

1971年1月15日,北京地铁一期工程开始试运营,试运营区段为公主坟站至北京站。

1987年12月28日,北京地铁一线和环线正式分开独立运行。

2000年6月28日,北京地铁1号线全线贯通运营。

2002年9月28日,北京地铁13号线西段通车运营。

2003年1月28日,北京地铁13号线东段通车运营。

2003年12月27日,北京地铁八通线通车运营。

2007年10月7日,北京地铁5号线通车运营。

2008年7月19日,北京地铁10号线一期、8号线一期、机场线同时开通试运营以迎接奥运会。

2008年8月8日,北京地铁奥运支线开通运营。

2009年9月28日,北京地铁4号线开通试运营。

2010年12月30日,北京地铁15号线一期一段、昌平线一期、大兴线、房山线大部分线路开通试运营。

2011年12月31日,北京地铁8号线二期北段、北京地铁9号线南段、北京地铁15号线一期东段开通试运营。

2012年12月30日,北京地铁6号线一期、8号线二期南段大部分、9号线北段和10号线二期大部分线路开通试运营。

2013年5月5日,北京地铁10号线二期剩余段、14号线西段开通运营,北京地铁10号线成环运营。

2013年12月28日,北京地铁8号线二期南段剩余段以及昌平线与8号线联络线投入试运营。

2014年12月28日,北京地铁6号线二期、7号线一期、14号线东段、15号线一期三段开通运营。

2015年12月26日,北京地铁14号线中段和昌平线二期投入试运营。

2016年12月31日,北京地铁16号线北段开通试运营。

2017年12月30日,北京磁浮地铁S1线、地铁燕房线和现代有轨电车西郊线开通试运营。

2018年12月30日,北京地铁6号线西延、8号线三期、四期开通试运营。

2019年9月26日,北京地铁大兴机场线一期开通运营。

2019年12月28日,北京地铁7号线东延、八通线南延开通试运营。

思考: 请查阅资料,整理2020年至今北京地铁的发展情况。北京地铁的快速发展,离不开企业专业技术人员的辛勤付出。请查阅北京地铁的"大国工匠""劳动模范"相关新闻报道,谈谈你对"工匠精神""敬业奉献"的心得体会,谈谈自己对未来从事地铁相关工作的规划。

拓展知识

列车开行方案选优的评价指标包括以下五个方面:

(1)乘客服务水平指标:乘客服务水平指标包括乘客乘车时间、候车时间、换乘时间、换乘次数和平均出行速度等。

(2)车辆运用指标:车辆运用指标包括列车周转时间、旅行速度、运用车数、日车走行公里和车辆满载率等。

(3)通过能力适应性指标:该指标主要是评价列车开行方案实施后的能力损失,以及最终通过能力是否满足要求。通过能力适应性指标包括线路通过能力利用率、列车折返能力利用率等。

(4)运营组织复杂性指标:在实际工作中,很复杂的列车开行方案,通常不被运营部门所接受。在列车开行方案选优时,可用分级或排序的方式来反映运营组织的复杂程度。

(5)运输成本指标:运输成本指标包括车辆购置费用、增设折返线费用、增设越行线费用、列车运行距离相关费用和乘务人员费用等。

习题

一、答一答

1. 城市轨道交通列车的开行方案有哪些?
2. 影响列车开行方案的因素有哪些?
3. 确定列车开行方案的过程是什么?
4. 客流分析的核心是什么?
5. 适应路网客流时间动态性的行车组织方案是什么?
6. 适应客流空间动态特征的行车组织方案有哪些?
7. 列车交路的概念是什么?城市轨道交通列车交路的基本类型及其适用条件是什么?
8. 确定列车交路的步骤是什么?
9. 快慢列车间配合方案有哪些?

10. 城市轨道交通列车非站站停车常见方案有哪些?

11. 采用非站站停车方案的客流条件是什么?

二、算一算

某城市轨道交通线路,经过客流调查,确定车站 A—M 间断面客流量见表 1-2。试确定车站 A—M 间列车交路方案。

车站 A—M 间断面客流量(单位:万人次)　　　　表 1-2

方向	断面1 A—B	断面2 B—C	断面3 C—D	断面4 D—E	断面5 E—F	断面6 F—G	断面7 G—H	断面8 H—I	断面9 I—J	断面10 J—K	断面11 K—L	断面12 L—M
上行	8.6	8.8	8.9	9.0	19.9	20.1	20.2	19.6	20.2	9.0	8.5	8.6
下行	9.2	9.0	9.5	9.6	20.2	19.6	19.9	20.1	19.6	8.8	9.9	9.0

项目二

运输计划编制

项目描述

本项目引导学生学习编制客流计划、全日行车计划和车辆运用计划的方法,掌握编制城市轨道交通运输计划的基本技能,即根据客流的特点,编制合理的运输计划,为行车调度指挥奠定基础。

教学目标

☞ **知识目标**

1. 理解客流计划和组成;
2. 理解全日行车计划的内容和作用;
3. 理解车辆配备和运用计划。

☞ **技能目标**

1. 能够编制客流计划;
2. 能够编制全日行车计划;
3. 能够编制车辆运用计划。

☞ **素质目标**

1. 培养积极进取的职业精神;
2. 养成严谨的科学研究态度。

运输计划是城市轨道交通系统运营组织的基础工作之一,从社会服务效益看,城市轨道交通系统应充分发挥运量大和服务水平较高的特点,安全、迅速、正点和舒适地运送乘客;从企业的经济效益看,城市轨道交通系统的运营要实现高效率和低成本。为了达到这个目标,城市轨道交通系统的运输组织必须以运输计划为基础,即根据客流的特点,合理地编制运输计划,合理地调度指挥列车运行。

任务一 编制客流计划

任务描述

理解客流计划的概念,掌握编制客流计划的方法。

任务发布

1. 说出客流计划内容和作用。
2. 根据客流调查数据,编制客流计划。

知识准备

客流计划是对运输计划期间城市轨道交通线路客流的规划,它是全日行车计划、车辆配备计划编制的基础。对投入运营的新线,客流计划根据客流预测资料进行编制;对既有线,客流计划根据客流统计资料和客流调查资料进行编制。客流计划的主要内容包括站间到发客流量、各站分方向上下车人数、全日高峰小时和非高峰小时断面客流量、全日分时最大断面客流量等。

一 查站间到发客流和各站上下车人数

以站间到发客流量资料作为编制基础,可分步计算出各站上下车人数和断面客流量数据。

1. 查站间客流起讫点表(OD 表)

站间 OD 表描述客流在不同车站之间的分布情况。车站 A～F 的站间客流 OD 示意图如图 2-1 所示。根据客流调查和预测可以得到站间 OD 表。

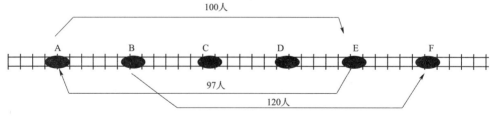

图 2-1 站间客流 OD 示意图

例如,表 2-1 是一条线路部分车站的站间到发客流量表。

站间到发客流量表(单位:人)　　　　　　　　表2-1

发站	到站							
	陈家堡	草滩镇	东兴隆	北客站	城运村	张家堡	尤家庄	南康村
陈家堡	0	115	790	5980	1267	1004	2281	1845
草滩镇	106	0	98	2344	418	266	893	773
东兴隆	705	88	0	1959	310	143	822	712
北客站	5685	2239	1894	0	1358	1402	1059	2741
城运村	1295	428	322	1425	0	223	708	941
张家堡	982	261	143	1475	219	0	682	680
尤家庄	2246	884	824	1042	699	673	0	342
南康村	1721	747	695	2629	906	701	330	0

2. 各站上下车人数

根据站间到发客流量资料可以计算出各站上下车人数(上行为南康村→陈家堡,下行为陈家堡→南康村),见表2-2。

各站上下车人数(单位:人次)　　　　　　　　表2-2

下行上车	下行下车	车站	上行上车	上行下车
13282	0	陈家堡	0	12740
4792	115	草滩镇	106	4647
3946	888	东兴隆	793	3878
6560	10283	北客站	9818	6571
1872	3353	城运村	3470	1824
1362	3038	张家堡	3080	1374
342	6445	尤家庄	6368	330
0	8034	南康村	7729	0

二　计算断面客流量

根据各站上下车人数按式(2-1)可以计算出断面客流量,数据见表2-3。

上下车人数计算公式如下:

$$P_j = P_i - P_x + P_s \qquad (2\text{-}1)$$

式中:P_j——第j个断面的客流量,人;

P_i——第i个断面的客流量,人;

P_x——下车人数,人;

P_s——上车人数,人。

根据表2-3的资料可绘制断面客流图。在客流计划编制过程中,高峰小时的断面客流量可以通过高峰小时站间客流量资料来计算,也可以通过全日站间到发客流量资料来估算。全日站间到发客流量可按全日断面客流量的一定比例来估算,比例系数的取值可通过客流调查来确定。全日分时最大断面客流量,可在求出高峰小时断面客流量的基础上根据全日客流分布模拟图来确定。

各区间断面客流量（单位：人次）　　　　　表 2-3

区　间	下　行	上　行
陈家堡—草滩镇	13282	12740
草滩镇—东兴隆	17959	17281
东兴隆—北客站	21017	20366
北客站—城运村	17294	17119
城运村—张家堡	15813	15473
张家堡—尤家庄	14137	13767
尤家庄—南康村	8034	7729

任务实施与评价

1. 教师课前下发任务，学生课前按要求完成预习任务。
2. 教师进行讲解，学生分组学习。
3. 学生完成任务。
4. 教师和各组长承担本次任务的他人评价工作，评判学生的任务完成情况。

任务二　编制全日行车计划

任务描述

了解全日行车计划的作用，理解全日行车计划的概念，掌握编制全日行车计划的基本方法。

任务发布

1. 说出全日行车计划的作用。
2. 说出全日行车计划的编制程序。

知识准备

全日行车计划是营业时间内各个小时开行的列车对数计划，它规定了城市轨道交通线路的日常作业任务，是科学地组织运送乘客的办法。它是编制列车运行图、计算运营工作量和确定车辆配备的基础资料，是综合考虑列车定员人数和车辆满载率以及希望达到的服务水平编制的。

一　编制资料

1. 运营时间

城市轨道交通系统运营时间的安排主要考虑了两个因素：一是方便乘客，满足出行需要，即考虑城市居民出行活动特点；二是满足城市轨道交通系统各项设备检修养护的需要。请查阅资料，填写表 2-4。

世界部分城市轨道交通线路运营时间   表2-4

城　　市	线路名称	线路类型	开始运营年份	运营时间(h)
北京				
上海				
香港				
伦敦				
纽约				
芝加哥				
布达佩斯				
巴黎				
柏林				
东京				
莫斯科				
华盛顿				

2. 运营时间的划分

我国城市轨道交通系统运营时间一般为18h(5:00—23:00)。某地铁线路运营安排如下。

普通工作日，如周一至周五，运营时间划分为三个时间段：

高峰期：7:00—9:00,17:00—19:00；

平峰期：5:00—7:00,9:00—17:00,19:00—23:00。

周六、周日以及法定节假日运营时间的划分方法如下：

高峰期：8:00—19:00；

平峰期：5:00—8:00,19:00—23:00。

不同城市可以根据交通出行规律对运营时间采用不同的、更细致的划分方法。在平峰期，列车开行方案的选择需要考虑到列车在几个小时内运行的连续性，并与客流需求合理匹配。如果存在支线或中途折返点，可采用多种列车开行方案。

对高峰期来说，高峰期间列车开行方案不一定是一种重复模式。当有多个方向存在时，某一方向上的开行方案不必与另一方向上的开行方案完全相同，但其要保证与每一个车站的需求相匹配，通常需要考虑可获得的列车资源、列车投入运行和退出运行的地点以及列车运输能力、在延伸站点停靠情况等。

3. 全日分时最大断面客流量

全日分时最大断面客流量，可在高峰小时断面客流量的基础上，根据全日客流分布情况来确定。

全日分时最大断面客流量

4. 列车定员数

列车定员数是列车编组辆数和车辆定员的乘积。列车编组辆数一般以高峰小时最大断面客流量作为基本依据。在一定的客流量情况下，采用缩短行车间隔时间、个增加列车编组辆数的办法也能达到一定的运输能力，但在行车密度已经很大的情况下,为满足增加的客流需要,增加列车编组辆数往往是必要采用的措施。能否增加列车编组辆数,和运用车保有量有关。当然,列车编组辆数也不能无限度地增加,它会受到车站站台长度、车辆段停车线和数量等因素的限制。

车辆定员取决于车辆的尺寸、车厢内座位布置方式和车门设置数。一般在车辆限界范围内,车辆尺寸越大、站立区比例越大,车辆定员越大。

二 编制程序

(1)计算运营时间内各小时开行列车数。
(2)计算行车间隔时间。
(3)对各行车间隔进行微调。
(4)最终确定全日行车计划。

下面以某地铁线路为例,对整个全日行车计划的编制过程和方法加以说明。

1)编制资料

(1)某地铁线路早高峰期为 7:30—8:30。
(2)全日分时最大断面客流分布模拟图(略)。
(3)列车编组辆数为6辆,车辆定员为260人。
(4)线路断面满载率:高峰小时采用110%,其他运营时间采用90%。

2)编制步骤

(1)计算运营时间内各小时开行列车数。
①根据全日客流分布模拟图,计算全日分时最大断面客流量数据。
②计算运营时间内各小时应开行的列车数。计算公式见项目一的式(1-5)。
计算结果见表2-5。

全日分时开行列车数　　　　　表2-5

时 间 段	单向最大断面客流量(人/h)	开行列车数(列)
5:30—6:30	2949	3
6:30—7:30	8833	7
7:30—8:30	29016	17
8:30—9:30	21543	16
9:30—10:30	18680	14
10:30—11:30	12791	10
11:30—12:30	10880	8
12:30—13:30	12357	9
13:30—14:30	10600	8
14:30—15:30	11143	8
15:30—16:30	13924	10
16:30—17:30	16158	12
17:30—18:30	21772	16
18:30—19:30	17828	13

续上表

时 间 段	单向最大断面客流量(人/h)	开行列车数(列)
19:30—20:30	12958	10
20:30—21:30	10489	8
21:30—22:30	8154	6
22:30—23:30	3086	3

(2)计算运营时间内各小时行车间隔时间。计算公式如下：

$$t_{i间隔} = \frac{60}{n_i} \qquad (2-2)$$

式中：$t_{i间隔}$——时间段 i 内行车间隔时间，min；

n_i——时间段 i 内列车开行数，列。

计算结果见表2-6。

行车间隔时间调整　　　　　　　表2-6

时 间 段	开行列车数(列)	行车间隔时间(min)	调整后行车间隔时间(min)
5:30—6:30	3	20	10
6:30—7:30	7	8.6	8.6
7:30—8:30	17	3.5	3.5
8:30—9:30	16	3.75	3.7
9:30—10:30	14	4.28	4.28
10:30—11:30	10	6.0	6
11:30—12:30	8	7.5	6
12:30—13:30	9	6.67	6
13:30—14:30	8	7.5	6
14:30—15:30	8	7.5	6
15:30—16:30	10	6	6
16:30—17:30	12	5	5
17:30—18:30	16	3.75	3.7
18:30—19:30	13	4.6	4.6
19:30—20:30	10	6	6
20:30—21:30	8	7.5	6
21:30—22:30	6	10	10
22:30—23:30	3	20	10

(3)对各行车间隔进行微调。

计算得到的某段时间内的行车间隔时间可能会较长。行车间隔时间太长，将会增加乘客候车的时间，不利于吸引客流。因此，在编制城市轨道交通系统全日行车计划时，应把方便乘车、提高服务质量作为一项重要因素给予考虑。在非高峰小时运营时间内保持一定的服务水平，不能一味地追求车辆的较高满载率而将计算得到的行车间隔时间作为开行列车数的标准。最终确定的高峰期行车间隔时间一般不大于6min，其他行车间隔时间也不宜大于10min。根据这个指标对上述计算结果进行修正，见表2-6最右列。

（4）最终确定全日行车计划。

根据调整后的行车间隔时间确定列车开行数，见表2-7。

①检查是否满足服务要求。

最大行车间隔时间为10min，其所对应的时段是非高峰运营时间；最小行车间隔时间是3.5min，其所对应的时段为7:30—8:30。从其他高峰时段看，行车间隔基本满足服务要求。

②检查折返能力和通过能力。

应检验高峰小时行车间隔时间是否符合列车在折返站的出发间隔时间的要求。表2-7中高峰小时行车间隔时间是3.5min，大于该线路设计列车折返时间，符合要求。还应检验高峰小时行车间隔时间是否符合列车追踪间隔时间的要求。表2-7中高峰小时行车间隔时间是3.5min，大于该线路列车追踪间隔时间，符合要求。

全 日 行 车 计 划　　　　　　　表2-7

时 间 段	调整后行车间隔时间（min）	调整后列车数（列）
5:30—6:30	10	6
6:30—7:30	8.6	7
7:30—8:30	3.5	17
8:30—9:30	3.7	16
9:30—10:30	4.28	14
10:30—11:30	6	10
11:30—12:30	6	10
12:30—13:30	6	10
13:30—14:30	6	10
14:30—15:30	6	10
15:30—16:30	6	10
16:30—17:30	5	12
17:30—18:30	3.7	16
18:30—19:30	4.6	13
19:30—20:30	6	10
20:30—21:30	6	10
21:30—22:30	10	6
22:30—23:30	10	6
合计	—	192

任务实施与评价

1. 教师课前下发任务，学生课前按要求完成预习任务。

2.教师进行讲解,学生分组学习。
3.学生完成任务。
4.教师和各组长承担本次任务的他人评价工作,评判学生的任务完成情况。

任务三　确定车辆配备和运用计划

任务描述
理解运用车的概念,掌握运用车的计算方法,掌握编制车辆运用计划的方法。

任务发布
1.说出运用车概念。
2.编制车辆运用计划。

知识准备
城市轨道交通系统若要顺利完成运输任务,必须合理配备一定数量的车辆,根据全日行车计划确定车辆运用计划。

车辆配备计划指为完成全线全日行车计划所制订的车辆保有数计划。车辆保有数包括运用车辆数、在修车辆数和备用车辆数三部分。根据线路远期客流预测数据,测算远期运行行车间隔,可得出所需运用车辆数;备用车辆数按照运用车辆数的10%取得;检修车辆数需根据车辆综合维修能力、修程修制取得,一般为运用车辆数的10%~15%。

车辆运用计划是受全日行车计划、列车交路方案和车辆段位置综合决定的。

一　车辆运用分类

为完成乘客运送任务,城市轨道交通系统必须保有一定数量的车辆。车辆按运用分为运用车、检修车和备用车三类。

1.运用车

运用车是为完成日常运输任务而配备的技术状态良好的车辆,运用车的需要数与高峰小时开行列车对数、列车旅行速度及在折返站停留时间各项因素有关,按下式计算:

$$N = \frac{n_{\text{高峰}} \theta_{\text{列}} m}{3600} \tag{2-3}$$

式中:N——运用车辆数,辆;

$n_{\text{高峰}}$——高峰小时开行列车数,对;

$\theta_{\text{列}}$——列车周转时间,s;

m——列车编组辆数,辆。

列车周转时间 $\theta_{\text{列}}$ 是指列车在线路上往返一次所消耗的全部时间。它包括列车在区间运行、列车在中间站停车供乘客乘降以及列车在折返站进行折返作业的时间。

$$\theta_{列} = \sum t_{运} + \sum t_{站} + \sum t_{折停} \tag{2-4}$$

式中：$t_{运}$——列车在线路上往返一次各区间运行时间的和，s；

$t_{站}$——列车在线路上往返一次各中间站停站时间的和，s；

$t_{折停}$——列车在折返站停留时间的和，s。

当列车在折返站的出发间隔时间大于高峰小时的行车间隔时间时，须在折返线上预置一列车进行周转，此时运用车辆数需要相应增加。

确定运用车组数的方法有分析法和图解法两种。

用分析法计算运用车组数的公式如下：

$$N_{组} = \frac{T_{列}}{t_{间隔}} \tag{2-5}$$

式中：$N_{组}$——运用车组数，组；

$T_{列}$——列车往返运行所需全部时间，min；

$t_{间隔}$——列车发车间隔时间，min。

用图解法确定运用车组数方法如图 2-2 所示，在列车运行图上，垂直于横轴的截取线（J）与列车运行线、折返站停留列车的交点数即为运用车组数。

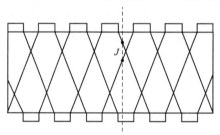

图 2-2 运用车组数图解

2. 检修车

检修车是指处于定期检修状态的车辆。车辆的定期检修是一项有计划的预防性维修制度。车辆经过一段时间的运用后，各部件会产生磨耗、变形或损坏，为保证车辆技术状态良好和延长车辆使用寿命，需要定期对车辆进行检修。

车辆的定期检修分成月检、定修、架修和大修（又称厂修）等，也有安排双周检与双月检的情况。某地铁线路车辆检修级别主要技术参数如表 2-8 所示。

某地铁线路车辆检修级别主要技术参数　　　　　表 2-8

检修级别	运用时间	走行公里	检修停时
双周检	2 周	4000	4h
双月检	2 月	20000	2d
定修	1 年	100000	10d
架修	5 年	500000	25d
大修	10 年	1000000	40d

车辆检修周期是一个与车辆段建设和车辆段作业组织关系密切的技术指标,它也是推算检修车数的基础资料之一。检修周期主要根据车辆运用时间确定,也可综合考虑车辆运用时间和走行公里来确定。在以运用时间确定检修周期的情况下,根据每种检修级别的年检修工作量和每种检修级别的检修停时,可以推算检修车数。

车辆检修级别和检修周期是根据车辆各部件使用寿命以及车辆运用环境等因素综合考虑确定的。通过对车辆的不同部件制定不同的技术标准、检修级别和检修周期,使车辆在经过不同级别的定期检修后,能在整个检修周期内保持良好的技术状态。

除车辆的定期修外,车辆的日常检修有日检(又称列检),检修停时每日2h。此外,还应考虑车辆临修。车辆临修的停时按运用车平均每年1次、每次2d确定。

3. 备用车

为了适应客流变化,确保完成临时性的紧急运输任务以及预防运用车发生故障,必须保有若干技术状态良好的备用车。备用车的数量一般控制在运用车数的10%左右。备用车原则上停放在线路两端终点站或车辆段内。

二 车辆运用计划

车辆运用计划在列车运行图和车辆检修计划的基础上进行编制。车辆运用计划包括以下四个方面。

1. 排定车辆出入段顺序和时间

在列车运行图下达后,车辆段有关部门应根据列车运行图的要求,及时排定运用车辆的出段顺序、时间和担当车次,回段顺序、时间和返回方向。出段时间根据列车运行图关于列车在始发站出发时刻确定,应分别明确乘务员(城市轨道交运乘务员一般指司机)出勤时间、客车车底出库和出段时间。回段时间和返回方向同样也根据列车运行图确定。

2. 铺画车辆周转图

列车正线运行通常采用循环交路。根据列车运行图和车辆出段顺序,车辆运用计划以车辆周转图的形式规定了全日对应各出段顺序的车辆在线路上往返运行的交路、车辆在两端折返站到达和出发时间以及车辆出入段时间和顺序,如图2-3所示。

3. 确定对应各出段顺序的车辆(客车车底)

根据车辆的运用情况和技术状态,在每日傍晚具体规定次日车辆的出段顺序和担当交路,应注意使各客车车底的走行公里数在一定

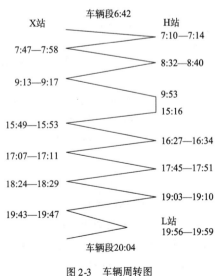

图2-3 车辆周转图

时期内大体均衡。

4. 配备乘务员

为提高车辆利用效率和劳动生产率,城市轨道交通系统的乘务制度通常采用轮乘制。由于乘务员值乘的列车不固定,在编制车辆运用计划时,应对乘务员的出、退勤时间、地点,值乘列车车次,工间休息和吃饭等进行同步安排。在安排乘务员的工作时,应注意乘务员的连续工作时间,防止乘务员超劳。

任务实施与评价

1. 教师课前下发任务,学生课前按要求完成预习任务。
2. 教师进行讲解,学生分组学习。
3. 学生完成任务。
4. 教师和各组长承担本次任务的他人评价工作,评判学生的任务完成情况。

思政案例

突发大客流应急处理

2008年5月27日,奥运圣火在南京传递,南京地铁按"圣火传递运输组织方案"实施"早高峰开16备2"。因圣火传递始点在奥体中心,大量市民一早就赶赴现场目睹圣火起跑仪式。奥体中心站5:00—7:00出站客流达5913人,7:00—8:00出站客流达15843人。虽然8:15起跑仪式已经结束,但8:15—9:00,奥体中心站出站客流仍达到6025人。考虑安全因素,南京地铁对部分地铁站实行9:15开始关站、11:47开站的应急处理措施。由于客流组织得当,南京地铁顺利应对了这次大客流的考验。

思考:请查阅资料,了解突发大客流应急处理中行车组织方案的调整措施,并谈谈对"安全意识""岗位责任意识"的感悟。

拓展知识

铁路列车调度运行调整阶段计划

要保证列车运行秩序,实现按图行车,列车调度员首先要抓好列车始发正点,这样不仅该列车可按运行线正点运行,而且避免了对其他列车的干扰。因此,抓好始发列车正点是保证列车运行的基础。反过来,列车运行正点又是保证列车始发正点的主要条件。

一、组织列车正点出发

1. 组织旅客列车始发正点

在组织列车正点出发的工作中,保证旅客列车始发正点是实现按图行车的首要条件。因为旅客列车等级较高,一旦晚点就会影响整个区段的列车始发或运行。所以列车调度员应该重视旅客列车始发正点的组织工作。

对由邻区段接入的旅客列车,列车调度员要及时向邻台(铁路局集团公司)了解列车正、晚点情况,提前做好列车运行调整计划。当遇有旅客列车晚点时,应设法组织快速作业,与客运调度员密切配合,组织列车乘务员双开车门、旅客快上快下、行包邮件快装快卸,及时准备好换挂的机车,缩短列车停站时间,保证列车正点发车。

2. 组织货物列车始发正点

为了保证货物列车始发正点,列车调度员要抓好车流和机车这两个环节,重点要做好以下工作:

(1) 在编制日(班)计划时,所做出的列车出发计划要切合实际,车站作业时间、车流和机车要有保障,避免计划晚点。

(2) 在运行组织上,对编组列车所需车流,组织按时送达,并注意技术站列车的均衡开到,保证车站的正常作业,为按时编组列车创造条件。同时,要注意督促车站按时编组,及时技检。

(3) 对始发列车所需的机车,列车调度员应加速放行,保证机车有足够的整备时间,并督促机务段组织机车按时出库。

(4) 加强与车站的联系,督促车站按时做好发车的各项准备工作,确保按时发车。

二、铁路单线区段列车运行调整的方法

列车始发正点是保证按图行车的基础,但由于种种原因(如停车待发、停车待接、作业延误、途中运缓等),使列车不一定都能按运行图规定的时刻正点运行,当出现这种情况时,就需要列车调度员对列车运行进行调整,尽可能使晚点列车恢复正点运行。

1. 充分利用线路、机车、车辆的允许速度,组织缩短列车区间运行时分

为了使晚点列车恢复正点运行或为了使列车赶到指定地点会车、让车,以及为了赶机车交路、车流接续等,在列车编组情况、机车类型及技术状态、乘务员的技术水平、线路横纵面情况以及天气状况等条件允许的情况下,经与司机商议,说明运行调整的意图,提出对本次列车赶点的要求,在司机同意配合的情况下,方可组织实施。

例如,在某单线区段,按运行图规定10001次列车要在C站停会K168次,实际工作中因K168次晚点36min,影响10001次的正点运行。列车调度员预先了解到这种情况后,经过周密的计算分析,提前在A站通知10001次司机并征得同意,要求在A—B、B—C两区间"赶点"4min,至C站会K168次,如图2-4所示。图2-4~图2-10中,实线为计划线,虚线为调整线。

2. 选择合理的会让站,加速放行列车

当有列车早点、晚点或停运、加开时,往往有变更会让、越行站的必要,以提高铁路运输质量和运输效率。

(1) 有列车早点时。

如图2-5所示,按运行图规定22001次在C站会22002次让K225次,现由于22001次在A站早开15min,此时可将22001次与22002次的会车地点改在D站,这样

22001次就不必在C站会K225次,可提前到达终点,而22004次也能早到A站。在双线区段,适当组织列车早开,可以减少待避次数,进而有利于提高列车运行速度。

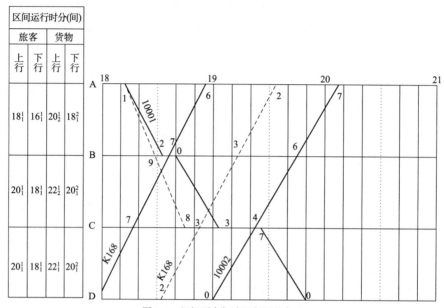

图2-4 组织列车加速运行调整方法

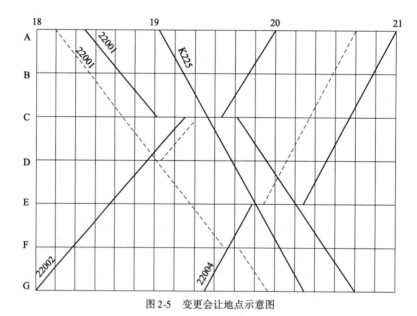

图2-5 变更会让地点示意图

(2) 有列车晚点时。

如图2-6所示,11005次在C站停会11006次,但因11005次列车晚点40min,此时可将会车地点由C站改为B站,这样就保证了11006次列车的正点运行。

3. 组织列车进行快速、平行作业,缩短列车在站作业时间

一般来说,列车在运行途中往往要进行一些技术作业。例如,旅客列车在途中要

进行旅客上下车、行包装卸等客运作业,摘挂列车要进行车辆甩挂等作业。当遇有列车晚点或加开、停运,需要压缩某列车的停站时间时,列车调度员要事先周密计划部署,与车站和司机提前联系说明情况,取得有关人员的支持,组织快速平行作业,压缩列车在站作业时间,保证列车正点运行。

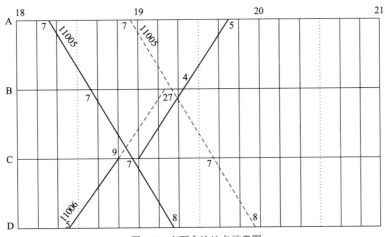

图 2-6　变更会让地点示意图

如图 2-7 所示,按运行图规定,40415 次摘挂列车在 B 站作业并等会 T208 次旅客列车,在 C 站也要进行甩挂作业。现因 T208 次列车晚点,若仍按图定计划在 B 站等会 T208 次列车,就会大大延长 40415 次列车在 B 站的停留时间,造成该列车晚点。此时为了保证 40415 次列车的正点运行,列车调度员应有预见性地组织 B 站采取各种措施(如提前准备好待挂车辆,尽可能进行平行作业等)抓紧 40415 次列车的作业,压缩其在 B 站的作业停留时间,提前开到 C 站等会 T208 次。这样既保证了 40415 次在 C 站的正常作业时间,也使其能按图定时间正点到达终点。

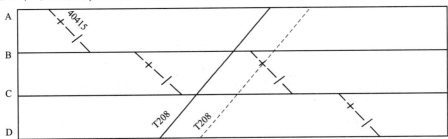

图 2-7　缩短列车在站停留时间示意图

4. 组织反方向行车及列车合并运行

(1)在双线区段组织列车反方向行车。

双线列车反方向运行,是列车调度员调整列车运行的一种方法。它是充分运用现有技术设备,提高区间通过能力,组织列车按图行车的有力措施。调整列车运行时,为了避免列车晚点及作业需要,根据不同方向的列车密度,选择有利时机,可适当组织列车反方向行车。

组织列车反方向行车时,因其属于非正常行车组织办法,不安全的因素较多,因此列车调度员要检查督促车站及有关人员注意行车安全,严格按有关作业程序和要求进行组织。旅客列车仅在正方向区间的线路封锁施工、发生自然灾害或因事故中断行车等特殊情况下,经调度所主任(副主任)准许,方可反方向运行。

如图 2-8 所示,按运行图规定 42158 次列车要在 C 站待避 2416 次,又要会 25665 次,现 25665 次因故停运,同时 42158 次在 B 站的甩挂作业量较大,在此种情况下,列车调度员可组织利用下行线的空闲时间,在保证安全的前提下,组织 42158 次列车在 C—B 区间反方向运行。

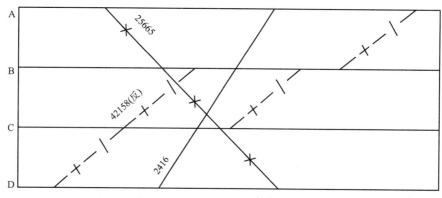

图 2-8　组织列车反向运行示意图

(2)组织列车合并运行。

将两个在途列车(包括单机)合并成一条运行线运行,是列车调度员在调整列车运行时,为了缓和区间通过能力和车站到发线使用紧张时采取的一种运行调整方法。一般是对单机、小运转列车或牵引辆数较少而前方又无作业的列车采用此方法。

如图 2-9 所示,将单机 51008 次与 32326 次列车合并,不但可以节省一条运行线,而且可以增加 32326 次列车的牵引力。

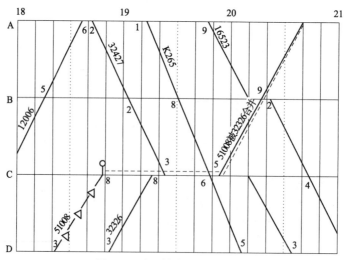

图 2-9　组织列车合并运行示意图

当技术站接车线路紧张时,把编组辆数较少的列车(如摘挂列车、小运转列车等)保留在技术站附近的中间站,与同方向的次一列车合并运行,可以缓和接车线路紧张的矛盾。

三、列车运行调整阶段计划

列车运行调整阶段计划是列车调度员组织列车运行调整的综合部署,也是实现列车运行图、列车编组计划、运输方案和日班计划的具体行动计划。

列车运行调整计划按阶段进行编制,通常分为三小时阶段计划和四小时阶段计划。一般枢纽台采用三小时阶段计划,其他台采用四小时阶段计划。

1. 编制原则及主要内容

(1) 编制原则。

①通过"先客后货""先快后慢",按等级调整和合理会让,使晚点列车恢复正点,实现按图行车的原则。

②根据实际情况决定工作方法,注意使计划留有余地。

③保证日(班)计划任务的完成。

④在保证安全的前提下,努力提高效率。

(2) 列车运行调整阶段计划主要内容。

①编组站、区段站或分界站的列车到发计划。

②中间站列车会让计划。

③重点列车、超限列车及限速列车运行计划。

④摘挂列车甩挂作业及货物装卸作业计划。

⑤区间装卸车及施工计划。

⑥中间站始发列车作业计划,包括车流来源、出发时刻及机车安排等。

⑦其他重点及安全注意事项。

2. 编制方法

列车调度员编制和执行列车运行调整计划的方法,一般可以分为收集资料、编制计划、下达计划及组织实施四个步骤。

(1) 收集资料。

①区段内各站现在车(空车分车种,重车分去向)情况及到发线占用情况。

②邻台(铁路局集团公司)及本区段内客、货列车实际运行情况。

③摘挂列车编组内容及前方站作业情况。

④技术站到发线使用和待发列车情况。

⑤机车整备及机车交路情况。

⑥区间装卸及施工情况。

⑦领导指示及其他情况。

(2) 编制计划。

列车调度员在认真分析、研究上述收集到的资料后,依据列车运行图、编组计划、运输方案的要求及日班计划的任务,运用各种列车运行调整方法;做出合理、切实可行的计划。

在编制计划时,一般优先铺画旅客列车和重点列车运行线。必要时,优先安排困难区间的列车运行,充分利用通过能力。在运行图表上铺画计划列车运行线时,采用正铺与倒铺相结合的方法。

如图2-10所示,42206次列车计划在G站进行摘挂车作业量比较多。如果赶到D站与K519次列车会车,则从D站向G站倒铺很快能得到会车时间。

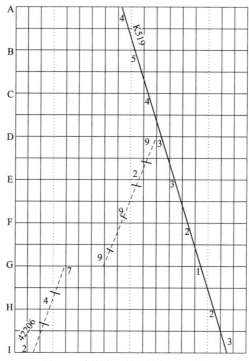

图2-10 倒铺与正铺相结合的示意图

编计划时,应注意留有余地,为各种必需的作业留足充分的作业时间,必要时,可拟定两个以上的调整方案,以适应情况的突然变化。

在安排列车运行计划时,还应特别注意本区段技术站自编始发列车的车流接续和机车交路,以保证技术站有良好的工作秩序。

在编制计划时,一般采用"满表铺线,分段编制"的方法。具体做法是:接班后,根据所掌握的情况粗线条地将计划列车运行线铺画到18:00(6:00),然后按照"三四小时阶段计划"编制列车运行调整计划。在"满表铺线"的基础上,执行上一个阶段计划列车运行调整计划的同时,边收集资料,边铺画下一个阶段的列车运行调整计划。这样一步一步地进行,在列车运行调整计划执行前一小时编制完成。

3. 下达计划及组织实施

调度员在阶段计划编制完成后,要及时下达给各站、段。根据具体情况,可采取集中、分段或个别的方式下达计划。应向基层站、段执行者交代清楚,使其明确计划意图,心中有数。

列车运行调整计划的下达,仅是组织计划实现的开始。在执行计划的过程中,列车调度员要随时注意列车运行情况的变化,做到勤沟通、勤联系,特别是对关键列车(如在旅客列车前面运行的货运列车、在旅客快车前面运行的旅客慢车等)和重点车站,要及时收点,随时监督列车的运行,以便及时发现问题,采取调整措施,保证列车按计划安全正点运行。

习题

一、答一答

1. 客流计划的主要内容包括什么?
2. 断面客流量如何计算?
3. 什么是全日行车计划?作用是什么?
4. 简述全日行车计划编制程序。
5. 车辆保有数分为哪几类?
6. 简述车辆运用计划的内容。

二、练一练

编制某地铁线路全日行车计划。

(1) 早高峰期为 7:00—8:00。
(2) 列车编组辆数为 6 辆,车辆定员为 300 人。
(3) 线路断面满载率,高峰小时为 110%,其他运营时间为 90%。
(4) 全日分时最大断面客流量(表2-9)。

全日分时最大断面客流量 表2-9

营业时间	单向最大断面客流量(人)	营业时间	单向最大断面客流量(人)
5:00—6:00	7200	14:00—15:00	25600
6:00—7:00	16800	15:00—16:00	28800
7:00—8:00	40000	16:00—17:00	34400
8:00—9:00	29600	17:00—18:00	25200
9:00—10:00	19600	18:00—19:00	17600
10:00—11:00	20800	19:00—20:00	11600
11:00—12:00	22800	20:00—21:00	10000
12:00—13:00	22000	21:00—22:00	8400
13:00—14:00	24800	22:00—23:00	6400

项目三

列车运行图编制

项目描述

本项目主要引导学生掌握编制城市轨道交通列车运行图的基本方法和基本技能。通过本项目,学生能够了解列车运行图的种类,理解列车运行图要素,掌握编制运行图的方法和技能,为行车调度指挥奠定重要基础。

教学目标

☞ 知识目标

1. 理解运行图格式和分类;
2. 掌握列车运行图要素;
3. 掌握区间列车开行方案;
4. 理解通过能力的概念;
5. 掌握列车运行图编制要求和方法。

☞ 技能目标

1. 能够说出运行图格式和分类;
2. 能够确定运行图要素;
3. 能够编制区间列车开行方案;
4. 能够计算通过能力;
5. 能够编制列车运行图。

☞ 素质目标

1. 养成制订工作计划的习惯;
2. 养成严谨的科学研究态度。

列车运行图是根据全日行车计划、列车交路、停站方案和车辆运用计划,对每个区段、每个时刻的列车运行及状态进行总体安排,并以图表的形式表现出来的技术文件。列车运行图是整个运输组织的集中体现。本项目介绍了列车运行图相关指标的计算方法,其中不同列车的长度均假设为 $l_{列}$。

任务一 认知列车运行图

任务描述
理解列车运行图概念,了解列车运行图种类及特点。

任务发布
1. 说出列车运行图种类。
2. 说出列车运行图的线型种类,并解释它们的含义。
3. 掌握确定列车运行图车站中心线的技能。

知识准备
列车运行图是列车运行的时间与空间关系的图解,它规定了各次列车占用区间的次序,在区间的运行时分(间),在车站的到达、出发或通过时刻,在车站的停站时间和在折返站的折返时间,以及列车交路和列车出入车辆段时刻等,是城市轨道交通组织列车运行的基础。

一 列车运行图的格式

列车运行图规定了线路上站场、机车、车辆和通信信号等设备的运用和与行车有关各部门之间工作的协调关系。因此,列车运行图是城市轨道交通运营工作的综合计划,是城市轨道交通行车组织的基础,是协调城市轨道交通各部门、单位按一定程序进行生产活动的工具。

在列车运行图上,以横坐标表示时间,以纵坐标表示距离,列车运行图上的水平线表示车站的中心线,水平线间的间距表示车站间的距离,一般以细线表示中间站,以较粗的线表示换乘站或有折返作业的车站。垂直线表示时间,每一等分表示时间不同。由于列车瞬时速度不断变化,为了研究方便,一般将列车运行线画为斜直线。

二 列车运行图的分类

列车运行图的分类　运行图的要素

1. 按时间刻度不同分类

(1)一分格运行图。

其横轴以 1min 为单位,用细竖线划分,10min 格和小时格用较粗的竖线表示。

(2)二分格运行图。

其横轴以 2min 为单位,用细竖线加以划分(图 3-1)。

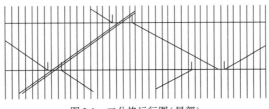

图 3-1 二分格运行图(局部)

(3)十分格运行图。

其横轴以 10min 为单位,用细竖线加以划分,半小时格用虚线表示,小时格用较粗的竖线表示(图 3-2)。

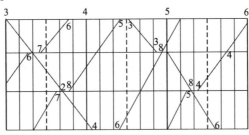

图 3-2 十分格运行图(局部)

(4)小时格运行图。

其横轴以 h 为单位,用竖线加以划分(图 3-3)。

在运行图上,以横线表示车站中心线的位置,有下列两种确定方法。

(1)按区间实际里程的比例确定,即按整个区段内各车站间实际里程的比例来确定横线位置。采用这种方法时,运行图上的站间距完全反映实际情况,能表示站间距的大小。但由于各区间线路平面和纵断面互不相同,列车运行速度也有所不同,这样列车在整个区段的

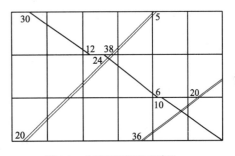

图 3-3 小时格运行图(局部)

运行线往往是一条斜折线,既不整齐,也不易发现列车区间运行时分(间)上的差错,所以一般不采用这种方法。

(2)按区间运行时分(间)的比例确定,即按整个区段内各车站间列车运行时分(间)的比例来确定横线位置。采用这种方法时,可以使列车在整个区段的运行线基本上是一条斜直线,既整齐美观,也易于发现列车区间运行时分(间)上的差错,所以一般采用这一方法。该方法的示意图如图 3-4 所示。

图 3-4 中,A—B 区段下行方向列车运行时分(间)共计 180min。按区间运行时分(间)的比例确定横线位置时,首先确定技术站 A、B 的位置,然后在代表 A 站的横线上任取一点 A,并以 A 点所对应的时间为原点,在代表 B 站的横线上向右截取相当于 180min 的 BF 线段,得 F 点,同时按 A—a、a—b、b—c、c—d 和 d—B 区间的列车运行时分(间),

将 B—F 区间划分为五个时间段,连接 A、F 两点,得一斜直线。过五个时间段端点作垂直线,在 AF 斜直线上可得交点,过各交点作水平线,即为代表 a、b、c、d 车站的横线。

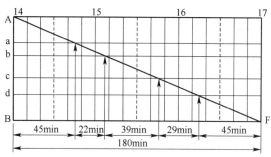

确定车站在运行图上位置的方法

图 3-4　按区间运行时分(间)比例确定车站位置示意图

运行图上的列车运行线(斜线)与车站中心线(横线)的交点,即为列车到、发或通过车站的时刻。不同类型列车运行图的到、发时刻有不同的表示方法。在二分格图上,以规定的标记符号表示时刻,不需填写数字(例如,"|"表示分钟,"↑"表示 30s);在十分格图上,填写 10min 以下数值;在小时格运行图上,填写 60min 以下数值。所有表示时刻的数字,都填写在列车运行线与横线相交的钝角内。列车通过车站的时刻,一般填写在出站一端的钝角内。

2. 按照区间正线数分类

(1)单线运行图。在单线区段,上下行方向的列车都在同一正线运行,因此,两个方向的列车必须在车站进行交会,如图 3-5 所示。

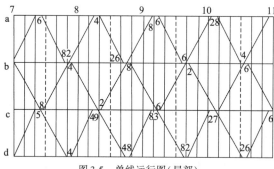

图 3-5　单线运行图(局部)

(2)双线运行图。在双线区段,上下行方向列车在各自的正线上运行,因此,上下行方向列车的运行互不干扰,可以在区间内或车站上交会。但列车的越行必须在车站进行。

(3)单双线运行图。在有部分双线的区段,单线区间和双线区间分别按单线运行图和双线运行图的特点铺画列车运行线,如图 3-6 所示。

3. 按照列车运行速度分类

(1)平行运行图。在同一区间内,同一方向列车的运行速度相同,且列车在区间两端车站的到、发或通过的运行方式也相同,因而列车运行线相互平行,如图 3-5 和图 3-7 所示。

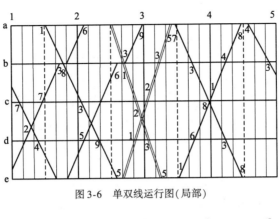

图 3-6　单双线运行图(局部)

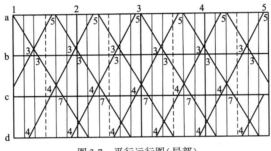

图 3-7　平行运行图(局部)

(2)非平行运行图。在运行图上铺有各种不同速度的列车,且列车在区间两端站的到、发或通过的运行方式不同,因而列车运行线相互不平行,如图 3-8 所示。

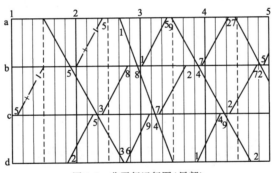

图 3-8　非平行运行图(局部)

4.按照上下行方向列车数分类

(1)成对运行图。这是上下行方向列车数相等的列车运行图,如图 3-5 和图 3-6 所示。

(2)不成对运行图。这是上下行方向列车数不相等的列车运行图,如图 3-9 所示。

5.按照同方向列车运行方式分类

(1)连发运行图。在这种运行图上,同方向列车的运行以站间区间为间隔。单线区段采取这种运行图时,在连发的一组列车之间不能铺画对向列车,如图 3-9 所示。

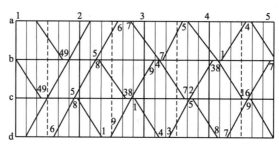

图 3-9　连发运行图(局部)

(2)追踪运行图。在这种运行图上,同方向列车的运行以闭塞分区为间隔,在装有自动闭塞的单线或双线区段上采用,如图 3-10 所示。

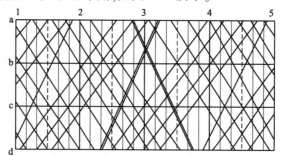

图 3-10　追踪运行图(局部)

上述分类都是针对列车运行图的某一特点进行区分的。实际上,列车运行图可以是多个类型的叠加,例如图 3-10 可看作双线追踪非平行运行图。

任务实施与评价

1. 教师课前下发任务,学生课前按要求完成预习任务。
2. 教师进行讲解,学生分组学习。
3. 学生完成任务。
4. 教师和各组长承担本次任务的他人评价工作,评判学生的任务完成情况。

任务二　学习列车运行图组成要素

任务描述

理解轨道列车运行图要素,掌握各要素计算方法。

任务发布

1. 掌握确定列车区间运行时分(间)的方法。
2. 掌握确定列车停站时间的方法。
3. 掌握车站间隔时间计算方法。
4. 掌握追踪列车间隔时间计算方法。
5. 掌握折返站折返停留时间计算方法。

📖 知识准备

列车运行图虽有各种不同的类型,但它总是由一些基本要素所组成的。因此,在编制列车运行图之前,必须首先确定组成列车运行图的各项要素。

一　列车区间运行时分(间)

列车区间运行时分(间)是指列车在两相邻车站或线路之间的运行时间标准,它由机务部门采用牵引计算和实际试验相结合的方法进行查定。列车区间运行时分(间)按车站中心线或线路所通过信号机之间的距离计算。

由于列车的运行速度各不相同,上下行方向的线路平面、纵断面条件和列车重量也不相同,所以列车区间运行时分(间)应按各种列车和上下行方向分别查定。

此外,列车区间运行时分(间)还应根据列车在每一区间两个相邻车站不停车通过和停车两种情况分别查定。列车不停车通过两个相邻车站所需的区间运行时分(间)称为纯运行时分(间)。列车到站停车的停车附加时分(间)和停站后出发的起动附加时分(间),应根据机车类型、列车重量以及进出站线路平面、纵断面条件查定。

当区间两端车站均可停车时,应按通通、通停、起停、起通四种情况分别查定区间运行时分(间)。

例如,A—B 区间的上行纯运行时间 $t'' = 14\min$;下行纯运行时间 $t' = 15\min$;A 站和 B 站起动附加时间均为 $3\min$,即 $t_{起}^A = t_{起}^B = 3\min$;A 站和 B 站停车附加时间均为 $1\min$,即 $t_{停}^A = t_{停}^B = 1\min$,则 A—B 区间的运行时间可以缩写为"上行: $14\frac{1}{3}$　下行: $15\frac{3}{1}$"。

二　列车停站时间

城市轨道交通列车在车站停车的主要原因是进行客运作业,供乘客乘降。确定列车停站时间,应在满足作业需要的情况下,最大限度地缩短列车停站时间,以提高线路通过能力和运输效率。

列车在车站停站时间取决于下列因素:

(1)车站乘客乘降量。

(2)平均上、下一位乘客所需要时间,该时间取决于车辆的车门数及车门宽度、车内的座椅布置方式、站台高度和车站客运组织措施等。

(3)开关车门时间。

(4)车门和车站站台门的同步时间。

(5)确认车门关门状态良好时间。

列车停站时间计算公式为:

$$t_{站} = \frac{(p_{上} + p_{下})t_{上(下)}}{nmd} + t_{开关} + t_{不同} + t_{确认} \tag{3-1}$$

式中: $p_{上(下)}$——高峰小时车站上车或下车人数,人;

　　　$t_{上(下)}$——平均每上或下一位乘客所需要时间,s;

　　　$t_{开关}$——开关车门时间,s;

$t_{不同}$——车站站台门与车门不同步时间,s;

$t_{确认}$——确认车门关闭状态良好及出站信号显示时间,s;

n——高峰小时开行列车数,列;

m——列车编组辆数,辆;

d——每车每侧车门数,扇。

按该公式计算的列车停站时间一般应适当取整。在实际工作中,全线列车停站时间通常有2~4种类型。

三 车站间隔时间

车站间隔时间是指在车站上办理两列车的到达、出发或通过作业所需要的最小间隔时间。在查定车站间隔时间时,应遵守有关规章的规定及车站技术作业时间标准,以保证行车安全并比较有效地利用区间通过能力。

常用的车站间隔时间包括不同时到达间隔时间、会车间隔时间、同方向列车连发间隔时间、同方向列车不同时发到间隔时间和不同时到发间隔时间等几种,其值大小与车站信号设备、道岔操纵方法,车站邻接区间的行车闭塞方法,车站类型,接近车站线路的平、纵断面情况,机车类型,列车重量和长度等因素有关。在编制列车运行图之前,每个车站都应根据具体条件查定各种车站间隔时间。

1. 不同时到达间隔时间($\tau_{不}$)

在单线区段(或双线区段接发列车进路),来自相对方向的两列车在车站交会时,从某一方向列车到达车站时起至相对方向列车到达或通过该车站时止的最小间隔时间,称为不同时到达间隔时间,如图3-11所示。为了提高列车的旅行速度,除上下行列车在同一车站上都有作业需要停站外,原则上应使交会的两列车中的一列通过车站,因此在运行图上较常采用的是一列停车、一列通过的不同时到达间隔时间。

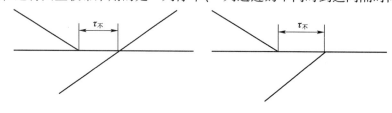

a)一列停车,一列通过 b)两列都停车

图3-11 不同时到达间隔时间

为确保行车安全,在进站信号机外制动距离内进站方向为超过技术规范规定的下坡道,而接车线末端又无隔开设备的车站,禁止办理相对方向同时接车。凡不能办理相对方向同时接车的车站,由相对方向到站停车的两列车也须保持必要的不同时到达间隔时间。

不同时到达间隔时间的大小,根据如下条件确定:

(1)只有当第一列车到达车站,并为对向列车准备好接车进路以后,才能给对向列车开放进站信号。

（2）进站信号开放时,列车头部在进站信号机外方所处的位置,应等于一个制动距离与司机确认信号显示时间内所通过的距离之和,如图3-12所示。

因此,不同时到达间隔时间由两个部分组成:第一部分为第一列车到达车站后,车站办理作业所需要的时间 $t_{作业}$;第二部分为对向列车通过进站距离 $L_{进}$ 所需要的时间 $t_{进}$。不同时到达间隔时间 $\tau_{不}$ 可表示为:

$$\tau_{不} = t_{作业} + t_{进} = t_{作业} + 0.06 \frac{L_{进}}{v_{进}}$$

$$= t_{作业} + 0.06 \frac{0.5 l_{列} + l_{确} + l_{制} + l_{进}}{v_{进}} \tag{3-2}$$

式中: $l_{列}$ ——列车长度,m;

$l_{确}$ ——司机确认进站信号显示状态时间内列车运行距离,m;

$l_{制}$ ——列车制动距离或由预告信号机至进站信号机的距离,m;

$l_{进}$ ——进站信号机至车站中心线的距离,m;

$v_{进}$ ——列车平均进站速度,km/h。

由于车站两端的 $l_{进}$ 和 $v_{进}$ 不同,因此每一车站必须对上下行列车分别查定其不同时到达间隔时间。

车站办理必要作业所需时间,根据各站"信、联、闭"设备条件及其作业内容查定。

2. 会车间隔时间（$\tau_{会}$）

在单线区段,自列车到达或通过车站时起,至由该站向同一区间发出另一对向列车时止的最小间隔时间,称为会车间隔时间,如图3-13所示。

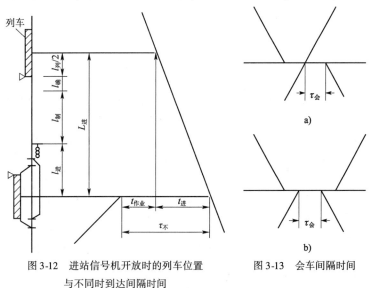

图3-12　进站信号机开放时的列车位置与不同时到达间隔时间　　图3-13　会车间隔时间

会车间隔时间由车站值班员监督列车到达或通过后,为向同一区间发出另一列车所需办理必要作业的作业时间组成,根据各站"信、联、闭"设备条件及其作业内容查定。

3. 同方向列车连发间隔时间（$\tau_{连}$）

在单线或双线区段，从列车到达或通过前方邻接车站时起，至由车站向该区间再发出另一同方向列车时止的最小间隔时间，称为同方向列车连发间隔时间。根据列车在前后两站停车或通过的不同情况，同方向列车连发间隔时间可有下列四种形式：

（1）两列车通过前后两车站，如图3-14a)所示。

（2）第一列车在前方站停车，第二列车在后方站通过，如图3-14b)所示。

（3）第一列车在前方站通过，第二列车在后方站停车，如图3-14c)所示。

（4）两列车在前后两站均停车，如图3-14d)所示。

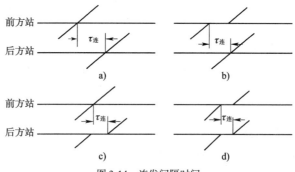

图3-14 连发间隔时间

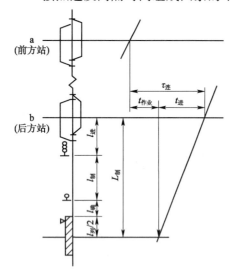

图3-15 两列车通过前后站连发间隔时间组成

按照连发间隔时间组成因素的不同，可以将上述四种形式的同方向列车连发间隔时间归纳为两种类型。第一种类型如图3-14a)、图3-14b)所示。其共同点是列车均在后方站通过，其不同点仅在于前者是前方站值班员监督列车通过，后者是监督列车到达。这一类型的连发间隔时间由两部分组成（图3-15）：前后两站办理作业所需的时间$t_{作业}$，列车通过后方站进站距离$L_{进}$的时间$t_{进}$。这种类型的同方向列车连发间隔时间可按如下公式计算：

$$\tau_{连} = t_{作业} + t_{进} = t_{作业} + 0.06\frac{L_{进}}{v_{进}}$$
$$= t_{作业} + 0.06\frac{0.5l_{列} + l_{确} + l_{制} + l_{进}}{v_{进}}$$

(3-3)

第二种类型如图3-14c)、图3-14d)所示。其共同点是列车均在后方站停车，其不同点仅在于前者是前方站值班员监督列车通过，后者是监督列车到达。

通过对连发间隔时间组成因素的分析可以看出，第一种类型连发间隔时间的组成因素及车站办理作业的内容与不同时到达间隔时间基本相同；第二种类型连发间隔时间所包括的作业内容则与会车间隔时间基本相同。但必须注意，连发间隔时间发生在前后两个车站上,而不同时到达和会车间隔时间发生在同一个车站上。

4. 同方向列车不同时到发间隔时间($\tau_{到发}$)和不同时发到间隔时间($\tau_{发到}$)

自某方向列车到达车站时起,至由该站发出另一同方向列车时止的最小间隔时间,称为同方向列车不同时到发间隔时间。自列车由车站发出时起至同方向列车到达车站时止的最小间隔时间,称为同方向列车不同时发到间隔时间。这两种间隔时间在运行图上的表现形式如图3-16所示。

凡禁止办理同时接发同方向列车的车站,都必须查定同方向列车不同时到发间隔时间和不同时发到间隔时间。在查定这两种间隔时间时,必须遵守以下两个条件:

(1)办理同方向列车不同时到发时,必须在列车全部到达并停在警冲标内方以后,另一个同方向列车方可从该站出发。

(2)办理同方向列车不同时发到时,必须在第一列车全部通过出发进路中的最后出站道岔以及车站办理有关作业之后,将要进站的另一同方向列车可位于该站进站信号机外 $l_{制} + l_{确}$ 的位置处准备进站。

根据上述条件,同方向列车不同时到发间隔时间为由车站值班员监督列车到达后,向同一方向发出另一列车需要办理必要作业的时间组成。而同方向列车不同时发到间隔时间,则由 $t_{出}$、$t_{作业}$、$t_{进}$ 组成(图3-17)。

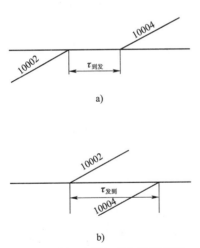
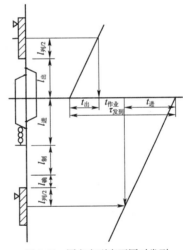

图3-16 同方向列车不同时到发间隔时间和不同时发到间隔时间

图3-17 同方向列车不同时发到间隔时间组成

(1)出发列车通过出站距离 $L_{出}$ 的时间为 $t_{出}$。
(2)车站办理作业的时间为 $t_{作业}$。
(3)到达的同方向列车通过进站距离 $t_{出}$ 的时间为 $t_{进}$。

可得:
$$\tau_{发到} = t_{出} + t_{作业} + t_{进} \tag{3-4}$$

由图3-17可得:
$$t_{出} = 0.06 \frac{l_{出} + 0.5 l_{列}}{v_{出}} \tag{3-5}$$

式中:$l_{出}$——由车站中心线至出发进路最外方道岔的距离,m;
$v_{出}$——列车由车站出发时,通过出站距离的平均速度,km/h。

$$t_{进} = 0.06 \frac{0.5l_{列} + l_{确} + l_{制} + l_{进}}{v_{进}} \tag{3-6}$$

所以,同方向列车不同时发到间隔时间计算公式也可以写为:

$$\tau_{发到} = t_{作业} + 0.06 \left(\frac{l_{出} + 0.5l_{列}}{v_{进}} + \frac{0.5l_{列} + l_{确} + l_{制} + l_{进}}{v_{进}} \right) \tag{3-7}$$

5. 相对方向列车不同时通过间隔时间($\tau_{通}$)

在一端连接双线区间、另一端连接单线区间的车站(或线路)上,两个相对方向的列车不同时通过该站(或线路所)的最小间隔时间,称为相对方向列车不同时通过间隔时间。如图 3-18 所示,相对方向列车不同时通过间隔时间也由 $t_{作业}$ 和 $t_{进}$ 两部分时间组成。

四 追踪列车间隔时间(I)

在自动闭塞区段,一个站间区间内同方向可有两列或两列以上列车,以闭塞分区间隔运行,称为追踪运行。追踪运行列车之间的最小间隔时间,称为追踪列车间隔时间(I),如图 3-19 所示。追踪列车间隔时间受同方向列车间隔距离、列车运行速度及设备类型影响。

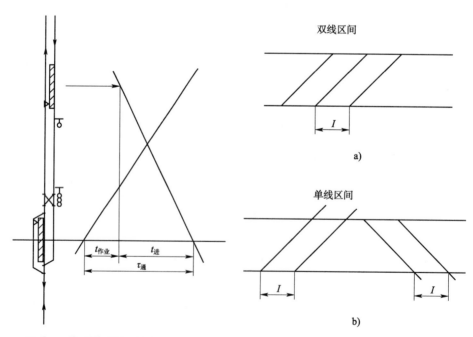

图 3-18 单双线区段相对方向列车不同时通过车站的间隔时间组成

图 3-19 追踪列车间隔时间

1. 三显示自动闭塞区段追踪列车间隔时间

(1) 列车在区间时追踪列车间隔时间。

在使用三显示自动闭塞的区段,通常情况下,追踪列车之间需相隔三个闭塞分区,如图 3-20 所示。其中,$l_{列}$ 为列车长度,三个闭塞分区的距离分别为 $l'_{分区}$、$l''_{分区}$ 和 $l'''_{分区}$,$L_{计算}$ 为列车区间追踪列车间隔距离。这样可以保证后行列车能看到绿灯显示,从而可以使列车保持高速运行。

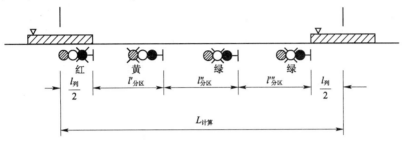

图 3-20 列车在区间时追踪列车间隔距离

列车在区间时追踪列车间隔时间 $I_{追}$ 为:

$$I_{追} = 0.06 \frac{l_{列} + l'_{分区} + l''_{分区} + l'''_{分区}}{v_{运}} \tag{3-8}$$

式中:$v_{运}$——列车在区间的平均运行速度,km/h。

(2) 列车过站时追踪列车间隔时间。

根据列车在区间内追踪运行的上述条件计算出追踪列车间隔时间后,还应分别按列车到站停车、从车站出发和两列车不停车通过车站的条件进行验算。

按列车到站停车条件确定追踪列车间隔时间时,应确保后行的追踪列车不因站内未准备好接车进路而降低速度。为此,车站准备好进路和开放好进站信号的时刻,应不迟于第二列车首部接近站外第二通过色灯信号机的时刻。列车到站停车时追踪列车间隔距离如图 3-21 所示,其中 $L_{进}^{计算}$ 为列车进站计算距离。

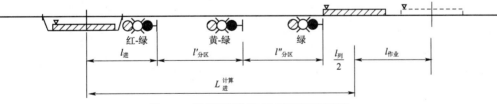

图 3-21 列车到站停车时追踪列车间隔距离

列车到站停车时追踪列车间隔时间 $I_{到}$ 应为:

$$I_{到} = t_{作业}^{进} + 0.06 \frac{l_{进} + l'_{分区} + l''_{分区} + 0.5 l_{列}}{v_{进}^{平均}} \tag{3-9}$$

式中:$t_{作业}^{进}$——车站准备进路和开放进站信号的时间,min;

$v_{进}^{平均}$——列车通过进站计算距离 ($L_{进}^{计算}$) 的平均速度,km/h。

按列车从车站出发条件确定追踪列车间隔时间时,应确保后行列车在出站信号机显示绿灯的条件下出发。列车从车站出发时追踪间隔距离如图 3-22 所示,其中,$L_{出}^{计算}$ 为列车通过出站计算距离。只有在第一列车腾空两个闭塞分区后,出站信号机才能显示绿灯。

因此,列车从车站出发时追踪列车间隔时间 $I_发$ 应为:

$$I_发 = t_{作业}^{出} + 0.06 \frac{l_列 + l'_{分区} + l''_{分区}}{v_{出}^{平均}} \quad (3\text{-}10)$$

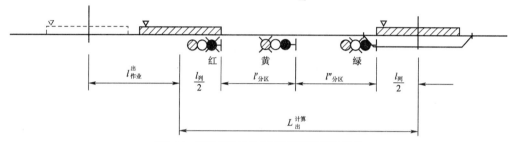

图 3-22 列车从车站出发时追踪列车间隔距离

当准许列车凭出站信号机显示黄色灯光发车时,则追踪列车间隔时间 $I_发$ 应为:

$$I_发 = t_{作业}^{出} + 0.06 \frac{l_列 + l'_{分区}}{v_{出}^{平均}} \quad (3\text{-}11)$$

式中:$t_{作业}^{出}$——车站开放信号和司机确认信号的时间,min;

$v_{出}^{平均}$——列车通过出站计算距离($L_{出}^{计算}$)的平均速度,km/h。

按前后两列车不停车通过车站条件确定追踪列车间隔时间时,必须在第一列车通过出站道岔,并为后行列车开放进站信号后,后行列车才能处在与第一列车相隔三个闭塞分区(包括车站闭塞分区)距离的位置。列车不停车通过车站时追踪列车间隔距离如图 3-23 所示。

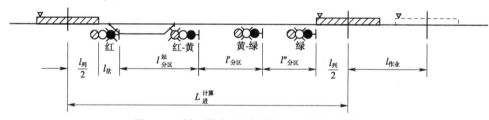

图 3-23 列车不停车通过车站时追踪列车间隔距离

这时,追踪列车不停车通过车站的间隔时间 $I_通$ 应为:

$$I_通 = t_{作业}^{通} + 0.06 \frac{l_{分区}^{站} + l'_{分区} + l''_{分区} + l_列 + l_岔}{v_{通}^{平均}} \quad (3\text{-}12)$$

式中:$l_{分区}^{站}$——车站闭塞分区长度,m;

$v_{通}^{平均}$——列车通过车站计算距离的平均速度,km/h;

$l_岔$——出站信号机至最外方道岔的距离,m;

$t_{作业}^{通}$——车站为第二列车开放进站信号的时间,min。

2. 固定(自动)闭塞追踪列车间隔时间

城市轨道交通车站一般不设置配线,客运作业在车站正线上办理,由于追踪列车经过车站时的间隔时间远大于在区间运行时的间隔时间,追踪列车间隔时间应根据追踪运行的两列车先后经过车站的条件进行计算确定。

固定(自动)闭塞追踪列车间隔距离如图 3-24 所示。当前行列车出清了车站轨道电路区段,在确保行车安全的条件下,后行列车以规定的进站速度恰好位于某区间分界点的前方。按追踪列车先后经过车站必须保持的最小列车间隔距离计算得到的间隔时间,即为追踪列车间隔时间。后行列车从初始位置至前行列车所处位置,需经历进站运行、制动停车、停站作业和起动出站四项作业过程,即追踪列车间隔时间 h 由四个单项作业时间组成:

$$h = t_{运} + t_{制} + t_{站} + t_{加} \tag{3-13}$$

式中:$t_{运}$——列车从初始位置起,至开始制动时止的运行时间,s;

$t_{制}$——列车从开始制动时起,至在站内停车时止的时间,s;

$t_{站}$——列车停站时间;

$t_{加}$——列车从车站起动加速时起,至出清车站轨道电路区段时止的运行时间,s。

图 3-24 固定闭塞时追踪列车经过车站间隔距离

3. 移动自动闭塞追踪列车间隔时间

移动自动闭塞是在确保行车安全前提下,以使追踪列车间隔达到最小为目标,以车站控制装置和机车控制装置为中心的一个闭塞控制系统。在这一系统下,区间内运行的每一列车均与前方站的中心控制装置周期性地保持高可靠度的通信联系;车站中心控制装置接到列车信息后,根据列车牵引曲线及区间相关参数,计算出每一追踪列车的允许最大运行速度并发送给列车,而对于接近进站的列车,则根据调度命令发出该列车进站及进入股道等信号。

(1)列车在区间时追踪列车间隔时间。

采用移动自动闭塞系统可以有效地压缩追踪列车间隔时间,提高区间通过能力。在移动自动闭塞系统中列车在区间时追踪列车间隔距离如图 3-25 所示。据此,列车在区间时追踪列车间隔时间 $I_{追}$ 可按式(3-14)计算:

$$I_{追} = 0.06 \frac{l_{制} \; l_{列} \; l_{安}}{v_{运}} + t_{信} \tag{3-14}$$

式中:$l_{安}$——系统安全防护距离,m;

$t_{信}$——列车动态信息传输时间,min。

(2)列车过站时追踪列车间隔时间。

城市轨道交通线路上,车站一般不设置配线,列车通常在车站停车,并办理客运作业。追踪列车中后行列车的运行位置及速度取决于前行列车。移动自动闭塞时追踪列车经过车站间隔距离如图 3-26 所示。当前行列车出清车站站台后,在确保行车安全的条件下,续行列车以列车运行图规定的速度恰好位于"移动闭塞分区"的分界点的前方。

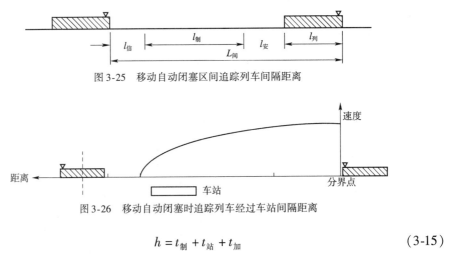

图 3-25　移动自动闭塞区间追踪列车间隔距离

图 3-26　移动自动闭塞时追踪列车经过车站间隔距离

$$h = t_{制} + t_{站} + t_{加} \tag{3-15}$$

五 折返出发间隔时间和折返站折返停留时间

研究列车折返能力及相关问题,只有在折返间隔时间大于追踪列车间隔时间时才有意义。如果追踪列车间隔时间大于折返出发间隔时间,则实际需要的折返出发间隔时间等于追踪列车间隔时间,此时列车折返能力不是最终通过能力的限制因素。

折返出发间隔时间与列车在折返站停留时间是两个不同的概念。前者反映的是两列车在折返站先后出发的时间间隔,而后者反映的是一列车在折返站由到达至出发的时间间隔。

1. 折返出发间隔时间的确定方法

折返出发间隔时间的确定方法有图解法与解析法两种。

（1）图解法。

图解法将组成列车折返作业过程的各个单项作业时间按作业顺序绘制在作业程序图上,然后在图上找出相邻两列折返列车的折返出发间隔时间,如图 3-27 所示。图解法适用于特定折返站的折返出发间隔时间确定,也可用来验证采用解析法计算得到的结果。

有文献提出按折返列车由车站出发计算折返出发间隔时间的思路,也有文献提出按折返列车到达车站(进站位置)、折返列车进折返线和折返列车出折返线计算折返出发间隔时间的观点。从折返作业循环进行的角度,如果不存在因作业(进路)干扰或因列车到达间隔等引起的作业等待情形,则各种算法所得到的折返出发间隔时间是相同的。但如果在作业过程中存在等待情形,则按折返列车由车站出发计算得到的折返出发间隔时间是最大的。因此,按折返列车由车站出发计算折返出发间隔时间,能够确保列车折返能力不被高估。

序号	折返作业项目	时间(s)	折返作业过程及折返间隔时间
1	办理接车进路	15	
2	列车进站停妥	25	
3	列车停站下客	30	
4	办理进折返线进路	15	
5	列车进折返线运行	35	
6	列车换向作业	10	
7	办理出折返线进路	15	
8	列车出折返线运行	35	
9	列车停站上客	30	
10	列车驶出车站	25	
折返列车到达间隔时间(s)			90
折返列车出发间隔时间(s)			105

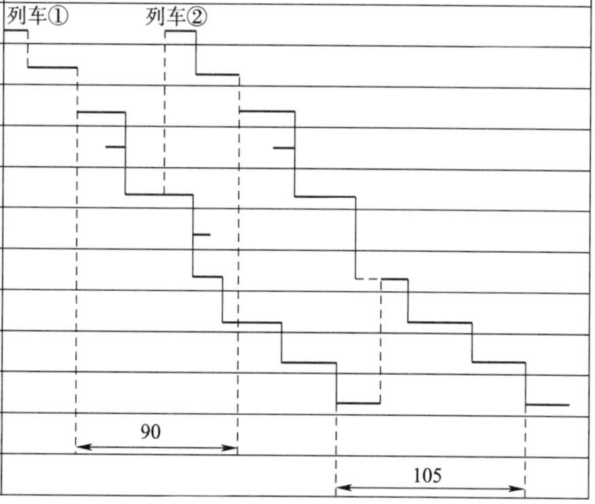

图 3-27　用图解法计算折返出发间隔时间

在图 3-27 中,假设列车①进折返线运行 20s 后即可办理列车②的接车进路,按给定的各个单项作业时间绘制的折返作业过程及折返出发间隔时间表明:折返到达间隔时间为 90s,折返出发间隔时间为 105s。后者大于前者的原因是:列车②在折返线的作业完毕后必须等待列车①驶出车站后才能办理出折返线进路作业,存在 15s 的等待时间。

(2)解析法。

解析法通过分析列车折返作业过程、列车在折返站的作业(进路)干扰等影响因素,确定满足最小折返出发间隔时间的条件,在此基础上建立计算折返出发间隔时间的数学关系式,然后计算折返出发间隔时间。解析法的优点是计算方法具有普遍性,可用直观方式显示组成折返出发间隔时间的单项时间,便于分析影响列车折返能力的各项因素。

如果在作业过程中存在等待情形,则按折返列车由车站出发计算得到的折返出发间隔时间是最大的。因此,按折返列车由车站出发计算折返出发间隔时间,能够确保列车折返能力不被高估。根据车站折返线的布置,列车折返有站前折返、站后折返、站前与站后混合折返三种方式;根据折返站在线路中的位置,列车折返有终点站折返和中间站折返两种情形;在中间站折返时,根据列车交路不同,列车折返又有单向折返和双向折返两种方式。不同折返方式的折返出发间隔时间应分别计算。

①站后折返。

站后折返时折返作业过程如图 3-28 所示。上行到达列车进站,停靠车站站台 a,在规定的列车停站时间内乘客下车完毕。列车由车站正线进入尽端折返线 b,调车进路可预办。列车在折返线,前后部司机立即进行换头(火车头)作业。列车停留规定时间后,在前一列车下行出发并已经驶离车站闭塞分区,同时道岔开通车站正线且调车信号开放后,进入下行车站正线 c,完成折返作业。

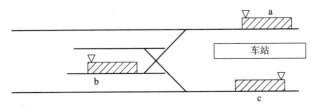

图 3-28 站后折返时折返作业过程

列车在终点站经由站后尽端折返线折返时,最小折返出发间隔时间 $h_发$ 如图 3-29 所示。

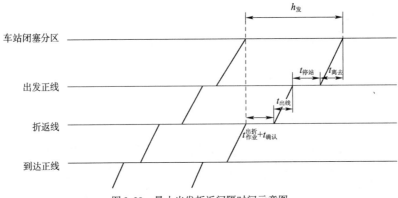

图 3-29 最小出发折返间隔时间示意图

$h_发$ 的计算公式为:

$$h_发 = t_{离去} + t_{作业}^{出折} + t_{确认} + t_{出线} + t_{停站} \tag{3-16}$$

式中:$t_{离去}$——出发列车驶离车站闭塞分区的时间,s;

$t_{作业}^{出折}$——办理出折返线进路的时间,s;

$t_{确认}$——确认信号时间(在自动折返时,将其称为 $t_{反应}$,为车载设备反应时间),s;

$t_{出线}$——列车从出发正线至车站折返线的运行时间,s;

$t_{停站}$——包括乘客上车时间在内的列车停站时间,s。

②站前双渡线折返。

如图 3-30 所示,上行到达列车在进站位置 a 处侧向进站,停靠下行车站正线 b,前后部司机立即进行换头(火车头)作业,在规定的列车停站时间内乘客下车与上车完毕;然后由车站出发,驶离车站闭塞分区 c,并为下一列进站折返列车办妥接车进路。

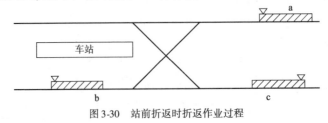

图 3-30 站前折返时折返作业过程

列车在终点站经由站前双渡线折返时,最小出发折返间隔时间 $h_发$ 如图 3-31 所示。

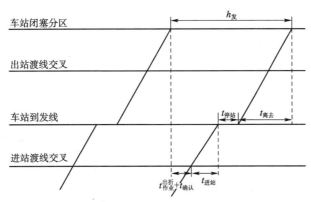

图3-31 最小折返出发间隔时间示意图

$h_发$的计算公式为：

$$h_发 = t_{离去} + t_{作业}^{出折} + t_{确认} + t_{进站} + t_{停站} \quad (3-17)$$

式中：$t_{进站}$——列车从车站到发线至进站渡线交叉的运行时间，s。

2. 列车在折返站停留时间

列车在折返站停留时间是指列车在折返站办理各项作业时所需时间。按作业顺序，列车应办理的作业有：

(1) 在站线上，开车门、乘客下车作业。

(2) 列车入折返线走行作业。

(3) 在折返线上，列车换向作业。

(4) 列车出折返线走行作业。

(5) 在站线上，乘客上车、关车门作业。

六 列车出入车辆段作业时间

列车出入车辆段作业时间是指列车在车辆段与正线防护信号机间的列车运行时间、列车在下线防护信号机与列车始发站间的运行时间及列车在进入区间下线之前等待信号开放和确认信号的时间。

任务实施与评价

1. 教师课前下发任务，学生课前按要求完成预习任务。

2. 教师进行讲解，学生分组学习。

3. 学生完成任务。

4. 教师和各组长承担本次任务的他人评价工作，评判学生的任务完成情况。

任务三 通过能力计算

任务描述

理解通过能力概念，掌握不同固定设备通过能力计算方法。

> **任务发布**
> 1. 说出影响通过能力的因素。
> 2. 写出不同固定设备通过能力计算方法。

> **知识准备**

本书定义城市轨道交通通过能力是在一定的车辆类型、信号设备和行车组织条件下,城市轨道交通固定设备在单位时间(通常是高峰小时)内所能通过的最大列车数。在编制列车运行图时,首先要计算通过能力,确定区间通过能力的利用程度,才能确定合适的编制措施。

一、影响通过能力的因素

1. 线路

线路是由区间和车站构成的整体,其通过能力主要受正线数目、列车运行控制方式、车辆技术性能、进出车站线路平纵断面、列车停站时间和行车组织方法等因素影响。

拓展内容:铁路通过能力计算

2. 列车折返设备

其通过能力受车站折返设备布置、信号和联锁设备种类影响。

3. 车辆段设备

其通过能力主要受车辆的检修台位、停车线等设备数量和容量等因素影响。

4. 牵引供电设备

其通过能力主要受牵引供电所的数量、容量等因素影响。

注意:城市轨道交通各项固定设备的通过能力通常各不相同,其中通过能力最小的固定设备限制了整个系统的通过能力,该项固定设备的通过能力即为城市轨道交通的最终通过能力,因此,设备的通过能力应该尽量协调。在各设备中,限制城市轨道交通通过能力的固定设备通常是线路和列车折返设备。

5. 列车运行组织模式

城市轨道交通系统可以组织速度相同的列车追踪运行,也可以组织不同速度的列车追踪运行。由于不同组织模式会对区间和车站的通过能力产生不同的影响,因此,可按同速度和不同速度列车共线的情况计算城市轨道交通通过能力。

6. 列车运行控制和列车停站时间

在影响城市轨道交通通过能力的诸多因素中,比较重要的因素是列车运行控制和列车停站时间。

列车运行控制包括列车间隔控制、列车速度控制和行车调度指挥,取决于闭塞设备类型。列车运行控制与不同闭塞设备通过能力如表3-1所示。

列车运行控制与不同闭塞设备通过能力　　　　　　表3-1

序号	闭塞设备	列车间隔控制	列车速度控制	行车调度指挥	通过能力
1	移动闭塞	追踪运行＋列车自动防护	连续速度控制	自动化	高
2	自动闭塞	追踪运行	点式速度控制	调度集中	中
3	双区间闭塞	非追踪运行	点式速度控制	调度监督	低

由于城市轨道交通车站一般不设置配线,列车在车站正线停车办理客运作业,追踪列车经过车站时的间隔时间远大于列车在区间时追踪列车间隔时间。因此,列车停站时间是限制城市轨道交通通过能力的主要因素。

二 通过能力计算

1. 线路通过能力计算

（1）自动闭塞行车。

自动闭塞行车时,线路通过能力 $n_{\max}$ 计算公式为:

$$n_{\max} = \frac{3600}{h} \tag{3-18}$$

式中: $n_{\max}$ ——1h 内通过的最大列车数,列;

h ——追踪列车间隔时间,s。

（2）双区间闭塞行车。

双区间闭塞行车是指同方向运行的两列车,列车间隔为两个闭塞区间的行车方式。此时线路通过能力计算公式为:

$$n_{\max} = \frac{3600}{\sum t_{运}^i + t_{站} + \tau_{连}} \tag{3-19}$$

式中: $t_{运}^i$ ——区间运行时间,s;

$t_{站}$ ——车站停车时间,s;

$\tau_{连}$ ——连发间隔时间,s。

2. 列车折返设备通过能力

列车折返设备通过能力计算公式为:

$$n_{折返} = \frac{3600}{h_{发}} \tag{3-20}$$

式中: $n_{折返}$ ——1h 内列车折返设备能够折返的最大列车数,列;

$h_{发}$ ——列车折返出发间隔时间,s。

列车折返方式主要有站后折返和站前折返两种。站后折返通常是列车利用站后尽端折返线进行折返,站前折返通常是列车经过站前渡线进行折返。

3. 最终通过能力与使用通过能力

（1）最终通过能力。

如果城市轨道交通通过能力受限于线路或列车折返设备的通过能力,则最终通过能力可按下式计算：

$$n_{\max}^{最终} = \frac{3600}{\max\{h, h_{发}\}} \tag{3-21}$$

式中：$n_{\max}^{最终}$——1h 内最终能够通过的最大列车数，列。

(2) 使用通过能力。

在日常行车组织中，列车运行时分（间）偏离、设备故障、行车事故和外界影响等带来的通过能力损失是不可避免的。因此，实际使用通过能力达不到理想作业状态下的理论计算能力。为合理安排列车运力，保证列车运行秩序，有必要确定使用通过能力，其计算公式如下：

$$n_{使用} = \frac{3600}{h + h_{损失}} \tag{3-22}$$

式中：$n_{使用}$——扣除能力损失后，1h 内能够通过的最大列车数，列；

$h_{损失}$——平均每列车分摊到的损失时间，可根据列车运行统计资料计算确定，s。

任务实施与评价

1. 教师课前下发任务，学生课前按要求完成预习任务。
2. 教师进行讲解，学生分组学习。
3. 学生完成任务。
4. 教师和各组长承担本次任务的他人评价工作，评判学生的任务完成情况。

任务四 列车运行图编制

任务描述

理解列车运行图编制要求，学习列车运行图编制步骤；理解列车运行图的编制原则，掌握列车运行图编制方法，掌握列车运行图评价指标的组成。

任务发布

1. 说出列车运行图的编制要求和步骤。
2. 说出编制列车运行图的资料。
3. 说出列车运行图的编制原则。
4. 说出全天列车运行线的铺画方法。
5. 说出长短交路列车运行图的编制方法。
6. 说出列车运行图的编制阶段及各阶段重点。

知识准备

城市轨道交通企业中，运输、机务、车辆、工务、电务、计划等有关部门负责人组成领导小组，负责列车运行图编制的组织工作，确定编制的原则、任务和步骤，组织有关部门协商拟定列车运行方案，审查相关工作人员提报的编制资料和编制的列车运行图。

一 列车运行图的编制要求和步骤

1. 编制要求

（1）确保行车安全：列车运行图应符合行车技术规范等行车规章的有关规定，严格遵守行车作业程序和各项时间标准。

（2）合理运用设备：列车运行图应流线结合，充分利用线路通过能力。在满足客流需求的同时，注意提高车辆满载率和旅行速度。

（3）优化运输产品：列车运行图应根据客流特点，开行列车间隔、编组辆数、列车交路和速度不同的列车。

（4）配合站段工作：为使换乘站的客运作业能均衡进行，列车运行图应安排列车交错到达换乘站，并预留调试列车运行线。

列车运行图在很大程度上反映着整个城市轨道交通行车组织工作的水平。提高运行图编制质量，可以改善对乘客的服务，改进车辆的运用，更好地利用区段通过能力，提高劳动生产率，降低运输成本。因此，在编制列车运行图时，必须及时总结和推广先进经验，不断提高列车运行图的质量。

列车运行图是与运输有关的各单位的综合工作计划。因此，在编制列车运行图的过程中，要从全局出发，统筹兼顾，正确处理列车运行与车站作业的关系、列车运行与列车交路的关系、运输与施工的关系、电动客车与其他车辆的关系等。要使编制出来的运行图既是先进的，又是可行的。

城市轨道交通企业确定统一实行新运行图的日期（与新列车编组计划同时实行），印制行车时刻表，拟定新旧运行图的交替办法，组织各站段切实做好实行新运行图的各项准备工作。

2. 编制步骤

（1）按上级要求和编图目标确定编图要求与注意事项；

（2）收集编图资料，对有关问题进行调查研究和试验，计算确定列车运行图要素；

（3）总结分析现行列车运行图的完成情况和存在问题，提出改进意见；

（4）确定全日行车计划；

（5）确定运用客车车底数；

（6）编制列车运行方案；

（7）征求调度部门、车站行车和客运部门、车辆部门对列车运行方案的意见，并进行必要的调整；

（8）根据列车运行方案铺画详细的列车运行图；

（9）对列车运行图的编制质量进行全面检查，并计算列车运行图指标；

（10）将编制完毕的列车运行图、列车运行图分析资料和编图工作总结等一并报上级部门审批。

3. 编制运行图的资料

在编制列车运行方案和铺画详细的列车运行图前，必须收集下列编图资料：

(1) 全日最大断面客流量；
(2) 列车运行方案；
(3) 线路通过能力；
(4) 终点站折返能力；
(5) 换乘站设备能力；
(6) 运用客车车底保有量；
(7) 列车编组辆数；
(8) 追踪列车间隔时间；
(9) 车站间隔时间；
(10) 列车区间运行时分(间)；
(11) 列车在折返站停留时间标准；
(12) 列车出入车辆段作业时间标准；
(13) 现行列车运行图完成情况的分析。

二 列车运行图编制

列车运行图分为基本运行图和节假日运行图。其中,节假日运行图是指针对客流量波动较大的节假日编制的列车运行图。另外,还可编制旅游旺季、特殊社会活动等情况下的分号运行图,开行定期列车、季节列车和临时列车。

1. 列车运行图的编制原则

列车运行图的编制应遵守以下原则：

(1) 在保证安全可靠的条件下,提高列车的运行速度,缩小列车的运行时间。

列车运行速度高是城市轨道交通系统的主要优势。在保证安全的前提下,可通过提高列车旅行速度、压缩折返时间、减少出入库作业时间等方式,提高系统的运行效率和服务水平。

(2) 尽量方便乘客。

城市轨道交通是城市公共交通的重要组成部分,编制运行图时要使列车发车间隔在满足运行技术要求的前提下尽量方便乘客,减少乘客的候车时间。在安排非高峰期运行计划时,列车运行图间隔最大值不宜过大。改变列车编组,保持较小列车间隔,是节省运能并减少乘客候车时间的良策。

(3) 充分利用线路的通过能力。

通常情况下,折返站的折返能力是限制全线通过能力的关键,因此必须对折返线的折返作业时间进行精确计算,尽可能安排平行作业。

(4) 在保证满足运量需求的条件下,使运营列车数达到最少。

在保证满足运量需求的条件下,综合考虑高峰时段列车运行速度、折返时间、列车开行方式等,使运营列车数达到最少,从而降低系统的车辆保有量与运营成本。

2. 城市轨道交通列车运行图编制的特点

与铁路列车运行图的编制相比,城市轨道交通列车运行图的编制有以下特点：

（1）列车运行图应尽可能考虑高峰客流需求，列车开行数量具有时段波动性和规律性；

（2）列车开行数量受车组数量和运用方式的制约，应尽可能提高车组的上线率；

（3）对于本线列车，需要明确其优先原则和列车等级；

（4）运行图的编制要考虑相关线路的紧密接续，方便乘客换乘。

3. 全天列车运行线的铺画

城市轨道交通列车运行图一般有工作日、双休日和节假日运行图三种类型，见表3-2。对于不同类型的列车运行图，其编制的重点也不同，尤其是工作日列车运行图，一天中运行间隔不同的时间段非常多，且高峰期与非高峰期的发车间隔差距很大，列车出入库频繁，列车运行图的编制过程较复杂。

城市轨道交通列车运行图的类型及特点　　　　表3-2

类　　型	时间段数量（个）	高峰期发车间隔	列车出入库
工作日	5~7	最小	非常频繁
双休日	1~3	最大	较频繁
节假日	1~3	最大	较频繁

（1）不同时间段列车运行线的编制。

如果一天中列车运行间隔只有一种，则铺画列车运行线的工作比较简单。在同一运行间隔时间段内，列车运行图呈现出周期性变化的特点。运行线铺画应先以运行周期 $T_周$ 为基础。在铺画好周期运行线后，再根据时间段的开始与终止时间来铺画时间段内的运行线，如图3-32所示。

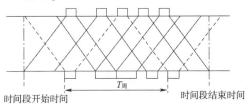

图3-32　不同时间段列车运行线的铺画

（2）不同时间段过渡运行线的编制。

如果一天中有几个不同间隔时间段，由于不同间隔时间段所运用的车底数不同，因此在不同间隔时间段的过渡期内，会存在车底的出入库，从而形成过渡时间段列车运行线，如图3-33所示（A、B为车站名称）。过渡运行线的铺画是城市轨道交通列车运行图极难也是极复杂的部分，铺画时不仅要考虑车底的出入库方式，还要考虑车底的折返要求及列车的发车间隔要求。过渡运行线的铺画方式与车底的出入库方式有关，过渡时间段主要有以下两种情况：

①列车运行线由疏至密的时间段。

当前一时间段的运行间隔大于后一时间段的运行间隔时，表明后一时间段需要运用的车底数比前一时间段需要运用的车底数多。因此，在前一时间段结束时，会有部分车底出库，车底出库线的铺画要考虑出库的合适时间以及出库方式。

②列车运行线由密至疏的时间段。

当前一时间段的运行间隔小于后一时间段的运行间隔时,表明后一时间段需要运用的车底数比前一时间段需要运用的车底数少。因此,在前一时间段结束时,会有部分车底入库,这些车底入库线的铺画应考虑入库的合适时间以及入库方式。

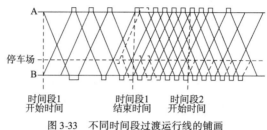

图 3-33　不同时间段过渡运行线的铺画

4. 长短交路列车运行图编制

长短交路列车运行图是指在一条线路上开行 2 个或 2 个以上的交路形式,这会形成在某区段开行不同交路列车的情况。某区段开行单方向的列车交路大于或等于 2 种时,该区段为共线段;某区段开行单方向的列车交路只有 1 种时,该区段为非共线段。以全线开行 2 个交路的情况为例,3 种长短交路的列车运行图如图 3-34 所示(A、B、C、D 为车站名称)。

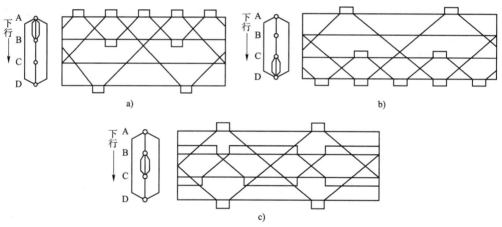

图 3-34　全线开行 2 个交路的情况下 3 种长短交路的列车运行图(局部)

长短交路方案适用于各区段客流量不均衡程度较大且有明显客流断点的情况。编制这种类型的列车运行图时,不仅要考虑列车车底数量、时间段过渡方式等因素,还要考虑以下几个方面的因素:

(1)运行间隔的合理匹配。

在保证各交路区段运行间隔均衡的条件下,长短交路列车运行图的最大特点是长短交路的开行数量(或运行间隔)需保持一定的比例关系(如 1:1 或 1:2)。

(2)车底运用数量的计算。

长短交路列车运行图中,以有 2 个列车交路的运行图为例:车底运用数量取决于不同交路的运行周期。在运行图的实际编制过程中,由于长短交路的运行间隔要保持一定的比例关系,长短交路的车底运用周期也会相互制约。

(3)车底运用方式。

在长短交路列车运行图中,车底周转有两种方式:独立运用和套跑运用。独立运用时,车底周转与交路方式完全一致,在交路上运营的列车不能担任其他交路的运输任务,如图 3-35 所示。套跑运用时,车底周转与交路方式不完全一致,在交路上运营的列车可以担任其他交路的运输任务,如图 3-36 所示。

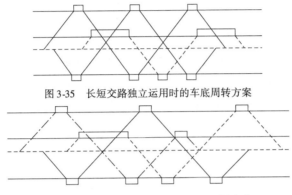

图 3-35　长短交路独立运用时的车底周转方案

图 3-36　长短交路套跑运用时的车底周转方案

5. 站后折返、站前折返及区间交叉干扰约束

在城市轨道交通线路上,列车之间除了要满足追踪间隔时间约束外,在折返站还需满足折返时间及折返方式的约束。列车出入库时,需考虑可能会在区间与其他列车形成交叉干扰的情况。站后、站前折返以及区间交叉干扰约束如表 3-3 所示。

站后、站前折返以及区间交叉干扰约束　　　　表 3-3

类　型	站台、线路布置图例	运行图图示	约束条件
站后折返	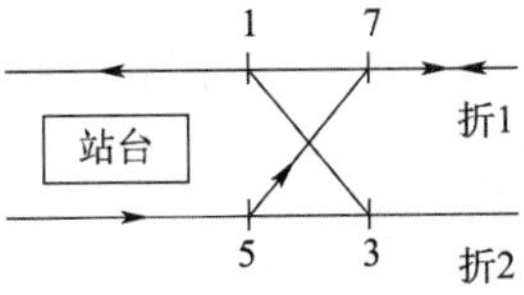	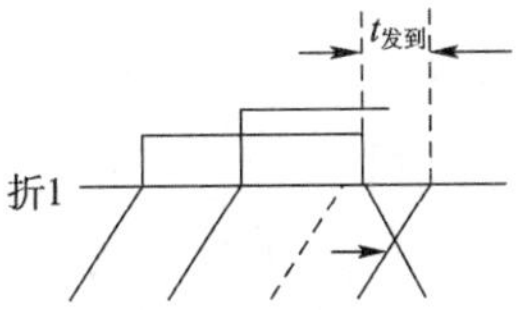	折返线数量及布置形式
站前折返	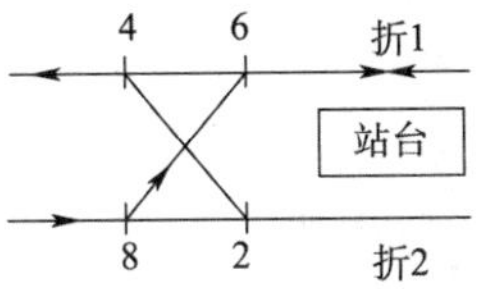	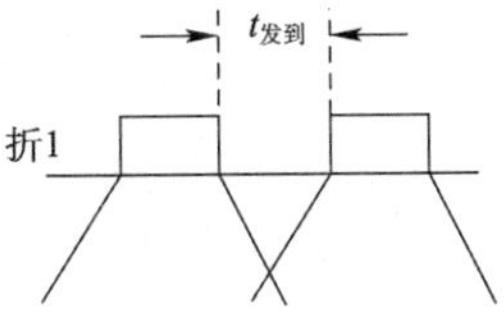	站前折返间隔时间
区间交叉干扰	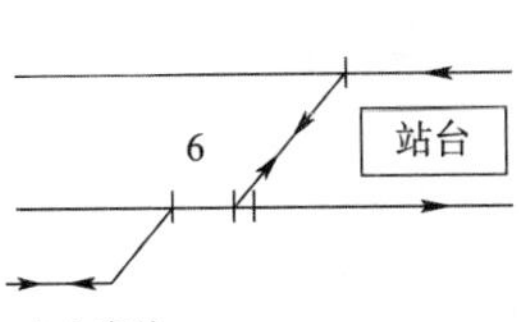	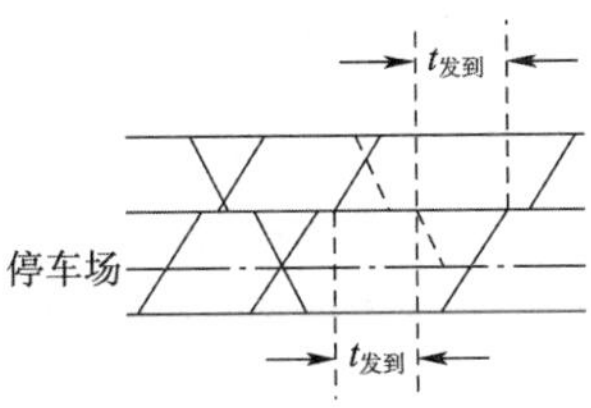	车场与区间正线的连接方式及行车交叉间隔时间

6.列车运行图的编制阶段

列车运行图的编制通常包含 3 个阶段。

(1)编制列车运行方案图。

编制列车运行方案图是编制列车运行图过程中十分重要的工作。它主要应解决以下问题:

①方便乘客。

方便乘客是衡量服务水平的重要标志之一,具体表现为乘客候车、乘车和换乘等几个环节的时间的节约。因此,在考虑列车运行方案时,要认真排定头班车和末班车的发、到时刻。在清晨和夜间的列车间隔不宜太长,减少乘客在车站的候车时间。合理规定列车的停站车站和停站时间,以提高运行速度和减少乘客乘车时间。换乘站连接的各条线路的运营计划不能独立制订,应根据不同线路的客流量来制定换乘站各方向列车到发时间,尽量避免多个方向的列车同时到达换乘站,列车的到、发时刻应合理地衔接配合,以减少乘客在车站的换乘时间。各个方向的换乘客流同时得到照顾通常会有困难,此时应重点照顾优势方向的换乘客流。

②经济地使用车辆,合理安排列车接续。

列车接续是指列车到达终点站进行折返作业后,投入另一方向运行。一般情况下,折返时间和停车时间之和大于或等于本次到达列车与紧接另一方向发出列车之间的时间间隔,列车接续时间才满足要求;当折返时间和停车时间之和小于本次到达列车与紧接另一方向发出列车之间时间间隔时,则此列车不能用作紧接另一方向发出列车车体,必须另外组织列车车体投入运营。

在车辆不足或客流量增长较快的情况下,充分挖掘设备潜力,加速车辆周转,对城市轨道交通运输具有较大的现实意义。减少运用车组的需要数可以采用适当压缩列车在折返站的停留时间、合理安排列车回段检修等方法。

③列车运行与车站客运作业过程的协调。

对于采用岛式站台的车站,在运营高峰期或行车密度较大时,若 2 个或 2 个以上方向的列车同时到达,由于客流集中,会造成站内拥挤。

④列车运行与车辆段有关作业的协调。

必须考虑车辆列检作业的需要,并保证足够的作业时间。在考虑列检能力的同时,要尽可能使各个车组在列车运行图上连续运行周数大体均衡。

在车辆段设有试车线时,应铺画调试列车运行线。调试列车一般在客流非高峰期开行。应按规定在列车运行图上合理安排司机换班、吃饭的时间。

出入库运行线是指连接车场与两折返站的列车运行线。车场设置不同,出入库运行线的编制也不同。

(2)铺画列车运行详图。

在一分格列车运行图上精确地铺画每一条列车运行线,即根据列车运行方案图和有关资料,详细规定列车在每个车站的到、发和通过时刻,在各个区间的运行时分(间)和在折返站的停留时间。

运行图铺画顺序按照列车等级依次为:专用列车、乘客列车、调试列车和回空列车运行图。自列车出库起,从始发站一直铺画到折返站。列车经过一定作业后,由折返站返回,在折返站停留时间长短由列车接续时间决定,如果与紧邻对向发出列车之间时间间隔不足,就只能在折返线上等待下一趟列车出发时充当列车车体。

列车发车间隔时间一定要严格遵守规定,当折返列车车体不能使用时,可以要求车辆段安排列车车体投入使用。

在详细铺画列车运行图的过程中,可按需要对所拟定的列车运行线进行适当调整。在铺画详图时,要注意确保行车安全和乘客的乘降安全。为此,必须做到:

①遵守列车区间运行时间和列车停站时间标准;
②遵守列车在折返站停留时间标准;
③遵守追踪列车间隔时间和车站间隔时间标准;
④列车在车站折返时,同时停在折返站上的列车数应与该车站的线路数相适应;
⑤列车在车站会车和越行时,同时停在车站的列车数应与该车站的到发线数相适应。

(3)列车运行图编制质量的检查。

列车运行图编完后,必须对运行图的编制质量进行全面检查。检查的主要内容有:

①运行图上铺画的列车数和折返列车数是否符合要求;
②列车运行线的铺画是否符合规定的各项时间标准;
③列车在车站折返时,同时停在折返线上的列车数是否超过该车站现有的折返线数;
④换乘站的列车到发密度是否均衡;
⑤司机的工作和休息时间是否符合规定的时间标准。

三 列车运行图指标

通过检查,确认新运行图完全符合规定的要求后,还应计算新运行图的各项指标。

1. 列车数和折返列车数

各种编组的列车在运营线路上行驶 1 个单程,不论是全程运行还是小交路运行,均按 1 列计算,图定回空列车计入开行的列车数。专运列车和调试列车等另行统计。列车数分别按全日、上行和下行开行列数计算。折返列车数按各折返站分别计算。

2. 乘客输送能力

乘客输送能力计算公式为:

$$乘客输送能力 = 列车数 \times 列车定员数 \qquad (3\text{-}23)$$

3. 高峰小时运用列车数

高峰小时运用列车数按不同的高峰期分别计算,如按早高峰和晚高峰分别计算。

4. 全日车辆总走行公里

全日车辆总走行公里是城市轨道交通车辆为运送乘客在运营线路上所走行的里

程,包括图定车辆空驶里程和出于某种原因列车在中途清客或列车在少数车站通过后仍继续载客的车辆空驶里程。计算公式为:

$$全日车辆总走行公里 = \sum(列车数 \times 列车编组数 \times 列车运行距离) \quad (3\text{-}24)$$

5. 车辆日均走行公里(又称日车公里)

车辆日均走行公里即每一运用车辆每日平均走行公里数,计算公式为:

$$车辆日均走行公里 = \frac{全日车辆总走行公里}{全日运用车辆数} \quad (3\text{-}25)$$

其中全日运用车辆数可按早高峰小时的运用车辆数进行折算。

6. 车辆全周转时间

车辆全周转时间指车辆在运营线路上完成一次周转所消耗的时间,计算公式为:

$$车辆全周转时间 = \frac{全日运营时间 \times 运用车组数}{全日开行列车对数} \quad (3\text{-}26)$$

7. 车辆周转时间

车辆周转时间与车辆全周转时间的区别在于,车辆周转时间不包括回库检修等与运送乘客无关的时间。

$$车辆周转时间 = \frac{全日运营时间 \times 运用车组数 - \sum 回段检修时间}{全日开行列车对数} \quad (3\text{-}27)$$

8. 列车平均技术速度

列车平均技术速度,即列车在各区间运行(包括列车起停车附加时间等,但不包括列车在各中间站的停站时间和列车在线路两端的折返停留时间)平均每小时走行的公里数,计算公式为:

$$v_{技} = \frac{\sum nL}{\sum nt_{运}} \quad (3\text{-}28)$$

式中:$v_{技}$——列车平均技术速度;

n——列车数,列;

L——列车总走行公里,km;

$t_{运}$——列车运行时间的总和(包括起停车附加时间),s。

9. 列车平均旅行速度(又称运送速度)

列车平均旅行速度,即列车在各区间运行时(包括列车在各中间站的停站时间)平均每小时走行的公里数,计算公式为:

$$v_{旅} = \frac{\sum nL}{\sum nt_{运} + \sum nt_{停}} \quad (3\text{-}29)$$

式中:$v_{旅}$——列车平均旅行速度,km/h;

$t_{停}$——列车在各中间站停留时间,s。

10. 满载率

满载率指列车的满载程度。满载率分为两种:

①平均满载率。平均满载率反映一定时间内车辆运能的利用水平。

②线路断面满载率。线路断面满载率反映特定时间、特定断面上车辆运能的利用程度。

$$线路断面满载率 = \frac{断面客流量}{断面输送能力} \times 100\% \qquad (3-30)$$

实际工作中,线路断面满载率通常取高峰断面满载率。

11. 平均运距(km/人)

平均运距指每个乘客平均乘车距离。它能从全面客流调查或抽样客流调查数据中得到。

为了进一步评价新运行图的质量,除计算新运行图的各项指标外,还应与现行运行图进行比较,分析各项指标提高或降低的主要原因。

四 分号列车运行图编制

为适应运量波动,需要编制分号运行图,分号运行图决定于列车运行图实行期间的运量波动程度及波动期间的长短。一般地,城市轨道交通运行图可以按周一~周四;周五;周六~周日;"五一""十一"假期等情况进行分号编制,以适应不同运量的需要。

1. 分号列车运行图的种类

分号列车运行图分为在运量波动较大的轨道区段或方向上,为适应运量波动需要而编制的不同行车量分号运行图,以及为满足隧道、桥梁修理和线路改造、大中修等施工需求编制的施工分号列车运行图。

若列车运行图实行期间客运量的波动很大,则要对客运量波动较大的区段,编制分号运行图。

2. 不同行车量的分号列车运行图

为适应运量波动需要而编制的分号列车运行图,根据列车运行图实行期间的运量波动程度及波动期的长短编制。运量波动程度及波动时间,一般应根据历史数据和计划运量的资料加以研究确定。经验证明,适应运量波动所编制的分号列车运行图,一般以两个到三个(包括基本运行图)为宜。分号列车运行图数量太多,换用分号列车运行图过于频繁,容易引起现场工作人员执行上的困难。

分号列车运行图一般采用如下两种方法编制:

(1)依照不同的行车量编制一个综合分号列车运行图。原则上应从最小行车量开始,首先铺画运行图的基本核心列车,然后在此基础上顺序铺画到最大行车量对应的列车运行线,并考虑列车运行与列车周转的协调问题。

(2)按照不同的行车量,分别编制几个不同运量与不同时刻的独立分号运行图。编制这种列车运行图时,每个运行图上列车运行与列车周转的协调都应单独考虑。

综合分号列车运行图的优点是,更换分号列车运行图时,仅变更列车运行图上的行车量,而不变动列车车次、时刻和运行程序;其缺点是很难编制出最有利的列车运行图和列车周转图,列车密度均衡性不高。独立分号列车运行图的优点是每个列车运行图的指标都较好,列车运行和列车周转能够取得较好的协调;其缺点是由于每个分号列车运行图中的运行线是各自独立的,因此当更换分号列车运行图时容易发生困难。

综合分号列车运行图主要使用在复线区段,独立分号列车运行图主要使用在单线区段。在运量不大、区间通过能力不太紧张的单线区段,亦可编制综合分号列车运行图。

五 实行新运行图前的准备工作

列车运行图经最后批准后,为了保证新图能够正确和顺利地实行,必须在实行新图之前做好下列准备工作:

(1)发布实行新图的命令。
(2)印刷并分发列车时刻表。
(3)拟定执行新图的技术组织措施。
(4)组织有关人员学习新图,使有关人员了解、熟悉并掌握新图的规定。
(5)根据新图的规定,组织各站段修订《行车工作细则》。
(6)做好车辆和司机的调配工作。

六 编制列车时刻表

在铺画好列车运行图后,应立即编制列车时刻表。时刻表的编制依据就是列车运行图、各区间上下行列车运行时间和沿途各车站列车停站时间标准。时刻表按照不同的使用范围可分为对内使用和对外公布两种。简易列车时刻表可人工编制,用于列车自动监控系统的列车时刻表可使用计算机编制。列车时刻表的编制可分为载客列车和出入场空驶列车时刻表两大部分。先将上下行载客列车时刻表编在一起,再编制出入场空驶列车时刻表。

上海地铁运营时刻表

由于城市轨道交通系统列车开行密度较高,列车时刻表包含主要的开行时段、开行密度以及首、末班时刻表即可。

任务实施与评价

1. 教师课前下发任务,学生课前按要求完成预习任务。
2. 教师进行讲解,学生分组学习。
3. 学生完成任务。
4. 教师和各组长承担本次任务的他人评价工作,评判学生的任务完成情况。

思政案例

某日凌晨,368次列车向东一路急驶。按运行图规定,该趟火车在YZ站要在侧线停车6min,等待其他列车通行后再开动。然而因为司机睡着了忘记制动,列车过YZ站没在规定的车位停下来,如同失去控制的铁龙,以每小时40km的速度向前冲去。

两个司机睡着了!列车错过了制动时机,危险袭向了毫无准备的人们!列车上绝大多数旅客已睡熟,丝毫没有感觉到异常。

凌晨三时许,368次列车机车撞上87次列车的第6节车厢。像被推倒的多米诺骨牌,87次列车的第7、8、9、10节车厢在十几秒之内相继与368次列车的机车相撞。巨大的冲击力使几节相撞的车厢与列车主体断开,滚落在轨道外面。列车像麻花一样扭曲,行李架上指头粗的铁条折成了一段一段,地板残片横飞,多名旅客受伤。

思考:请阅读以上案例,谈谈对严格遵守劳动纪律的感受。

拓展知识

某地铁1号线列车运行图编制工作

1. 某地铁1号线概况

某地铁1号线全长26.188km,正线设22座车站,平均站间距为1238m,全线有4座具备列车折返功能的车站。在线路两端分别设有1个车辆段、1个停车场。车辆段与线路一端终点站既可站前连接又可站后连接,停车场与线路另一端终点站只能站后连接。该线路车辆保有量为116辆,其中4节编组列车17列,6节编组列车8列。

由于列车自动防护(ATP)系统、列车自动运行(ATO)系统仍处在调试阶段,所以行车闭塞方式为自动站间闭塞,列车驾驶模式为人工驾驶。

目前在运营初期,首、末班车发车时间分别为6:00和22:00。全天最小行车间隔为5min,最大行车间隔为9min,共开行228列,投入运用18组车。工作日的全天客流量在10万人左右。

2. 列车全周转时间

(1)列车全周转时间的定义。

列车全周转时间(T)是运行图铺画最核心的基础,是指列车在正线按规定的列车交路从某点按正线方向运行一圈回到原点的时间总和。它包括列车正线区间运行时间、停站时间、折返时间。

(2)列车全周转时间的确定。

列车全周转时间:$T = 100$min。

列车平均行车间隔m与列车全周转时间T的关系为:

$$m = \frac{T}{N} \tag{3-31}$$

式中:N——在线运行列车数。

某地铁1号线列车平均行车间隔可以达到5~6min。

3. 列车出入场方式及出入库能力。

列车出入场方式及出入库能力是编制列车运行图的重要影响因素。某地铁1号线列车出入车辆段有两种方式:一种是站前式,另一种是站后式。这两种方式各有优缺点。

站前式优点是列车出入车辆段时间短,行车组织简单,司机作业方便;缺点是由于列车不经过终点站,客运服务水平会被降低。站后式的优缺点恰好与站前式相反。一般情况下,列车出入库能力除受到信号设备水平、线路水平、司机操作水平等影响外,出入库列车在进入正线时通常还会受到正线通过能力的影响,因此必须在确定列车出入库作业时间后,再做列车出入库计划。

由于某地铁1号线客流量较小,行车密度不大(最小行车间隔为5min),为了提高客运服务水平,列车出入车辆段方式选择了站后式。

4. 列车全天运行时段划分

从充分、合理运用运能和节约运能的角度考虑,城市轨道交通企业一般把全天运营时间划分为3个时段:高峰时段、平峰时段和低谷时段。在确定3个时段之前,必须要对城市轨道交通沿线进行客流调查和分析,要对市民出行习惯、方式,上下班时间、上下学时间以及沿线商业营业时间等做深入的调查,摸清每个时段的客流量,为确定全天运行时段提供充分、必要的依据,随后根据全天运行时段进一步安排全天行车计划,使运行计划做到经济合理。

5. 列车交路安排

线路客流分布是确定列车交路计划的主要因素之一,即把对客流在时间上、空间上分布的不均衡性加以分析后的结果作为确定列车交路计划的主要依据之一。另外,行车组织条件和客运组织条件也是确定列车交路计划时必须考虑的因素。

某地铁1号线全线客流分布均衡。线路两端车站都具备折返功能。在行车间隔为5~9min的情况下,如果要求在中间折返站下车换乘,乘客可能会抱怨,将会给车站客运组织带来一定的困难。因此,某地铁1号线在铺画运行图时选择了大交路运行。

6. 列车运行图编制程序

(1) 确定全日行车计划。

首先召开编制新运行图的专题会,对相关各部门提供的编制运行图的基础资料进行汇总,按照编制运行图的要求和规定整理、分析所有的原始资料,确定全日行车计划(包括全日运营时段、投入运用列车组数、列车运行交路、列车回库整备时间、首末班车发车时间、列车行车间隔以及车站停站时间等)。然后将全日行车计划报企业领导审批。

(2) 编制基本运行图。

根据审批通过的全日行车计划编制运行图,协调处理各相关部门的要求,力争在铺画运行图时,满足相关部门提出的要求。结合全线的实际运能和乘客需求,编制基本运行图。编制完毕后,检查、计算运行图的各项指标是否在规定范围内。

(3) 评审基本运行图。

为进一步协调相关部门的需求,将编制好的基本运行图和运行图编制说明送达相关部门;各相关部门负责评审运行图,并提出书面意见,以便对其做进一步修改和完善,从而满足行车需求。

(4)修改基本运行图。

根据各相关部门提出的基本运行图修改书面意见,对基本运行图进行修改和完善。

(5)评价基本运行图。

为了评价新运行图的质量,要对运行图的各项指标进行计算,并与当前使用的运行图进行对比,分析各项指标提高或降低的原因,为下次改图积累经验。

(6)审批基本运行图。

将修改后的运行图及运行图编制说明一并提交企业领导审批;审批通过后,把输入列车自动监控(ATS)时刻表编辑工作站中的基本运行图上传至 ATS 系统服务器保存,作为信号系统数据库中的基本运行图。根据企业会议要求,确定工作日、周六、周日和节假日使用的基本运行图。

习题

一、答一答

1. 列车运行图的概念是什么?横、竖、斜三种线各代表什么?
2. 运行图组成要素有哪些?
3. 确定车站中心线的位置有哪几种方法?
4. 什么是列车区间运行时间?要在哪几种情况下查定?
5. 列车停站时间影响因素有哪些?
6. 不同时到达间隔时间($\tau_{不}$)的概念是什么?根据哪些条件确定?
7. 会车间隔时间($\tau_{会}$)的概念是什么?
8. 追踪列车间隔时间的概念是什么?列车过站时追踪列车间隔时间有哪几种?如何确定?
9. 简述移动自动闭塞追踪列车间隔时间计算原理。
10. 列车折返间隔时间与列车在折返站停留时间有什么不同?
11. 简述折返出发间隔时间的确定方法。
12. 站后折返和站前折返出发间隔时间公式是什么?
13. 轨道区段通过能力按照哪些固定设备通过能力计算?
14. 列车运行图的编制要求和步骤有哪些?
15. 列运行图的编制应遵守哪些原则?
16. 列车运行图组成要素有哪些?
17. 列车运行图的编制阶段有哪些?
18. 简述长短交路列车运行图的编制方法。
19. 简述不同时间段列车运行线的编制方法。

二、练一练

1. 编制列车运行图

已知:某轻轨线路长 16km,区间的分布及计算资料如下。

(1) 各站停站时间。

车站	A	B	C	D	E	F	G	H
停站时间	1min	30s	30s	30s	30s	30s	30s	1min

(2) 各区间纯运行时间。

区间		A—B	B—C	C—D	D—E	E—F	F—G	G—H
纯运行时间	下行	2min30s	2min00s	2min30s	3min00s	2min30s	2min30s	3min00s
	上行	2min30s	2min00s	3min00s	2min30s	2min30s	3min00s	3min00s

区间上下行时间相同，列车起动附加时分（间）为20s，停车附加时分（间）为10s。

(3) 折返站作业时间。

A站和H站均为站后双折返线折返，纯折返时间为2min30s（不含乘客上下车）。

(4) 运营时间及发车间隔。

上午运营时间为5:30—12:00，其中5:30—7:00发车间隔为10min；

7:00—9:00为高峰期，发车间隔为6min；

9:00—12:00期间发车间隔时间为8min。

(5) 线路条件。

停车场与F站相邻，与正线"八字形"接轨，为双向贯通式接轨。

(6) 车次规定。

图定车辆班次号为001~099。

请根据以上条件，提供以下设计文件：

(1) 6:00—8:00的列车运行图（应包含运行图的要素），在图上注明列车交路。

(2) 编写列车运行图设计说明书。

主要内容包括：线路运营概况，上线列车情况（包括运用车、备用车的使用情况，其他需要注意的事项，计算技术速度和旅行速度）。

2. 计算折返能力

已知地铁列车在某车站采用站后折返，相关时间如下：前一列车离去时间1.5min，办理进路作业时间0.5min，确认信号时间0.5min，列车出折返线时间1.5min，停站时间1min。试计算该折返站通过能力。

项目四

正常情况下调度指挥

📋 项目描述

本项目引导学生认识调度机构,理解日常调度工作制度,掌握 ATS 操作和调度命令发布的基本技能,掌握列车运行调整和调度统计分析的基本技能。

⚙ 教学目标

☞ **知识目标**

1. 认识调度指挥机构及模式;
2. 了解调度日常工作制度;
3. 掌握 ATS 系统设备操作;
4. 理解调度命令与实绩运行图;
5. 掌握日常调度指挥工作;
6. 掌握城市轨道列车运行调整方法;
7. 理解调度工作的统计与分析指标。

☞ **技能目标**

1. 能够说出调度指挥机构及模式;
2. 能够说出调度日常工作制度;
3. 能够熟练使用 ATS 系统;
4. 能够发布调度命令和绘制实绩运行图;
5. 能够进行列车运行调整;
6. 能够正确地完成调度统计与分析。

☞ **素质目标**

1. 养成遵章守纪的职业习惯;
2. 养成团结协作的职业态度。

任务一　认知调度指挥工作

任务描述

理解调度指挥工作的作用与任务，了解行车调度指挥设备，理解列车调度指挥原则，掌握列车调度指挥模式。

任务发布

1. 绘制调度指挥机构示意图。
2. 说出列车调度指挥原则。
3. 说出城市轨道交通系统调度指挥模式。

知识准备

一　调度指挥工作(简称调度工作)的作用与任务

1. 调度工作的作用

调度控制中心(简称控制中心)是城市轨道交通企业日常运输组织的指挥中枢，担负着组织行车、提高运营服务质量、确保运输安全、完成乘客运输计划、实现列车运行图的重要责任。它对城市轨道交通日常工作的开展起着决定性的作用。

在城市轨道交通运输生产过程中，为了保证完成乘客运输计划，实现列车运行图，必须进行一系列的运输日常工作组织，即调度指挥工作(简称调度工作)。调度工作由控制中心实施，实行集中领导、统一指挥、逐级负责的原则，以使各个环节紧密配合、协同动作，从而保证列车安全、正点地运行。

2. 调度工作的任务

调度工作的主要任务是：科学地组织客流，经济合理地使用车辆及其他运输设备，挖掘运输潜力，根据列车运行图和每日的具体状况，组织与运输相关的各部门密切配合，采用相应的调整措施，努力完成运输生产任务，以满足乘客出行的需要，更好地服务于城市人民的生活。

二　调度指挥机构

为了有序组织运输生产活动和对运输生产活动进行统一指挥和有效监控，城市轨道交通系统设立调度指挥机构，即总调度所或控制中心，并根据运输生产活动的性质设置不同的调度工种，实行分工管理。在调度指挥机构的生产组织系统中通常设有行车调度员(简称行调)、电力调度员(简称电调)和环控调度员(简称环调)等调度工种。某地铁调度控制中心架构如图4-1所示。

1. 调度指挥机构组成

(1)调度指挥分为一级、二级两个指挥层级；二级服从一级指挥。

(2) 一级指挥为：行车调度、电力调度、环控调度等。
(3) 二级指挥为：车站值班员、车辆段调度、车辆段调度中心（DCC）检修调度等。
(4) 各级指挥要根据各自职责任务独立开展工作，并服从运营控制中心（OCC）值班主任总体协调和指挥。

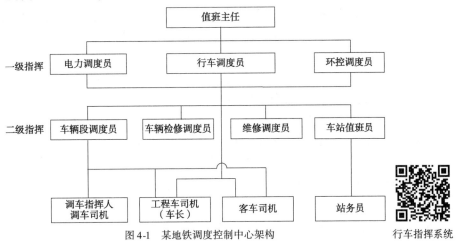

图 4-1 某地铁调度控制中心架构　　　　行车指挥系统

2. 指挥工作关系

(1) 正线行车工作由行车调度员统一指挥；车辆段由车辆段调度员统一指挥；列车由司机负责指挥，有车长时由车长负责指挥；"中控"模式时区段由行车调度员直接指挥，但转为"站控"模式时，该联锁区域由集中站车站值班员统一指挥。

(2) 发生行车设备故障情况下，报告处理流程按运营总部生产管理规定执行。

3. 控制中心主任职责

(1) 全面负责控制中心安全、运营、管理各项工作，建立、健全各项规章制度，处理行车工作中发生的问题。

(2) 制订控制中心年、月度工作计划和实施办法，定期检查、分析、总结计划完成情况，并向调度控制中心汇报。

(3) 定期对调度人员进行业务、安全培训，监督员工工作表现，对员工进行月度和年终评估，有权处理调度人员在执行各项规章制度中发生的问题。

(4) 贯彻执行运营时刻表和施工计划，确保运营工作安全、有序，及时向企业领导及其他部门通报运营信息。

(5) 协调公司内部有效资源，迅速、有效处理事故及突发事件，分析事故、突发事件，制定事故处理方案，组织事故救援演练。

(6) 对本部门工作的改进有建议权。

4. 控制中心副主任职责

(1) 在控制中心主任的领导下，全面负责安全、运营、管理工作。

(2) 组织员工认真学习政治理论，学习研讨行车业务，提高员工的政治素质、应变能力和指挥水平,对员工进行安全教育,强化安全生产意识。

(3)组织员工严格执行运营时刻表和施工计划,确保行车组织和乘客服务工作安全,有序地实施施工计划。

(4)参与控制中心设备的定期检查,确保设备处于良好的状态。

(5)组织、协调各岗位调度人员及其他相关人员,对行车、供电和监控系统的运作实施有效的监督,对各系统在运作过程中出现的异常情况,有权要求各调度及时采取措施,确保运营组织工作的顺利进行。

(6)认真总结工作经验,对员工进行考核、评议,对工作中出现的影响运输生产的各类问题提出整改意见,并及时汇总上报。

(7)根据现场具体情况,有权决定采取相应调整方案或处理办法,并通知相关人员执行相应的程序,有权纠正、制止行车组织工作中的违章、违纪现象,并及时向有关部门报告。

(8)根据施工部门的需要,有权对施工领域及临时性的施工计划做出适当的调整。

(9)认真执行交接班制度,做好交接班工作。

(10)对本部门工作的改进有建议权。

5. 值班主任职责

(1)在控制中心主任(副主任)的领导下,全面负责本班的安全、运营、管理工作。

(2)组织本班员工认真学习政治理论,学习研讨行车业务,提高本班员工的政治素质、应变能力和指挥水平,对本班员工进行安全教育,强化安全生产意识。

(3)组织本班员工严格执行运营时刻表和施工计划,确保行车组织和乘客服务工作安全,有序地实施施工计划。

(4)参与控制中心设备的定期检查,确保设备处于良好的状态。

(5)组织、协调各岗位调度人员及其他相关人员,对行车、供电和防灾系统的运作实施有效的监督,对各系统在运作过程中出现的异常情况,有权要求各调度及时采取措施,确保运营组织工作的顺利进行。

(6)认真总结本班工作,对本班员工进行考核、评议,对工作中出现的影响运输生产的各类问题提出整改意见,并及时汇总上报。

(7)根据现场具体情况,制定相应调整方案或处置办法,并通知相关人员执行相应的程序,有权纠正、制止行车组织工作中的违章、违纪现象,并及时向控制中心主任报告。

(8)统筹安排各类施工,组织施工列车的开行及施工作业的实施,尽量满足设备维修的需要。

(9)传达上级有关运营工作的指令,及时准确发布调度命令。

(10)监护行车调度员下达控制指令,及时、准确绘制、填写有关图表。

(11)认真执行交接班制度,做好交接班工作。

6. 行车调度员职责

（1）在值班主任的领导下，与其他调度员密切配合，共同完成运营组织工作。

（2）认真监视列车运行、设备运转状态，严格按运营时刻表和相关规章，组织列车安全正点运行，确保运营工作正常进行。

（3）审核所有线路占用、施工计划及临时性生产任务等情况。

（4）根据运营时刻表及值班主任制定的列车调整方案，及时、准确地下达控制指令，监视列车运行及设备运转情况，记录列车到发时刻，铺画列车运行图。

（5）当列车运行秩序紊乱时，配合值班主任采取调整措施，尽快恢复运行秩序。

（6）听取设备状况报告，及时通报设备故障情况，遇控制中心设备故障或其他原因不能实现中心控制时，须及时报控制中心主任，将控制权下放车站。控制权下放后，须监护车站办理情况。

（7）执行各类突发事件处置方案及施工组织方案。

（8）搜集填写运营工作有关数据，总结每日运营生产工作质量情况。

（9）对控制中心工作的改进有建议权。

三　从事行车调度工作的人员应具备的基本条件

（1）有较高的政治思想觉悟，爱岗敬业，遵章守纪，文明礼貌，团结协作，有严肃认真的工作态度。

（2）经过专业培训达到上岗资格，熟知行车业务及与行车有关的专业知识，熟练掌握《行规》有关内容。

（3）行车调度员应具备的素质。

①具有运输专业实践工作经验，熟悉列车运行图、行车调度员手册以及与行车调度工作相关的规章制度，获得调度员上岗资格证。

②熟悉人、车、天、地、电、设备等各种与行车有关的因素。

人：熟悉各车站值班站长、行车值班员、司机的基本情况（如家庭情况、个性特点、工作习惯、业务能力等），以便更好地组织工作。

车：熟悉车辆结构、列车的基本原理和主要系统（如制动系统、转向架系统、传动系统等）的常见故障处理方法。

天：熟悉天气变化对行车造成的影响。例如，熟悉雨、雪、雷电等天气对站台、站厅、列车运行的影响。

地：熟悉列车运行过程中途经线路的曲线、坡度、信号机布置、桥隧及建筑物限界等情况。

电：掌握所管辖区段线路牵引供电区域的划分以及供电情况。

设备：熟悉与列车运行相关的各种设备，如环控设备、防灾报警系统设备、信号设备、售检票设备、车站监控设备等。

③具有健康的身体，无色盲、色弱、心脏病、高血压、肠胃病、传染病等疾病。

④具有高度的责任心、良好的心理素质、较强的语言沟通能力。

⑤熟悉节假日、重大活动等因素对客流增减及对列车运行影响的一般规律。

(4)值班主任应具备的基本条件。

①掌握与行车相关设备的性能和特点，熟练使用控制中心内各种行车设备，熟悉电力设备等其他设备。

②熟练掌握并运用《行车组织工作规则》(简称《行规》)、《运输调度工作规则》(简称《调规》)及其他相关规章制度，遇有规章制度未涉及的新情况、新问题时，能本着安全高效、减少影响、防止次生灾害发生的原则予以处理。

③熟练掌握行车专业知识，熟知与行车相关的车辆、信号、供电、线路、机电、通信等其他专业知识。

④能监护行车调度员正确下达控制命令，并指导协调各调度人员(行车调度员，电力调度员、段、场调度员等)及其他人员共同完成运营生产任务。

⑤随时掌握客流变化规律，有预见性地组织列车运行，及时、正确地发布行车调度命令，妥善处理行车工作中发生的各种情况，积极组织按图行车，确保运营安全。

⑥以身作则，团结同志，实事求是，具有较强的责任心和管理能力。

四 行车调度指挥设备

1. 控制设备

控制设备由表示部分和操纵部分两部分组成。

(1)表示部分。

表示部分即模拟投射系统和车辆段(停车场)ATS终端，它可以显示ATS工作站任何可见内容，正常显示为线路的概览，用于调度员监视列车运行情况以及轨道、道岔、信号系统状态。控制中心一般装有行车、供电、环控等工作的中央监控终端设备——综合显示屏，综合显示屏能够显示现场(车站、车辆段)设备的使用和占用情况，包括列车运行状态、供电系统情况和车站环控设备工作情况。某地铁控制中心如图4-2所示。

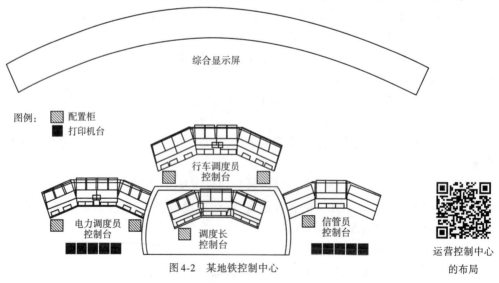

图4-2 某地铁控制中心

行车、电力、环控、常规系统运行状态及各站的视频监控信息,都可显示在综合显示屏的指定区域,以供调度人员进行监督、指挥。某地铁综合显示屏如图4-3所示。

图4-3 综合显示屏

(2)操纵部分。

操纵部分即工作站,是用于对所辖区段有关信号、道岔、车辆下达遥控命令的设备,调度员通过计算机终端键入命令,控制列车运行及信号、道岔状态。

行车调度员可以用鼠标对ATS工作站进行操作。具体方法是,移动鼠标指针到界面相应的菜单,选择相应的命令。凡是要输入文字和数字(如密码、日志记录、车次号等),可以采用键盘操作。

中央级调度工作站安装在控制中心的大厅,按照功能权限可划分为调度主任工作站、调度员工作站、其他工作站(如维护员工作站、培训工作站、时刻表编辑工作站、网管工作站)。

2. 通信设备

(1)调度电话。

调度电话是在列车运行指挥、电力调度、维修施工等作业中发布命令的专用通信工具,包括调度直通电话、公务电话等。

控制中心设置有防灾调度、行车调度及电力调度直通电话。调度直通电话具有单呼、组呼、全呼、紧急呼叫和录音等功能;各工作台设置有数字话机(ISDN),可实现与其他部门的通信,并具有会议电话、来电显示、呼叫转移等功能。

环境与设备监控系统(BAS)、电力监控系统(SCADA)、无线系统、时钟系统均与通信前置机建立接口。

(2)无线调度台。

值班主任工作台及行车调度员工作台均需设置无线调度台(互为备用),可对列车司机、站场工作人员实施无线通信。该设备应具有组呼、紧急呼叫、私密呼叫及对列车进行广播等功能。

控制中心配备多部手台,作为无线调度台故障时的备用设备,分为车站手台、维修手台与电力调度手台等,在日常交接班时需保持手台处于良好状态。

3. 其他辅助设备

(1) 广播(PA)设备。

值班主任、行车调度员及电力调度员工作台分别设置广播控制台,可对各车站、停车场、车辆段等相关单位进行广播,具有人工和自动广播两种模式,并可指定区域广播。广播设备能对各站站台及正线运行的列车进行广播,其优先级高于车站和列车。

(2) 闭路电视监视设备。

闭路电视监视设备是观察车站客流、列车在站通过及到发情况的设备。行车调度员配备若干监视终端和一个操作盘,通过监视器可以监视各车站的情况,可对各车站的站台、站厅进行图像监视,并可对监视图像进行切换,同时可使用移动摄像机进行监控,并对监视的对象进行录像。

(3) 打印机。

打印机是输出有关行车记录、信息及报告的设备。打印机通过以太网(TCP/IP)连接到ATS服务器。通常采用以下类型的打印机:A4激光打印机和A3彩色激光打印机。A4激光打印机用于打印列表(如报警列表),A3彩色激光打印机用于打印运行图和屏幕内容。

(4) 时钟系统。

时钟系统为各线、各车站提供统一的标准时间信息,为其他各系统提供统一的定时信号。时钟系统由中心母钟(简称一级母钟)、车站和车辆段母钟(简称二级母钟)、时间显示单元(简称子钟)组成。一级母钟设置在控制中心,二级母钟设置在各车站和车辆段,设置在中心调度室、车站控制室、牵引变电所值班室、站厅、站台层及其他与行车直接有关的办公室等处所。

当设有数字同步网设备时,一级母钟应能接收外部全球卫星定位系统(GPS)基准信号校准,一级母钟定时向二级母钟发送时间编码信号用以校准;二级母钟产生时间信号,提供给车站等地的子钟。

五 调度指挥原则

1. 安全生产的原则

在列车运行调度指挥工作中,必须坚持安全生产的原则,正确指挥列车运行。不能发布没有安全保障依据的命令和指示。当得到有关危及行车安全的信息时,要正确、及时、妥善处理。以保证列车的安全为重点,组织列车安全运行。

2. 按图行车的原则

列车正点率是城市轨道交通运输产品质量的重要技术指标,也是城市轨道交通运输组织管理水平的综合反映。只有按图行车,才能保持正常的运输秩序,进而保证列车的正点率。

3. 单一指挥的原则

行车工作是一个由互相联系、互相影响的多部门、多单位、各工种所组成的完整系统。在这个系统中,各部门、各单位、各工种间的紧密联系和协调一致,对于保证行车安全和运输效率有着决定性的意义。在调度工作中,与行车有关的人员,必须服从所在区段当班行车调度员的集中指挥,其他任何人(包括各级领导和主管领导)不得发布与行车有关的命令和指示。

4. 下级调度服从上级调度的原则

在列车运行调整中,必须严肃调度纪律,下级调度必须服从上级调度的指挥,行车调度员必须听从值班主任的指挥,行车值班员必须听从行车调度员的指挥。对不认真执行命令、指示,影响列车运行者,要追究责任,严肃处理。

5. 按等级进行调整的原则

行车调度员要按列车运行图指挥列车运行,当列车不能按列车运行图运行时,须按列车的性质、用途进行调整。除特殊情况外,应坚持先高等级、后低等级的原则。列车等级顺序为:客运列车、调试列车、回空列车、其他列车。担当救援、抢险任务的列车优先开行。对特殊指定的列车,按其规定的办法执行。

六 城市轨道交通调度指挥模式

城市轨道交通一般采用列车自动控制(ATC)系统,相对于铁路调度指挥而言,列车运行调度指挥模式种类较复杂。

1. 行车指挥自动化

在设备正常情况下,行车指挥自动化为城市轨道交通采用的调度指挥模式。目前,ATC 系统已经被越来越多的城市轨道交通系统采用。通常 ATC 系统由列车自动防护(ATP)、列车自动运行(ATO)和列车自动监控(ATS)系统组成。

ATS 系统是整个运行控制系统的核心,它通过信息采集设备,实时动态显示列车的运行状态和线路设备占用状况,为列车调度人员和现场工作人员提供清晰真实的动态画面,对整个运行系统进行实时监督控制并记录运行图的执行情况,在列车因故偏离运行图时及时做出调整,辅助行车调度人员完成对全线列车运行的管理。

2. 调度集中模式

当因列车运行时间晚点超过一定范围或因其他原因造成行车指挥自动化无法进行时,ATS 系统降级到调度集中模式。

调度集中模式能够实现对列车的集中监视和控制:列车的确切位置、线路和信号设备的状态信息可以被迅速地传递到控制中心,再由调度集中设备集中发送控制命令。调度集中指挥模式取得如下明显的效果:

(1)减少列车停车和会车的时间,提高线路通过能力,提高了旅行速度。

（2）减少事故，增加列车运行安全度。

（3）运行图被打乱时，能通过一些措施迅速恢复正常行车秩序，可以减轻列车晚点程度。

（4）减轻了调度人员的劳动强度。

3. 调度监督模式

当 ATC 系统只能对现场的设备进行监视而不能进行控制时，就只能采取调度监督模式。列车运行指挥必须通过调度电话和无线电话等通信系统完成。

4. 电话调度指挥模式

电话调度指挥模式以调度电话作为主要通信工具。调度员通过调度电话呼叫区段内任意一个车站的值班员或者同时呼叫所有的值班员，下达列车运行计划和调度命令，车站值班员也利用调度电话呼叫调度员报告列车到、发和通过车站的时间（报点）及其他有关事宜。

具体的管理过程是：车站值班员向调度员报点，调度员记录列车实绩运行情况，将列车计划和实绩运行情况都绘制在同一张运行图上。调度员首先在图上做计划，若列车计划与实绩运行情况不一致，要擦掉计划运行时分（间）、标注实绩运行时分（间）。频繁地收点、修改计划和布置计划，会占用调度员大量工作时间。

电话调度方式是全人工调度方式，费时费事，调度员的劳动强度大。电话收点不及时和调度人员超劳可能造成调度不当，影响行车安全和运输效率。

根据设备状况不同，采取不同的调度模式。降级顺序为：行车指挥自动化→调度集中模式→调度监督模式→电话调度指挥模式。

> **任务实施与评价**

1. 教师课前下发任务，学生课前按要求完成预习任务。
2. 教师进行讲解，学生分组学习。
3. 学生完成任务。
4. 教师和各组长承担本次任务的他人评价工作，评判学生的任务完成情况。

任务二　学习调度日常工作制度及安全管理制度

> **任务描述**

掌握调度日常工作制度的组成，掌握安全管理制度的组成。

> **任务发布**

1. 说出日常工作制度。
2. 说出安全管理制度。
3. 说出业务培训制度。

项目四　正常情况下调度指挥

📖 知识准备

为了保证调度工作任务能顺利地完成,必须坚持标准化作业,按各项规章制度办事。我国许多城市的轨道交通系统根据自身的特点,制定了完整的调度工作制度,可以归纳为以下方面。

一　日常工作制度

日常工作制度包括安全生产制度、交接班制度、分析工作制度、文件传阅制度、员工大会制度、调班申请制度。

1. 安全生产制度

(1)行车调度员应贯彻安全第一、预防为主的安全生产方针。

(2)严格执行规章制度,严禁违章指挥,臆测行车。

(3)按时上岗,精力集中,密切配合,工作中严格执行"一看、二办、三复查"的操作程序和"三盯、四及时"的工作制度及岗位联保制度,防止错发、漏发调度命令,错办、漏办进路。

一看:看列车去向。

二办:办理列车进路。

三复查:复查所办进路是否正确。

三盯:一盯列车运行情况,二盯设备运转状态,三盯列车到开时刻。

四及时:及时办理接发车进路,及时处理行车中发生的问题,及时通知有关单位对设备故障进行抢修,及时向有关领导汇报行车中发生的问题。

(4)室内严禁大声喧哗,不得干扰当班调度员的正常工作。岗上不得看书、看报,不做与行车无关的事情,严禁使用调度电话及无线列车调度电话、长时间占用程控电话谈论与行车无关的事情。严禁将行车指挥设备挪作他用。

(5)班前4h及当班中不得饮酒。

(6)出现行车事故、差错、调整不当及违章违纪现象,要本着四不放过(事故原因未查清不放过,责任人未处理不放过,责任人和群众没有受到教育不放过,整改措施没落实不放过)的原则,认真组织分析,找出原因,制定改进措施并进行严格考核。

2. 交接班制度

为保证行车指挥工作的连续进行,确保运营安全,交接班工作应按下列规定执行:

(1)控制中心实行24h工作制,每日8:15、17:30为交接班时间。

(2)交班前由值班主任将本班工作情况向控制中心领导汇报,并填写交班日志。交班日志应包括交班时间、调度员姓名、列车运行情况、设备运转状态、当日使用的时刻表号、上级指示及文件、本班遗留工作或正在进行中的工作、安全重点、备品备件、卫生状况等内容,做好交班前各项准备工作。

(3)交班调度员应树立全局观念,积极采取措施,组织列车运行,打好交班基础。

（4）接班调度员应提前10min到达控制中心，按规定着装，并尽快了解当时运行情况。

（5）提前5min（8:10、17:25）由接班值班主任召集接班会，集体点名、考勤，并按照交班日志的内容向本班人员进行布置，对完成本班任务提出要求和安全措施。

（6）交接班要对岗交接。如遇列车运行秩序紊乱时，应以交班调度员为主进行调整，交班调度员除采取各种有效措施尽快恢复运行秩序外，还要向接班调度员讲清采取的调整方案及列车、设备状况，命令执行情况及遗留事项；接班调度员应对调整方案以及列车、设备现状及命令情况等了解清楚后，方准进行交接班。有困难时，可推迟交接班时间。

（7）交接班完毕，交班值班主任应召集交班调度员总结本班工作，必要时召开专题分析会。

3. 分析工作制度

分析工作是提高运营工作效率，保证运营工作质量，提高调度指挥水平，保证行车安全的必要手段。做好行车指挥分析工作，有利于调度员总结经验，互相取长补短，共同提高业务能力。

（1）在日常工作中，值班主任须组织本班人员，对本班的工作从调度命令的发布、运行图各项指标的统计、报表的填写等方面进行分析，不断总结经验，查找不足，做到事事总结分析。

（2）当行车工作中出现特殊事例、发生行车事故及违反行车规章的情况时，须进行专题分析，并按以下要求进行：

①由分析调度员召集当班人员召开分析会，从调度命令的发布、行车调整方案、各种行车规章的应用、列车实绩运行图的绘制、报表的填写、各种情况的记载及人员分工配合等方面进行分析，总结成绩，找出不足，制定改进措施，提出工作中遇到的疑难问题，以书面形式（专题分析记录）上报控制中心。

②非当班人员以班为单位，根据行车日志、列车运行图、调度电话录音及当班人员的分析材料，总结经验，查找不足，并对提出的疑难问题进行探讨。

③分析调度员根据实际情况及当班人员的自我分析意见，进行分析总结，并对疑难问题提出解决方案，以书面形式下发。

（3）对其他单位发生的事故及行车工作中出现的问题，行车调度员亦应进行讨论分析，找出自己工作中类似的薄弱环节，从中吸取教训，防止类似问题的发生。

（4）控制中心须对月、年及重大运输期的运营生产情况进行汇总，提出分析意见，以书面形式上报运营公司技术安全部。

（5）月分析：每月第三个工作日前，对全月各项生产指标完成情况进行分析汇总，作为经济责任制考核的依据。

（6）年分析：每年第一个工作日，对上一年的各项生产指标完成情况进行分析汇总。

（7）重大运输期分析：在元旦、春节、春运、冬运、清明、"五一"、暑运、"十一"及其他重大运输结束的第一个工作日,对重大运输期间的各项生产指标完成情况进行分析汇总。

4. 文件传阅制度

当值人员必须按时传阅最新文件,学习、贯彻文件的相关精神。在传阅文件后,当值人员应按要求签名并注明日期。

5. 员工大会制度

每月月初召开一次全体员工大会,总结上月的工作情况,并布置本月的工作任务,对重点工作内容提出具体要求,同时传达上级(公司或部门)会议精神。

6. 调班申请制度

调度岗位轮值必须按照排班表进行,遇特殊情况无法按照班表上班时,应与相同岗位的同事协商,双方一致同意调班后,由申请人填写调度员调班申请表,经双方值班主任同意后调班。

二 安全管理制度

安全管理制度包括安全例会制度、安全检查制度、安全演练制度、事故分析制度。

1. 安全例会制度

每月月初召开一次安全例会,总结上月的安全工作情况,对上月发生的故障、事件和事故处理进行分析和学习,同时布置本月的安全工作任务,对安全工作的重点内容提出具体要求,同时传达上级(公司或部门)安全会议的精神。

2. 安全检查制度

安全检查制度包括运营前检查、每周一查、非正班检查、消防日检查以及安全大检查制度。

(1)运营前检查制度。

行车调度员在每天运营开始前30min,检查各车站的运营准备情况,填写运营前准备工作检查记录表,并进行一次人机界面(HMI)操作功能检查,发现设备设施故障或其他异常情况时,应做好记录,并及时通知设修调度处理。

(2)每周一查制度。

安全员每周检查安全培训记录、设备运行的情况、调度日志(兼交接班簿)、调度命令、线路施工作业登记表记录情况以及故障及延误报告的填写等,发现问题及时提出整改。

(3)非正班检查制度。

在非正班时间段,控制中心或上级部门领导不定期对控制中心进行突击抽查,检查各班组的"两纪一化"和安全运作情况。

(4)消防日查制度。

部分城市的轨道交通系统的消防设施采取自查形式,大多数城市的轨道交通系统的消防设施委托物业公司管理检查。

（5）安全大检查制度。

逢元旦、春节等重大节日时，在节前对安全网络进行一次安全大检查，检查内容除了日常的安全检查内容外，还包括节假日的运营组织方案和运作命令等。

3. 安全演练制度

为使调度员熟练掌握各种应急方案，提高调度指挥水平，各班组每月至少进行一次桌面演练。此外，各班组还需参加上级部门组织的突击演练。

4. 事故分析制度

发生事故后，当值班组要进行全面分析，分析不足，总结经验，写出事故处理报告，由控制中心上报部门安全网络；控制中心视情况召开全体成员的分析会，对事故的责任进行内部分析，制定防范措施，教育广大员工，防止出现同类事故。

三 业务培训制度

业务培训制度包括班组学习制度、每日一问制度。

1. 班组学习制度

所有调度员必须参加网络培训中的班组学习。学习内容包括规章文件、运营方案和各种故障、事故处理案例。

2. 每日一问制度

为了检查员工对近期重点工作内容和安全关键点的掌握，值班主任每班抽问调度员成员，了解班组成员的掌握情况，发现不熟练时要进行有针对性的培训。

四 填写书面报告制度

1. 运营日报

（1）值班主任每日7:00前编写运营日报，报告前一天6:00至当日6:00运营计划完成情况。

（2）运营日报须送交分公司领导、相关部门领导。

（3）日报主要内容包括：

①列车服务情况，包括事故、故障和列车延误及处理情况等；

②当日完成运送客运量、列车开行情况、运行图兑现率及正点率；

③列车晚点、清客、下线、抽线、救援、加开等服务情况；

④当日施工计划件数及截至6:00的施工完成件数；有关工程车、试验列车运行方面的信息；

⑤耗电量（总耗电与牵引耗电）和车站温湿情况；

⑥接待情况说明；

⑦派班员上报的当日运营列车运营里程、空驶里程、载客里程。

（4）运营日报的格式按地铁运营部门的规定执行。

2. 故障和延误报告

(1) 行车调度员应在行车设备发生故障及造成列车延误时,及时填写故障和延误报告。

(2) 故障和延误报告作为编写运营日报原始资料的一部分。

(3) 故障和延误报告主要包括如下内容:

① 发生故障的时间、地点、列车编组、报告人员及概况(故障现象)等情况;

② 发生故障导致行车延误(直接延误、本列延误)、影响情况;

③ 所采用的调整列车运行的措施;

④ 恢复正常运作的时间。

(4) 故障及延误报告格式见表4-1。

故障及延误报告　　　　　　　　　　表4-1

年　月　日至　月　日　　　　　编号:控运-0104

序号	时间	车次	车组	发生地点	报告人	概况	直接延误	本列延误	跟进措施	维持运营	终点检修	调整退出	恢复时间

行车调度员　日班:_____　夜班:_____

值班主任　　日班:_____　夜班:_____

3. 行车事故概况

(1) 行车调度员应根据每起行车事故及时填写行车事故概况。

(2) "行车事故概况" 按行车事故管理规则规定的时间报分公司安全保卫部。

任务实施与评价

1. 教师课前下发任务,学生课前按要求完成预习任务。
2. 教师进行讲解,学生分组学习。
3. 学生完成任务。
4. 教师和各组长承担本次任务的他人评价工作,评判学生的任务完成情况。

任务三　ATS系统操作

任务描述

理解ATS系统的在线操作功能,掌握ATS系统的操作方法。

任务发布

1. 说出ATS系统的在线控制功能。

2. 说出 ATS 系统基本操作。

> 📖 **知识准备**

以下以某地铁联锁集中站 ATS 系统(西门子公司生产)为例,介绍 ATS 系统操作方法。

一 在线控制功能

在线控制功能主要包含信号控制功能、列车跟踪功能、列车运行调整功能、时刻表控制功能和故障报警功能。

1. 信号控制功能

信号控制功能是指对全线所有车站(车辆段除外)信号设备的控制,其主要内容如下。

(1)设置控制模式。

ATS 系统包括中控和站控两种级别。正常运营时,ATS 系统主要采用中控状态。在中控状态下,ATS 系统根据列车运行时刻表对全线列车进行集中监控,中心调度员也可在调度员工作站上人工设置控制命令,对运营实施控制;在站控状态下,车站操作员通过现地控制工作站人工设置控制命令,对运营实施控制。在一级设备集中站和 ATS 控制中心通信正常的情况下,车站操作员和中心调度员沟通协调后,由车站操作员在现地控制工作站上进行控制权限转换(转为中控或转为站控)。

在一级设备集中站和 ATS 控制中心通信断开的情况下,ATS 系统对一级设备集中站管辖范围内的信号设备状态失去表示,同时产生报警信息,此时由中心调度员与车站操作员通过沟通协调后,由车站操作员在现地控制工作站上进行控制权限转换(转为站控),ATS 系统在 ATP、ATO 系统的支持下完成对列车运行的自动监控。

(2)进路控制和信号机控制。

进路的建立和取消,以及信号机的开放和关闭,是信号控制功能中涉及行车安全的重要内容。

在中央自动模式(CA)中,系统根据当前时刻表自动地请求排列进路。通过使用时刻表和由系统采集的实际列车数据(实际到达/出发时间和实际到达/出发进路),计算机将检测冲突,提议解决的方法,以有效和及时的方式自动设置进路。

ATS 系统在控制中心设有人工进路控制功能,调度员可以采用进路操纵方式,通过工作站的显示屏,操纵鼠标点击进路的始端和终端,建立或取消进路;信号机随着进路的建立而开放,并根据列车占用进路的情况而自动关闭。控制中心可以将全线所有车站的信号机或某个联锁集中站的信号机设置成追踪信号或自动信号的信号机工作模式。追踪信号和自动信号模式下进路的排列以及相应信号机的开放,都由车站联锁设备完成。追踪信号模式是指以某信号机为始端的进路是连续通过进路,列车通过该进路以后,进路将再次自动排列,该信号机会自动开放。自动信号模式是指某信号机为始端的进路为自动进路,车站信号设备根据列车的目的地号(码),自动地排列列车进路。当列车到达该信号机的接近区段时,自动开放信号。

2. 列车跟踪功能

列车跟踪系统监视受控区域列车的移动。不论是自动还是人工方式,每列列车与一个列车车次号相连。当列车由车辆段进入正线运行时,ATS 系统根据计划时刻表自动给该列车加入车次识别号。根据对来自联锁设备的信息的推断,随着列车的前进,列车车次号在列车跟踪系统中从一个轨道区段单元向下一个轨道区段单元移动,直到列车离开系统或进入一个不受 ATS 系统监控的区域。

1)列车识别号报告

每次列车准备进入运营时,它将自动地被分配一个列车识别号(列车标志),根据预先存储的列车时刻表来命名进入系统的列车。列车跟踪系统可显示列车识别号(列车标志)并能在显示器上移动列车标志。

列车识别号包括目的地号、序列号和服务号。目的地号规定列车行程终到地点。序列号按每次行程自动累增。服务号(乘务组号和车组号)将显示在特定的对话框中。

如果某一列车出现在列车跟踪系统所监视区域,该列车识别号必须报告给列车跟踪系统。列车识别号报告给列车跟踪系统的方法有:手动输入、用读点(PTI)输入、从列车时刻表中导出、在步进检测中产生。

步进是从一个区段到相邻区段的列车移动跟踪。当出现轨道区段发生从空闲到占用的状态变化,或轨道区段发生从占用到空闲的状态变化,或来自 PTI 的有效列车数据的输入,或控制中心人机界面的人工步进命令的输入都会产生步进。如果由于故障不能自动步进,也可以手动步进。

2)列车识别号跟踪

列车识别号跟踪要完成列车号定位、列车号删除、车次号处理。

列车号定位就是列车号向轨道区段分配。列车号删除是当步进超出自动列车跟踪功能的监控范围,或者输入一个人工删除命令时列车号被删除。车次号处理包括输入一个新的列车号、输入列车识别号、更改列车识别号、删除列车识别、人工步进列车识别号、查询列车识别号等。

3. 列车运行调整功能

列车运行调整分为自动调整、自动调整关闭时列车调整、后备模式下自动列车调整。

1)自动调整

自动调整(ATR)的任务是调整列车运行,确保列车遵照时刻表运行。它向车站乘客信息系统(PIS)输出预计到达时间,同时处理人机界面或列车运行图上的操作。ATR 还给其他系统(如自动进路排列、ATP 系统)提供数据,负责检查 ATP 系统设置的停车点并在必要的时候命令取消停车点。ATR 对列车运行有两种调整手段:①ATP/ATO 从 ATR 获得列车到下一站的预计运行时间,并据此计算所需速度。基于时刻表偏移量,这个预计的运行时间也会调整。②如果列车不是按计划到达车站,ATR 会相应地调整其停站时间。列车到站后，ATR 将计算后的停站时间发送到前端处理器（FEP）。当列车发车后，ATR 会再发送预计的运行时间给 ATP/ATO。

2）自动调整关闭时列车调整

当自动调整（ATR）关闭时，如果操作员没有实施人工调整，也没有从 HMI 或综合后备盘（IBP 盘）上进行车站相关操作，停站时间和运行时间都会从时刻表中读取。这些值是不会随着时刻表偏移而改变的。如果人工修改了停站时间和运行时间，那么列车调整将基于现有的值。

如果单列车或全部列车的 ATR 禁用或列车偏离计划运行图的程度超出一定范围，操作员可以为那些列车输入停站时间和预计运行时间，也可以取消某车站停车点。

(1) 指定停站时间。

减少停站时间可以弥补晚点；反之，如果列车到达太早，可以延长停站时间。这个调整的范围由各个站每个方向上的最短停站时间和最长停站时间来定义。非计划车采用标准停站时间。

(2) 指定运行时间。

ATR 基于列车的到站时间，计算为使列车正点到达下一个站所需的必要运行时间。计算的运行时间也要受到最大运行时间和最小运行时间的限制。只有对计划中存在的列车有可能计算运行时间。对于计划中不存在的列车，将根据相应区间的标准运行时间指定列车的运行时间。

(3) 扣车和跳停。

如果已经给某个车站发出了扣车或跳停命令，或者操作员已经对某列或所有列车关闭 ATR，"人工调整"就总是处于开启的状态。"人工调整"对运行时间和停站时间的设定值会传输到 ATP/ATO，这些值不是对时刻表偏离的纠正。缺省的设定值是基于时刻表的，操作员人工输入运行时间或停站时间会取代基于时刻表的设定值。对于非计划车，系统将采用标准时间值。操作员输入的时间值会取代标准时间。

(4) 等间隔列车调整。

当单列车或多列车退出运行，并且没有备用车辆时，ATS 系统可以调整系统中剩余列车，使其以等间隔方式运行。当列车运行出现重大延迟时（系统向调度员报警），也可以启用等间隔列车调整功能。当启用等间隔列车调整功能时，系统将自动调整列车的站停时间和发车时间，以使系统内的列车在最短时间内形成等间隔运行的态势。

3）后备模式下自动列车调整

如果与 OCC 的通信失效导致中心 ATS 的列车自动调整（ATR）功能不能工作，本地交通控制计算机将激活本地 ATR 功能。本地 ATR 仅仅对未正点到达的列车调整其驻留时间。当列车到达车站时，本地 ATR 计算出其驻留时间，并从本地时刻表获取到达下个车站的运行时间，驻留时间发送到本地接口 FEP。当列车离开时，本地 ATR 将来自时刻表的到达下个车站的运行时间发送给 ATP/ATO 系统。

4. 时刻表控制功能

1) 运行图/时刻表

运行图/时刻表包括：基本运行图/时刻表、计划运行图/时刻表、实绩运行图/时刻表。

基本运行图/时刻表分为平日、节假日、不同季等各种列车基本运行图/时刻表。由调度员输入基本运行图的基本数据，如各区间或各交路运行时间、车站停站时间、运行间隔、起始和终到站、时间段、可用列车数、列车折返要求等，系统在计算机辅助下自动完成列车基本运行图和时刻表的编制。基本运行图编制完成后，按不同种类存入数据库，以备调度员随时调用。基本运行图的数据不得擅自修改。当必须修改时，由专门人员根据有关授权命令进行。基本运行图数据必须确保安全存储或复制，并易于长期保存。

根据当日运行计划和列车运用计划，系统自动选择当日的运行图和时刻表或调度员在运行图显示工作站上选择适当的基本运行图和时刻表，经修改和确认后即为当日的计划运行图/时刻表，ATS 系统据此组织和实施当日的列车运行；运营期间也可以对当日的计划运行图/时刻表进行在线修改。计划运行图/时刻表的编辑和管理在运行图/时刻表编辑工作站完成。

实绩运行图/时刻表为 ATS 系统根据列车实绩运行情况自动生成，并在行调工作站上显示。在数据库内保留不少于 180 天，也可用外部记录设备如移动硬盘及光盘等存储。可按指定的时间段或指定列车等方式打印输出实绩运行图/时刻表和计划/实绩比较运行图和时刻表。计划运行图和实绩运行图采用不同的颜色和线条同时显示在行调工作站显示器的同一画面上，以现时时刻为分界线，并随着时间进行推移。

2) 时刻表编辑

时刻表的编制和修改在离线模式下用给定的数据在时刻表编辑器中编辑。基本数据代表一列列车在某段线路上的运行，包括站间旅行时间、车站与折返之间的旅行时间、在折返线上的停留时间。

调度员通过时刻表编辑界面输入必要的信息后，时刻表编译器/模拟器从该信息中综合出所需要时刻表。如果新的时刻表存在冲突就会被显示。调度员可以调整时刻表的结果。如果调度员存储时刻表，时刻表就被确定。不同类型的运行阶段可存储不同的时刻表。

3) 时刻表系统处理

手动选择当天运行的时刻表，这样的时刻表当天运行有效。

时刻表查询功能通过向时刻表系统查询，得到列车的计划到达或出发时间及到达下一站的时间。列车自动调整从时刻表系统得到用于列车调整的时刻表数据。

如果列车识别号在列车自动追踪时丢失，则向时刻表系统询问列车识别号，时刻表系统能给一个列车识别号建议。对此，确定的列车识别号是(按当天时刻表)预定的地点和时间最适当的车次。

4)时刻表比较

时刻表比较器比较时刻表上预定到达或出发时间与当前列车到达和出发时间,为列车运行图表示器和自动列车跟踪系统提供列车与当前时刻表的偏差,启动列车自动调整。若时刻表偏差超过规定值(时刻表偏差通过 HMI 显示),时刻表比较器发布列车自动调整指令以调整列车运行,其目的是补偿列车实绩运行与计划运行的偏差。

5. 故障报警功能

ATS 系统具有完善的自诊断和设备运行状态监视及故障报警的功能。通过系统的维修工作站可以监视设备的运行状态和提供故障报警信息,同时故障报警信息也应显示在中心调度员及车站值班员的工作站上。当列车运行或信号设备发生异常时,系统自动地将有关信息在调度工作站上给出报警及故障源提示。

系统报警分等级在维修工作站和调度员工作站上显示,需要及时处理或要求确认的报警信息附有声光提示信号。报警信息显示内容包含年、月、日、时、分、秒,报警名称,报警内容,报警类型,报警地点,报警确认时间等。报警信息根据其严重性及确认和处理的状态显示为不同的颜色,并给出提示信息。

二 系统操作

当控制中心的维护员启动 ATS 系统、开启工作站,调度员便可对系统进行操作。操作一般分正线操作和车辆段试车线操作。本任务主要介绍正线操作。正线操作分为正常操作和非正常操作(包括紧急事件),下面对正线控制的正常操作内容加以阐述。

1. 进入系统

(1)选择语言:选择中文和英文的用户界面。

(2)登录:输入用户名和口令,以进入系统。

(3)选择运行模式:选择在线控制模式、模拟运行模式或运行复示模式。

(4)选择用户等级,当选择在线控制模式或模拟运行模式时,相应工作站的用户界面将显示站场图形窗、命令菜单窗、告警信息窗、时钟窗及处理器状态窗等。

2. 装入时刻表

从时刻表加载对话框中加载时刻表,如某城市轨道交通 ATS 系统。

点击"基本信号显示"中的"时刻表加载对话框"按钮,则时刻表装载对话框出现。

可以从时刻表数据库中装载一个新的时刻表。将装载的时刻表传输到 ATR(自动调整)进程和 ARS(进路自动排列)进程。

为系统加载一个新的激活时刻表的步骤如下:

(1)点击"装表"。

(2)选中应使用时刻表的日期,按两下"名称"栏,可以从下拉菜单选择一个模式名称(此处为 table4-28-3,如图 4-4 所示)。

项目四 正常情况下调度指挥

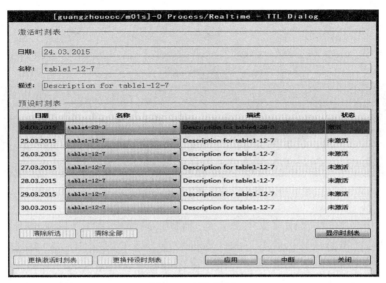

图 4-4 选择时刻表

(3)点击"应用"按钮。所选的时刻表显示在表格中,并显示相应的时间间隔。

(4)点击"更换激活时刻表"按钮。

(5)弹出对话框,确认更改激活的时刻表,如图 4-5 所示。

图 4-5 确认对话框

3. 设置系统工作模式

每天运行开始,系统自动进入中控模式,列车运行调整采用自动调整。

(1)设置系统的控制模式。

正常运营时,ATS 系统主要采用中控状态。当控制中心发生故障(如通信中断)或需要站控时,车站操作员和中心调度员沟通协调后,在工作站上进行控制权移交,由中控转换至站控。在站控状态下,车站操作员通过现地控制工作站人工设置控制命令,对运营实施控制。

(2)列车运行调整模式。

正常运营时,列车运行调整自动采用自动调整。当列车偏离计划运行图的程度超出一定范围时,由行车调度员启用人工调整。

(3)停站时间和运行时间的设置。

每天运行开始前,应根据时刻表的设定,为每个车站的站台设置停车时间和区间运行等级(运行等级信息,由设于站台区域的车地信息交换系统,送至车载 ATS 系统),以保证列车按时刻表要求正点运行。在人工调整模式下,也可以单设某列车停站时间和运行时间。

4. ATS 系统主界面

ATS 系统主界面示意图如图 4-6 所示。

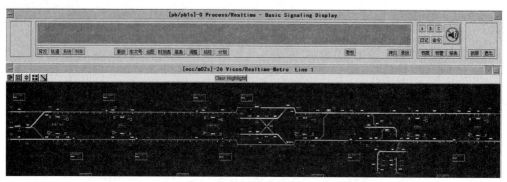

图4-6 ATS系统主界面示意图

图4-6中,"背投"是指背投系统总览;"轨道"是指根据符号目录精确显示轨道图形;"系统"是指当前计算机状态下的计算机配置;"列车"是指用一种高度图示化的方式表示的设备;"联锁"是指该对话框用于操作联锁系统(SICAS);"车次号"是指该对话框用于操作列车追踪系统;"运图"是指该对话框用于查看各列车运行图;"装表"是指加载或更新时刻表;"调整"是指该对话框用于对一些列车或所有列车进行多种调整;"站控"是指该对话框用于操作车站信号的本地控制盘;"计划"是指车场服务对话框,包含两个功能软件(车辆计划管理和车检与里程);"职权"是指此对话框设置工作站的具体职责以及操作和联锁区的权限;"录放"是指该系统记录所有的操作和显示;"档案"是指根据不同的设置来查看档案;"档管"是指管理部分或所有档案;"锁屏"是指锁定当前屏幕;"命令"是指发布的命令列表。

5. 列车运行监控

控制中心调度员与车辆段调度员配合,使列车按时刻表的要求,及时到达停车辆段的出段线转换轨停车。在此过程中,司机应对列车进行投入运行前的相关测试,如列车车门循环测试、列车制动测试、列车灯光和空调测试等。

对停在转换轨的列车,系统自动设置列车车次号;列车终端折返后,系统根据时刻表信息自动给列车设置车次号。如果列车是非图定列车,就需要创建车次号。

(1)列车监控的操作。

打开"列车运行监控对话框",点击基本信号窗中的"列车号"按钮,或者点击轨道总览或轨道详览中的列车号(图4-7)。

在此对话框中,可实现"创建列车、重排列车、删除列车、搜索列车、步进列车和编辑列车"等操作。

部分功能软件在打开对话框后立即被激活,其他的键仅在选择列车号或轨道总览或轨道详览的轨道区段后,首先被激活。点击"关闭"键,TMT对话框消失。

(2)创建列车号。

①点击基本信号窗中的"轨道"按钮,然后点击蓝色标志,出现轨道详览页面。

②点击基本信号窗中的"创建列车"按钮,出现TMT对话框,如图4-8所示。

③点击轨道区段,TMT中的"创建列车"按钮被激活。

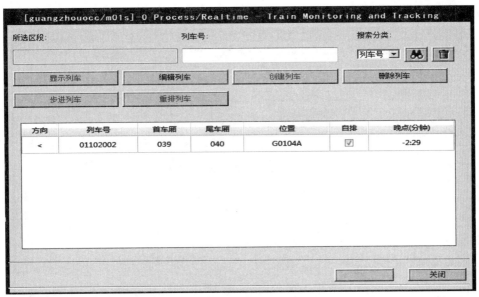

图 4-7 列车运行监控（TMT）对话框①

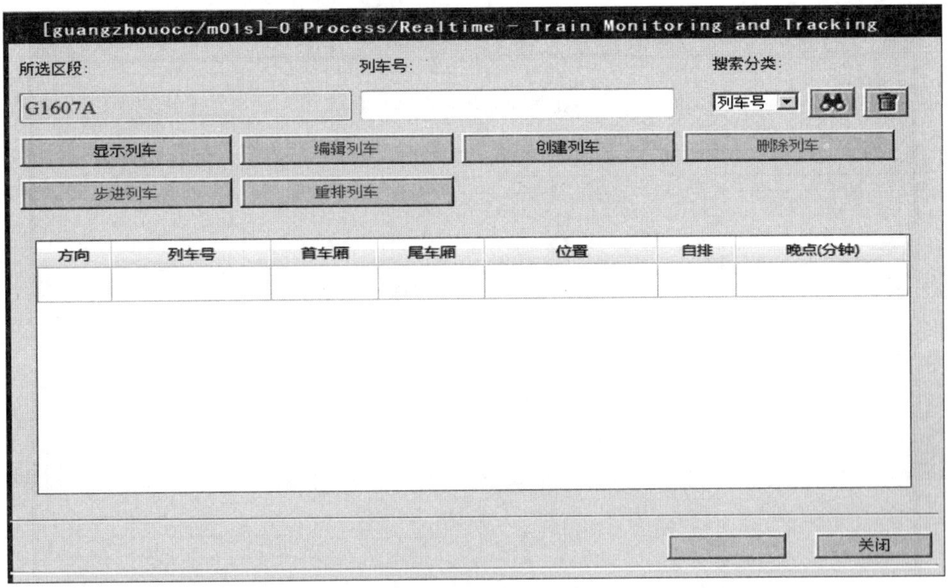

图 4-8 列车运行监控（TMT）对话框②

④点击 TMT 中的"创建列车"按钮，出现创建列车对话框，如图 4-9 所示。

⑤输入列车号（八位），"创建"按钮被激活。

⑥点击"创建"按钮，列车号显示在轨道总览中，创建列车对话框消失并出现 TMT 对话框，如图 4-10 所示。

（3）删除列车号。

①点击基本信号窗中的"轨道"按钮，然后点击蓝色标志，出现轨道详览页面。

②点击列车号或列车所处的轨道区段，出现"删除列车"按钮被激活的 TMT 对话

框,如图 4-11 所示。

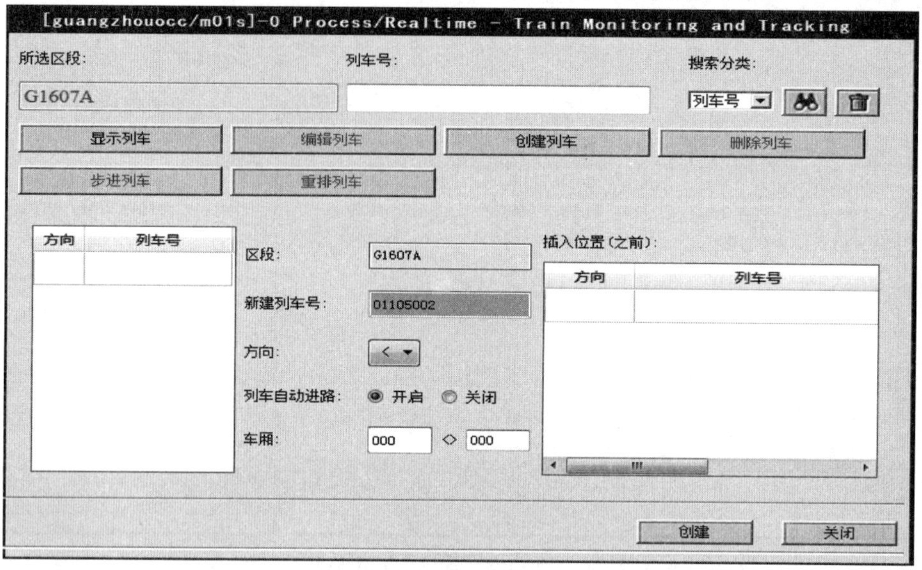

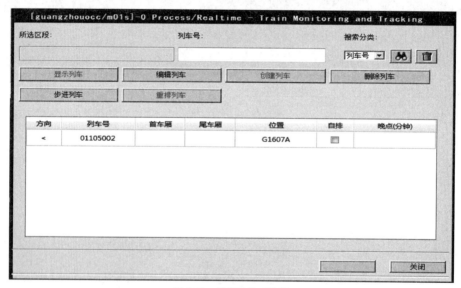

图 4-9 创建列车对话框

图 4-10 创建列车对话框

③点击 TMT 对话框中"删除列车"按钮,删除列车对话框出现且 TMT 对话框消失。

④点击选择一个列车,可以选择轨道位置上的数列或所有列车。

⑤点击"删除"按钮。

⑥列车号消失,删除列车对话框消失且 TMT 对话框再次出现。

(4)搜索列车号。

①点击基本信号窗中的 TMT 按钮,出现"搜索列车号"按钮被激活的 TMT 对

话框。

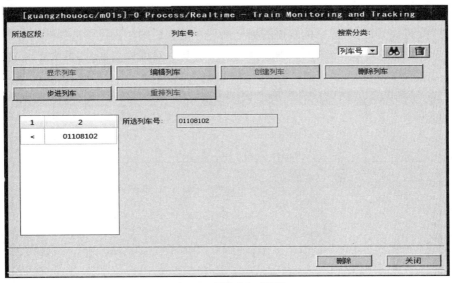

图 4-11 删除列车对话框

②点击列车号输入区,输入数字并按 ![icon]。

③所有输入的列车号出现在表格中,如图 4-12 所示。

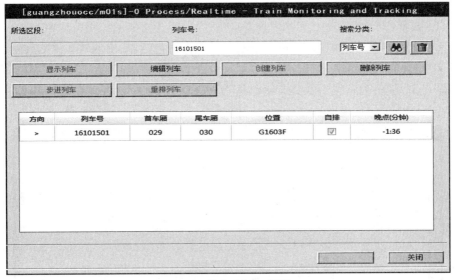

图 4-12 搜索列车号对话框

④可以输入一个新的列车号进行搜索,或者点击"关闭"按钮,搜索列车号对话框会消失,TMT 对话框会再次出现。

(5)步进列车号。

①点击基本信号窗中的"轨道"按钮,然后点击蓝色标志,出现轨道详览页面。

②点击列车号,出现 TMT 对话框。

③点击TMT对话框中"步进列车"按钮,TMT对话框消失,并出现步进列车对话框。

④选择列车,并在轨道详览中选择一个目标轨道区段,然后步进列车对话框中的"步进"按钮被激活,所选目标轨道的标记出现在信息栏内。只可以选择一列列车。

⑤点击步进列车对话框的"步进"按钮,步进列车对话框消失,并再次出现TMT对话框,如图4-13所示。

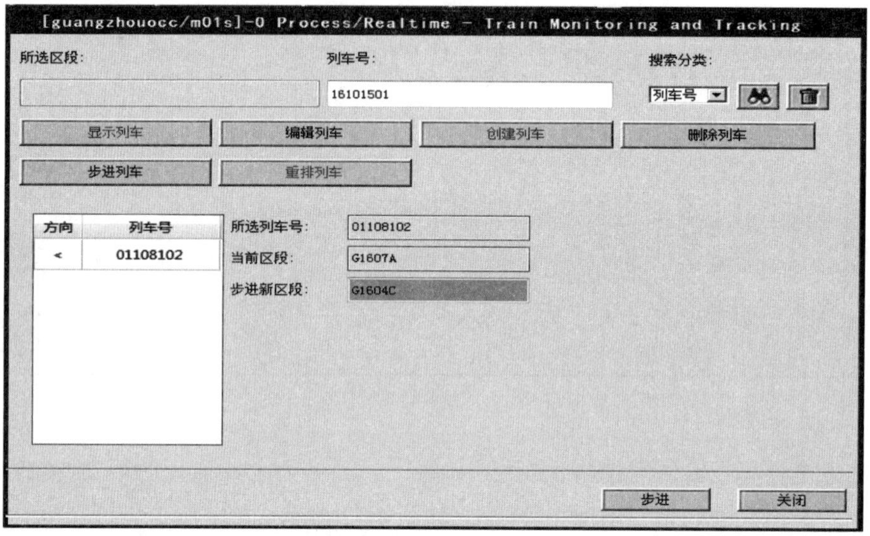

图4-13 步进列车对话框

（6）编辑列车号。

①点击基本信号窗中的"轨道"按钮,然后点击蓝色标志,出现轨道详览页面。

②点击列车号,出现TMT对话框。

③点击"编辑列车"按钮,TMT对话框消失,编辑列车对话框（图4-14）出现,列车出现在所选位置的列表里。

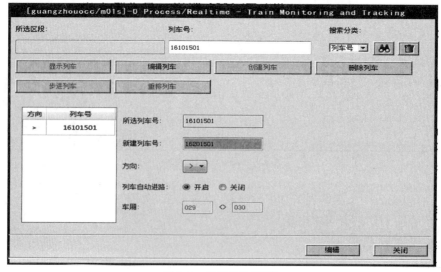

图4-14 编辑列车对话框

④在第二行中输入列车号,"编辑"按钮激活。

⑤点击"编辑"按钮,新的列车号和车组号会替代旧的并出现在同样的位置,如图4-15所示。然后编辑对话框消失,TMT对话框重新出现。

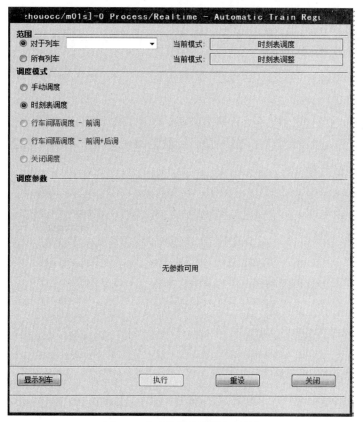

图4-15 自动列车运行调整对话框

6. 列车运行调整

选择基本信号窗口中"调整"功能,则出现如图4-15所示的对话框。在对话框中,操作员可以执行列车相关和车站相关的"时刻表调度"操作。这些操作包括:开启或关闭某些列车、全部列车的"时刻表调度"功能;取消某些列车、全部列车的某个停站时间;指定某些列车、全部列车的某个停站时间;指定某些行程、全部列车的某个站间运行时间。系统可以对单个或多个车站执行跳停命令。如果关闭单个列车或多个列车的"时刻表调度"功能,系统则用标准的运行时间来管理这些列车,当然这些时间也可以人工输入。

(1)自动时刻表调整。

①使用范围:所有列车或单个列车。

②自动调节参数:针对运行图中,出现时间偏差的列车,在满足区间运行的最长、最短运行时间和站台最长、最短停站时间时,缩短(延长)列车站间运行时间和列车停站时间。

③操作步骤：

点击“基本信号窗”中的 ATR 按钮，出现自动列车运行调整对话框，如图 4-15 所示。点击“所有列车”；点击“时刻表调度”；点击“执行”。

(2)停站时间和运行时间调整。

可以使用人工调整方法，改变列车停站时间，改变列车区间运行时间，将列车设置不停站等。

其操作步骤如下：

①点击“调整”。

②点击“对于列车”，选择所有列车或某一车次。车次可以查找，也可以输入。

③修改“手动调度参数”中停站时间、行驶时间或“不停”的相关信息。如图 4-16、图 4-17、图 4-18 所示。

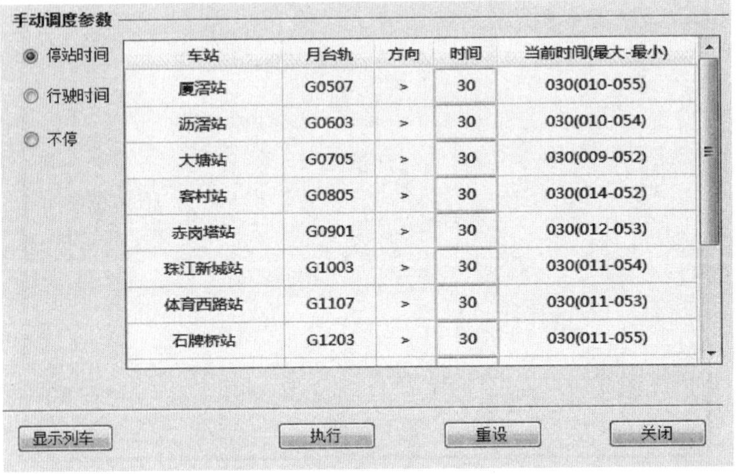

车站	月台轨	方向	时间	当前时间(最大-最小)
厦滘站	G0507	>	30	030(010-055)
沥滘站	G0603	>	30	030(010-054)
大塘站	G0705	>	30	030(009-052)
客村站	G0805	>	30	030(014-052)
赤岗塔站	G0901	>	30	030(012-053)
珠江新城站	G1003	>	30	030(011-054)
体育西路站	G1107	>	30	030(011-053)
石牌桥站	G1203	>	30	030(011-055)

图 4-16　修改停站时间的相关信息

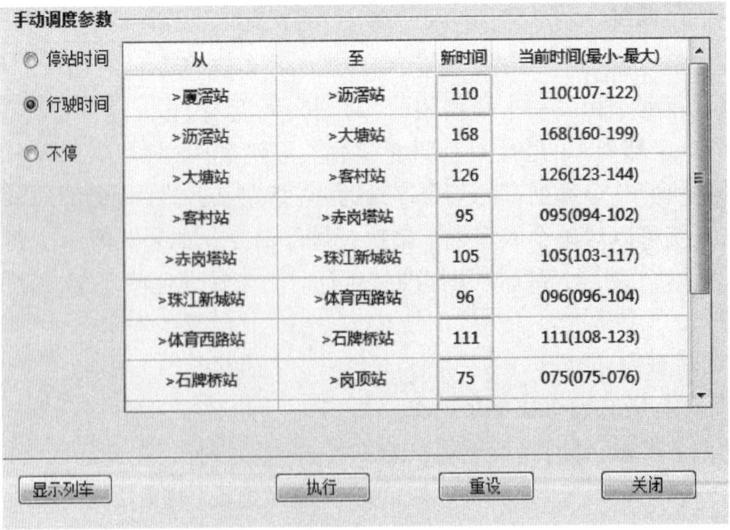

从	至	新时间	当前时间(最小-最大)
>厦滘站	>沥滘站	110	110(107-122)
>沥滘站	>大塘站	168	168(160-199)
>大塘站	>客村站	126	126(123-144)
>客村站	>赤岗塔站	95	095(094-102)
>赤岗塔站	>珠江新城站	105	105(103-117)
>珠江新城站	>体育西路站	96	096(096-104)
>体育西路站	>石牌桥站	111	111(108-123)
>石牌桥站	>岗顶站	75	075(075-076)

图 4-17　修改行驶时间的相关信息

项目四 正常情况下调度指挥

图 4-18 修改"不停"的相关信息

④点击"执行"。

对于停站和行驶时间,检查 ATR 对话框输入值是否在 ATR 提供的推荐允许范围内,无效输入会被拒绝。

(3)若单列车或多列车退出运行,且没有备用车辆,ATS 系统可以调整系统中剩余列车,使其以等间隔方式运行。当列车运行出现重大延迟时(系统向调度员报警),也可以启用等间隔列车调整功能。

对于所有列车,当实绩运行和计划运行的时间偏差在调整(系统参数可调整)范围之外时,通过行车间隔调度来调整。

"行车间隔调度-前调"和"行车间隔调度-前调+后调"操作:

使用范围:所有列车。

调度参数:列车个数或间隔时间。

操作步骤:点击"调整";点击"行车间隔调度-前调"或"行车间隔调度-前调+后调";输入"列车个数或间隔时间";点击"计算",计算出最佳间隔时间或列车个数;点击"执行"。

(4)若列车晚点,可催促列车提前发车,行车调度员通知车站做好车站上下客工作,压缩停站时间,通知司机按规定时间提前发车。

(5)若列车早点,可用 IBP 盘对话框中"此站停车"功能,适当延长列车在车站的停站时间。IBP 盘对话框中的"此站停车"适用于下一进入车站的列车或此刻已经在所选车站的列车。要在所选车站完成扣车,其操作如下:

①点击基本信号窗中的"TRO 轨道"按钮,则轨道概观出现;点击轨道概观中的蓝色符号,则轨道详览出现。

②点击 IBP 盘标志 ▇,出现带车站轨道名称的 IBP 盘对话框(图 4-19)。

③点击"此站停车"按钮。

④点击"执行"按钮。

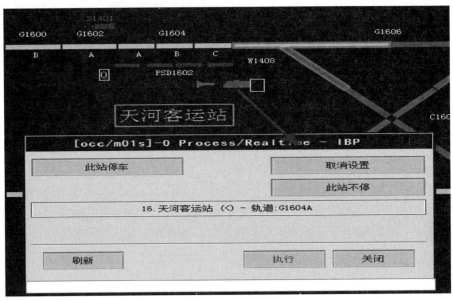

图 4-19 IBP 盘对话框

行车调度员还可以通知车站行车值班员用 IBP 盘扣车。

(6)若列车晚点太多,需要"赶点"时,可使用 IBP 盘对话框中的"此站不停"功能,但必须提前告知乘客哪个站"跳停"。中间站实施"跳停"影响面较大,必须顾及乘客利益。

IBP 盘对话框中的"此站不停"适用于下一进入车站的列车或此刻已经在车站的列车。要使列车在所选车站不停,操作如下:

①点击基本信号窗中的"TRO 轨道"按钮,则轨道概观页面出现;点击轨道概观页面中的蓝色符号,则轨道详览页面出现。

②点击 IBP 盘标志■,出现带车站轨道名称的 IBP 盘对话框。

③点击"此站不停"按钮。

④点击"执行"按钮,或者点击"中断"按钮以中断操作。

点击"取消设置"按钮可使先前因"扣车"("Hold")而停驶的列车再次运行(要在所选车站收回扣车),其操作如下:

(1)点击基本信号窗中的"TRO 轨道"按钮,则轨道概观页面出现;点击轨道概观页面中的蓝色符号,则轨道详览页面出现。

(2)点击 IBP 盘标志■,出现带车站轨道名称的 IBP 盘对话框。

(3)点击"取消设置"按钮。

(4)点击"执行"按钮。

7. 联锁操作

调度员可通过控制中心 ATS 系统控制联锁设备,即借助于设备显示器上的对话框和鼠标来输入联锁命令,然后发送命令到联锁设备中。

(1)所有命令及含义。

所有命令的含义见表4-2。

所有命令的含义　　　　　　　　　　　表4-2

命　　令	含　　义
关站信号	关闭车站所有信号机
自排全开	设置所有信号机处于ATS自动排列进路模式
自排全关	取消所有信号机的ATS自动排列进路模式
追踪全开	设置信号机处于进路自动追踪开启模式
追踪全关	取消信号机的进路自动追踪模式
关区信号	关闭联锁区全架信号机
交出控制	交出控制权
接收控制	接收控制权
封锁区段	封锁轨道区段，禁止排列进路
单独锁定	锁定道岔，阻止转换
转换道岔	转换道岔
封锁道岔	禁止通过道岔区段排列进路
关闭信号	设置信号机为关闭状态
封锁信号	封锁信号机
开放信号	设置信号机为开放状态
自排单开	设置单架信号机为ATS自动排列进路模式
自排单关	取消单架信号机的ATS自动排列进路模式
追踪单开	设置单架信号机的联锁自动追踪进路
追踪单关	取消单架信号机的联锁自动追踪进路
排列进路	排列进路
取消进路	取消进路

(2)轨道联锁操作。

①点击基本信号窗中的"轨道"按钮，然后点击蓝色标志，出现轨道详览页面。

②从轨道详览页面中选择一个轨道区段，出现联锁对话框，如图4-20所示。

(3)道岔联锁操作。

①点击基本信号窗中的"轨道"按钮，则轨道概观页面出现；点击轨道概观页面中的蓝色符号，则轨道详览页面出现。

②从轨道详览页面中选择一个道岔，道岔联锁对话框出现(图4-21)。

③选择一个命令，然后继续按照底部的提示文字执行操作。

(4)信号机联锁操作。

①点击基本信号窗中的"TRO轨道"按钮，则轨道概观页面出现；点击轨道概观页面中的蓝色符号，则轨道详览页面出现。

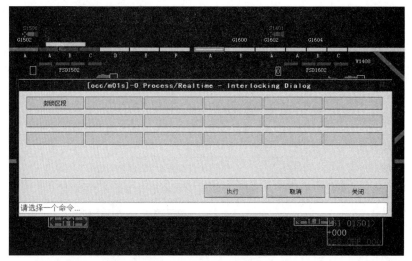

图 4-20　轨道联锁对话框

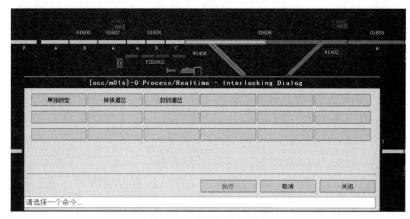

图 4-21　道岔联锁对话框

② 从轨道详览页面中选择一架信号机，信号机联锁对话框出现，如图 4-22 所示。

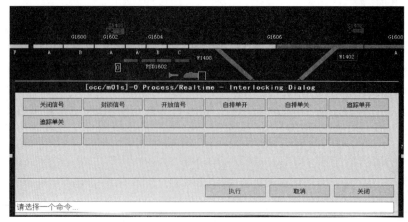

图 4-22　信号机联锁对话框

③选择一个命令,然后继续按照底部的提示文字执行操作。

(5)进路联锁操作。

①点击基本信号窗中的"TRO 轨道"按钮,则轨道概观页面出现;点击轨道概观页面中的蓝色符号,则轨道详览页面出现。

②从轨道详览页面中选择起点和终点信号机,进路联锁对话框出现,如图 4-23 所示。

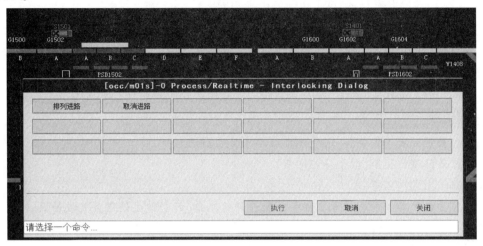

图 4-23　进路联锁对话框

③选择一个命令,然后继续按照底部的提示文字执行操作。

(6)车站联锁操作。

①点击基本信号窗中的"TRO 轨道"按钮,则轨道概观页面出现;点击轨道概观页面中的蓝色符号,则轨道详览页面出现。

②从轨道详览页面或轨道概观页面中选择车站名称,车站联锁对话框出现,如图 4-24 所示。

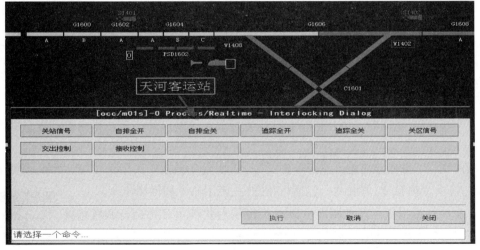

图 4-24　车站联锁对话框

③选择一个命令,然后继续按照底部的提示文字执行操作。

8. 在运行结束后的日报汇总

(1)用"列车运行图"功能绘制所需的实绩运行图等。

(2)用"报告"功能打印所需的每日运行等报告。

(3)将在线时刻表从系统中删除,以便次日系统建立新的在线时刻表。

(4)调度员下班时,应将工作站从系统退出。

9. 其他操作

监视告警信息相关操作。调度员应随时掌握列车运行的实际情况和系统设备的故障告警信息,以便及时采取措施,确保列车安全、正点运行。

ATS 系统还有其他操作,如车辆管理等。其操作方式简单明了,此处就不一一介绍。

任务实施与评价

1. 教师课前下发任务,学生课前按要求完成预习任务。
2. 教师进行讲解,学生分组学习。
3. 学生完成任务。
4. 教师和各组长承担本次任务的他人评价工作,评判学生的任务完成情况。

任务四 编发调度命令与绘制实绩运行图

任务描述

理解调度命令概念,掌握调度命令种类和使用时机,掌握发布调度命令的基本要求,掌握实绩运行图绘制方法。

任务发布

1. 说出调度命令的种类。
2. 说出发布调度命令的程序。
3. 说出实绩运行图的标记方法。

知识准备

一 调度命令分类

调度命令是调度人员在工作中对有关行车人员发出的指示或指令。调度员在发布命令之前,应详细了解现场情况,并认真听取有关人员意见。命令内容应简明扼要,术语标准,不得任意简化。按命令形式分,调度命令包括口头指示、口头命令、书面命令。按命令内容分,调度命令包括行车指令、施工命令和抢修命令。

(1)口头指示。行车调度员以口头指示形式下达日常运行调整指挥内容,口头指示无须给号,只下达受令人指示内容。遇表4-3 所列情况,须发布口头指示。

线路的分类

项目四　正常情况下调度指挥

须发布口头指示的情况　　　　　　　　　　　　　　表4-3

序号	指示项目	受令人		
		司机	车辆段调度员	车站行车值班员
1	列车途中清客	√		√
2	停站列车临时变通路线或通过列车在站停车	√		√
3	变更列车进路（ATC模式下）	√		√
4	发布线路及列车限速或取消限速（ATC模式下）	√		
5	临时加开或停开列车（包括临时客车、回空列车等,ATC模式下）	√	√	
6	列车越过故障信号机（ATC模式下）	√		
7	列车反方向运行（ATC模式下）	√		
8	列车由区间退回站内或由站内退到区间（ATC模式下）	√		
9	列车部分冒进退回站内	√		√
10	区间一度停车	√		
11	改变列车驾驶模式	√		
12	失去通信列车在正线投入	√		
13	行车调度员认为有必要发布上述以外的指示	有关人员		

（2）口头命令。行车调度员发布的涉及安全或影响较大的指示内容以口头命令形式下达。口头命令内容包括命令号、受令人、受令处所、命令内容、发令人、发令时间。遇表4-4所列情况,须发布口头命令。

须发布口头命令　　　　　　　　　　　　　　　　　表4-4

序号	命令项目	受令人		
		司机	车辆段调度员	车站行车值班员
1	变更列车进路（非ATC模式下）	√		√
2	发布线路及列车限速或取消限速（非ATC模式下）	√		
3	列车越过故障信号机（非ATC模式下）	√		
4	改变闭塞方式	√	√	√
5	列车反方向运行（非ATC模式下）	√		
6	列车由区间退回站内或由站内退到区间（非ATC模式下）	√		
7	封锁、开通区间	√	√	√
8	临时加开或停开列车（包括临时客车、回空列车、调试列车等,非ATC模式下）	√	√	√
9	开行工程车	√	√	√
10	区间疏导乘客	√	√	√
11	封闭、解除封闭车站	√		√

续上表

序号	命令项目	受令人		
		司机	车辆段调度员	车站行车值班员
12	临时改变运营时间	√	√	√
13	控制权下放	√	√	√
14	临时添乘列车驾驶室	√		
15	行车调度员认为有必要发布上述以外的命令	有关人员		

(3) 书面命令。在通信记录设备故障时,发布给司机的口头命令以书面命令形式发布。

二 调度命令发布与交付

行车调度员采用计算机发布调度命令时,必须严格遵守"一拟、二审核(按规定需监控人审核的)、三签(按规定需领导、值班主任签发的)、四发布、五确认签收"的发布程序。受令人必须认真核对命令内容并及时签收。

行车调度员采用电话发布调度命令时,必须严格遵守"一拟、二审核(按规定需监控人审核的)、三签(按规定需领导、值班主任签发的)、四发布、五复诵核对、六下达命令号码和时间"的发布程序。

行车调度员发布口头命令和口头指示可以使用无线列调电话或调度电话直接向司机、车站行车值班员、车辆段调度员发布,受令人必须复诵该口头命令和口头指示内容。

行车调度员发布书面命令时,在车辆段由车辆段调度员负责传达,在正线由车站值班员负责传达,传达给司机或其他有关人员的书面命令须加盖车站(车辆段)行车专用章。

列车因故迫停区间,行车调度员无法与司机取得联系时,可令车站行车值班员向列车司机了解情况,并转达调度命令。

同时向几个单位或部门发布调度命令时,行车调度员应指定其中一人复诵,其他人核对,抄收命令时如有遗漏或不清楚的地方,受令人应立即核对并更正,书面命令填写调度命令登记簿。

三 发布调度命令的基本要求

在日常运输工作中,各级调度是通过调度命令或口头指示进行调度指挥的。

根据统一指挥,逐级负责的原则,指挥列车运行的调度命令和口头指示,只能由该区段(值班)行车调度员发布。因此要求行车调度员必须不间断地了解及掌握列车运行及其他情况,以便及时向行车有关人员发布调度命令或口头指示,完成运输生产任务。

(1) 先拟后发,正确及时;一事一令。在无线录音设备状态正常时调度命令可以以口头命令形式下达;在无线录音设备故障停用和列车反方向运行、ATP故障实施人工驾驶或开行列车救援时调度命令应以书面命令形式下达。

(2)调度命令和口头指示有同等效力,有关行车人员必须坚决执行,服从调度指挥。

(3)调度命令的内容包括命令号、受令处所、受令人、命令内容、发令日期与时间、发令人及复诵人。对涉及相邻调度区的行车调度命令,应取得值班调度主任或调度长同意后发出。

(4)调度命令日期以零时为界划分。命令号由1~100按日循环,每一循环期间不得跳号和重号使用;口头指示在登记时亦应编号,由101~200顺序循环使用,每一循环期间不得漏号、跳号及重号。

(5)发收调度命令时,必须填记调度命令登记簿(表4-5),并由行车调度员指定受令人员中一人复诵。受令人员在抄收命令中如有遗漏或不清之处,应及时向发令行车调度员提出核对并更正。确认正确无误后,再给发令时间和命令号码。

调度命令登记簿　　　　　　　　　　　　表4-5

月日	发出时刻	命令			复诵人姓名	接受命令人姓名	调度员姓名	阅读时刻签名
		号码	受令及抄收处所	内容				

注:受令人员姓名要画○。

(6)调度命令中空缺的内容应填写正确、完整,用语标准,简明扼要。遇有不正确的文字应圈掉后重新书写。如调度命令内容与格式中虚体字内容吻合,应及时描写。未描写的虚体字一概作为无效内容并用横线进行删除。

(7)填写或抄送调度命令时不得随意简化,但允许使用标准缩写形式。

(8)在日常运营过程中,当时无法传达给司机的书面命令,应及时完成命令的补交手续。

四　书面调度命令的填记标准

(1)填记项目:调度命令号码、调度命令发布的时间、受令处所、调度员姓名、调度命令内容、受令车站行车专用章、受令行车值班员签名。格式见表4-6。

调度命令　　　　　　　　　　　　表4-6

＿＿＿年＿＿＿月＿＿＿日＿＿＿时＿＿＿分　　　　　第＿＿＿号

受令处所		调度员姓名	
内　容			

受令车站＿＿＿＿＿＿车站值班员

(2)命令内容:运行指挥过程中如遇限速、救援、区间封锁等情况时,根据命令标准格式内容分类填写。如遇其他特殊情况时(命令超出现有标准格式),应由行车调度员将命令内容手写在"其他命令"表中。

五 下达命令工具

1.行车调度电话

车站行车值班员用行车调度电话接受行车调度员发布的调度命令、口头指示等行车事宜,向行车调度员报告现场情况。

2.行车无线调度电话

行车调度员用行车无线调度电话与列车上设有车载无线电台的司机进行数据通信及通话;与手持手机的行车值班员进行通话;通过行车调度员操作无线控制台后使司机与司机、行车值班员、运转值班员通话。

3.公务电话

行车调度员、行车值班员用公务电话与地铁内部各单位进行联络。控制中心行车调度电话故障时,行车调度员应尽量利用有录音功能的公务电话向有关部门发布调度命令。

六 列车实绩运行图的绘制方法

1.总则

(1)列车运行图是记录列车运行计划和当日列车运行实际情况的资料,是运营统计分析的基础。列车运行图要求准确、完整。

(2)在不同行车管理办法下,采用不同形式的列车运行图。

在 ATC 设备控制下,如果设备正常,采用系统自动打印运行图,须补足运行图中未打印的断头线及加开列车的实绩运行线。

在非 ATC 设备或 ATC 设备故障不能打印列车运行图时,用备用列车计划运行图;对正常运行列车,可以不画实绩运行线,采取在计划运行线上打钩的形式。

(3)当列车晚点或因各种原因运行不正常时,在原有的列车运行图的基础上,按统一的格式采取人工补充标画的形式,以达到运行图的完整、准确,便于查阅和统计人员分析。

2.列车运行线的表示

(1)客运列车:红色实直线。

(2)回空列车:红色实直线加红圈。

(3)救援列车:红色实直线加红叉。

(4)调试列车:蓝色实直线。

(5)轨道车(施工列车):黑色虚直线。

(6)临时客运列车:红色虚直线。

(7)接触轨检查及轧道车:黑色实线。

3. 运行图有关符号的画法

(1)列车始发。

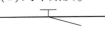

列车运行图中的符号

(2)列车终到。

(3)列车折返交路。

(4)列车在区间停车。

(5)列车在站停车超过规定时分(间)。

(6)列车早点画红圈,在圈内用红色数字记载早点时分(间)。

②

(7)列车晚点画蓝圈,在圈内蓝色数字记载晚点时分(间)。

①

(8)运行中发生不正常情况时,在发生处画一个大红圈,圈内注明情况。

4. 列车实绩运行图

列车实绩运行图的用途是将画出的列车实绩运行图与计划时刻表进行比较,反映列车运行的质量,作为计算列车运行指标的依据。

(1)列车及工程车开行均须绘制列车实绩运行图。

(2)列车实绩运行图按下列要求画出:

①行车调度员根据各报点站报告的列车到、发(通过)时刻,画出列车实绩运行图。

②对列车、工程车或其他列车,运行图符号分别表示。

任务实施与评价

1. 教师课前下发任务，学生课前按要求完成预习任务。
2. 教师进行讲解，学生分组学习。
3. 学生完成任务。
4. 教师和各组长承担本次任务的他人评价工作，评判学生的任务完成情况。

任务五　列车运行调整

任务描述

了解城市轨道交通列车运行的特点，理解列车晚点及影响因素，理解列车运行调整的目标和原则，掌握列车运行调整方法。

任务发布

1. 说出列车运行调整的目标和原则。
2. 说出列车运行调整方法及使用时机。

知识准备

城市轨道交通列车运行调整是指城市轨道交通系统受到干扰而使列车偏离规定的运行线运行时，通过各种组织手段，依据一定的优化目标，迅速、高效地制定运行调整措施，尽快恢复列车运行的正常秩序。

一　城市轨道交通列车运行的特点

城市轨道交通与铁路在设备构成、运营指挥以及列车运行调整的策略、方法与目的等方面都与铁路有着比较大的不同。

1. 城市轨道交通与铁路的功能和定位有着本质区别

铁路作为服务于城际甚至是省际的一种交通系统，站间距很大，线路基本上都远离人口密集的城市区域；而城市轨道服务对象主要是城市内居民，满足居民日常工作生活的需要。

2. 城市轨道交通与铁路列车组织方式不同

从行车组织的角度来看，铁路客货列车混行，具有大编组、低密度、追踪间隔长的特点；城市轨道交通的站间距短、线路上运行的列车种类单一，列车运行具有小编组、高密度、追踪间隔短的特点，这也要求城市轨道交通具备相当的自动化控制水平。

3. 城市轨道交通与铁路列车运行调整目标不同

铁路可进行列车的越行与会让，其优化调度的方法主要是通过不同放行顺序的组合得到多种调度策略。铁路列车运行调整的目标是使列车正点运行，因此一般在调整中总是尽量使调整后的运行图逼近计划运行图。城市轨道交通的线路形式不同于铁路，除正线和必要的存车线与渡线外，一般没有其他配线，列车的进路比较简单，有利于实现列车运行的自动控制,在运行调整时不易组织列车会让与越行。城市轨道交通的列车运行调整目标是维持列车高密度行车,保证一个比较稳定的发车间隔、合理的周转来及时疏散人群,从而实现列车的最佳调度。

二 列车晚点

列车运行是一个十分复杂的运输生产过程,它需要利用多种技术设备,同时要与运输相关各部门、各工种、各项作业协调配合。因此,列车实际在车站的到达或出发,通常不可能完全按照运行图规定的时刻进行,而是可能以运行图规定时刻为基点,在一定范围内波动。

1. 列车晚点及其分类

列车晚点是列车运行图在执行过程中所受到各种因素影响的综合表现形式,分为自身晚点及连带晚点两种情况。

列车自身晚点是由于列车在运行过程中受到各种因素(如机车、车辆、线路、信号设备等技术设备因素,司机的技术水平及乘客上下车、火灾以及客流发生突发性变化等主客观因素)的影响造成的列车进入区段或在区段内运行过程中偏离(滞后)计划运行轨迹的现象。首先发生晚点列车在随后车站的晚点称为自身晚点。

列车连带晚点是指前行列车自身发生晚点所引起的后行列车或其自身的后效晚点现象。这种现象的发生是由于列车运行图中运行线间或线群间储备的缓冲时间(可调能力)不足或列车调度员调整措施不当而引起,称为晚点传播(图4-25)。

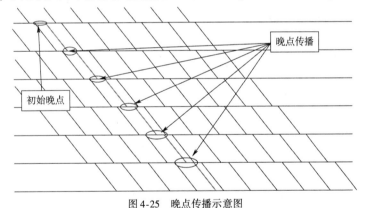

图4-25 晚点传播示意图

列车由车站出发,对于其相邻区间而言,可称为该列车进入区间,若列车由任一站出发晚点,即将产生列车进入区间晚点,也就是当列车由车站进入区间的实际时刻偏离了运行图规定的时刻,简称列车进入晚点,并定义列车实际进入区间时刻与运行图规定计划发车时间之差为列车进入晚点时间。

2. 列车晚点造成的影响

城市轨道交通有站间距离小、高密度、不间断运营等特点,其运行间隔小,停站时间短。列车晚点一旦出现,尤其在客流高峰期,大概率会对所有列车的运行造成影响。

主要表现为：

（1）前行列车的大幅晚点大概率造成后行列车的晚点，使晚点列车的数量越来越多。

（2）由于列车在前一车站或区间发生晚点，必然造成后一站台乘客积压，而这种现象又会使列车停站时间延长，造成进一步晚点。行车间隔打乱，有的列车超员，有的则欠员，使车站乘客的周转失去平衡，由此形成一种恶性循环。

（3）对于一个城市轨道交通系统而言，服务质量评价的一个重要参数就是列车应以一个比较规则的间隔到达车站。列车分布的不均衡性将会给乘客等待列车造成影响，降低服务质量。

3. 影响列车晚点最主要因素

通过对国内外城市轨道交通的列车晚点情况分类统计来看，造成列车晚点的主要因素有车辆故障、信号故障和客流，其中客流为最主要因素。

列车车门的宽度限制单个车门允许同时进出的乘客数量。列车起动必须以"全部车门安全关闭"为前提条件。车门关闭不及时将造成地铁列车在站停留时间的延长，形成出站晚点。乘客上下车所需要的时间直接影响列车的停站时间，从而影响整个城市轨道交通的晚点传播状况。所以，合理组织乘客尽快地上下车，压缩列车停站时间（或跳停）都是城市轨道交通进行列车运行调整的重要手段。

三 列车运行调整的目标和原则

1. 列车运行调整的目标

（1）减少列车实绩运行图与计划运行图的偏差。

（2）所有列车的总晚点时间最短。

（3）乘客平均等待时间最短。

（4）列车运行调整的时间尽量短。

（5）实施运行调整的范围尽量小。

2. 列车运行调整的原则

（1）按图行车原则。

列车运行调整时，应该尽量维护原计划运行图，遵守调度规则，使晚点列车恢复正点，降低或消除其影响。列车的计划时刻表需要被新的运行计划取代时，这个新的运行计划应该根据优化方法来计算出来一个较优方案（实现难度较大），调整一般不能给运行系统带来新的干扰，所以，恢复列车运行图的行车秩序是最好的措施。

在使用 ATS 系统进行调度指挥时，比较小的运行偏差可以自动调整为主。在发生比较大的偏离时，ATS 系统能够自动给出报警和提示，建议行车调度员采取人工列车调整。而是否采取人工列车调整模式，由行车调度员最终确定。在人工列车调整模式，需由计算机生成调度方案，辅以必要的人工介入。

(2)快速及时原则。

在行车调整时,要做到反应快、报告快、处置快,把握事发初期的关键时间,将突发事件对运营组织的影响控制在最小范围。同时,为了最大限度地减小对运营秩序的影响,保证一定限度内的地铁运营能力,调度员应当在保证线路安全的情况下第一时间恢复通车,然后再处理应急事件带来的影响。如果不能及时进行调整,就可能进一步加剧列车晚点,使整个城市轨道交通列车运行秩序进入混乱状态,调整难度进一步增加。

(3)按列车的性质、用途进行调整。

在进行列车调整时,须按列车的性质、用途进行调整。列车等级顺序为:客运列车、调试列车、回空列车、其他列车。担当救援、抢险任务的列车优先开行。对特殊指定的列车,按其规定的办法执行。

(4)服务原则。

乘客平均等待时间是评价城市轨道交通列车运行质量的一项重要指标,它包括行车间隔时间和因乘客换乘而产生的(本线)换乘时间。列车运行调整应尽量减少乘客换乘及等待时间。列车应尽可能地等间隔运行。行车调度员要采用一系列措施使晚点造成的发车间隔不均匀对乘客的影响降到最低。

列车运行调整中,必须考虑对服务及乘客的影响,将相关信息通过各种渠道告知乘客,最大限度地减少损失、降低影响,这要求行车调度员传递信息要迅速流畅,要注意和车站工作人员的配合,积极对乘客进行引导,尽力维持服务水平。

(5)全面原则。

在应急处理时,行车调度员要有全局观,不能只关注突发事件及设备故障,而忽略了其他因素和影响。在 ATC 系统功能良好区段的列车,适当缩短两列车间的正常追踪间隔,实现晚点危害的"分散化",让所有列车共同承担晚点。需要制定相应措施,在前车出站晚点发生的过程中,采用增加在站停留时间等方法,适当推迟后行列车到达下一站的时刻(应避免第一后行列车与第二后行列车之间追踪间隔过大),这样既能保证充分的列车间隔时间,实现平均吸纳客流,又可以避免出现后车的站外停车。

四 列车运行调整所需要的数据

调整列车运行,首先必须对列车运行情况以及轨道、道岔、信号等设备状况进行了解和掌握。基本数据包括车站的顺序和种类、站间旅行时间、各站的停站时间、车站与折返线之间的旅行时间、在折返线上的停留时间和计划时刻表数据等。实际数据包括调度员下达的控制指令、在线运行列车的实时位置和速度、在线运行列车的限制速度和安全距离。

五 城市轨道交通列车运行调整方法

1. 列车在始发站提前或改晚

(1)使用此种调整方法的情况如下:

①当列车在中途某区段需限速运行,预计到达终点站晚点时,可通知列车在始发

站提前发车。

②当线路中部出现行车故障,导致通过能力下降、列车阻塞时,可通知列车延迟发车,减少拥堵。

③需要有效地调整运营间隔。

(2) 注意事项。

①调整列车折返后的发车时间时,一定要注意满足列车在该站的最短折返时间,如果调整后不能满足最短折返时间,列车将无法完成折返作业。因此,要对每个折返车站的折返时间进行卡控,使其满足折返作业的要求。

②头班车必须保证正点开行,不得改晚;末班车必须保证正点开行,不得提前。如遇特殊情况可适当延长运营时间,行车调度员应提前通知各站。

2. 改变列车区间运行时间

根据列车的速度和位置,可以预测列车到达下一站的时间。如果预测的到站时间晚于计划到站时间,可以修改列车运行等级,使列车加速运行,缩短区间运行时间,及时消除可能出现的晚点。如果预测的到站时间早于计划到站时间,可以修改列车运行等级,使列车减速运行,延长区间运行时间,及时消除可能出现的早点。

3. 改变列车停站时间

通过 ATS 系统适时发送命令,控制站内列车的停站时间。若列车晚点,可使列车提前出发(但也必须受车站最短停站时间的约束);若列车早点,则可延长列车停站时间。

4. 组织列车"跳停"(也称"跳站"或"通过")

(1) 在行车工作中,如因车辆、设备故障、事故及客流突变等原因造成运行晚点或有特殊需要时,准许列车在站通过(简称"通过")。在高密度的行车组织中,单列列车的晚点会导致后续列车晚点,使故障的影响进一步扩大,而采用列车"跳停"的方法可以在一定程度上减小影响。

(2) "跳停"的优缺点。

"跳停"有利也有弊,但总体上是利大于弊。

①优点:"跳停"可以缩短停站时间及减速和起动时间。越过一个站可以缩短约 60s 的时间,缩短后续列车晚点时间,减少因客流压力导致的列车晚点增加。

②缺点:设不停站车站为 A 站,则在 A 站下车的乘客无法及时下车,需要坐"回头车"返回 A 站。"跳停"会引起不能下车乘客的不满,可能引发乘客乱动车上设备而导致列车区间停车的风险。

(3) 列车始发站不载客,到前方站投入载客服务。

在实行站后折返的始发站,当出现较严重列车晚点情况时,为了缩短列车停站及减速、起动的时间,可安排列车不停站通过若干个车站到合适的车站投入载客服务,使列车恢复正点运行。另外,为疏导前方大客流车站的滞留乘客,也可以采用此方法,以达到最快疏运乘客的目的。

①优点:可以缩短停站时间及停车前的减速和停车后的起动时间;减少后续列车的排队晚点;可以使列车运行到滞留乘客较多的车站,实现客流的迅速疏运。

②缺点:列车不停站通过车站后,使被越行车站的乘客候车时间延长,服务水平下降。

该方法非特殊情况不能连续2列车在始发站不载客;一般运用在站后折返的车站(当使用在站前折返始发站时,需要进行清客,降低了该方法的优势)。

5. 变更列车运行交路,组织列车在具备条件的中间站折返

当某一列车严重晚点时,可以变更交路,提前折返。此时可以采取的办法是依次缩短后续列车的运行间隔,经过几趟车的追赶,完成正点运行(运行图中的操作是平移运行线)。但是,如果晚点发生在运营高峰期内,后续列车运行间隔无法压缩,会造成后续列车均晚点的情况。

另一种办法是减少某次列车在线的一次运转(运行图调整的操作是抽线处理,但是会降低运力)。可以采取让列车提前折返的方式来完成正点运行,最大限度地保证运力及列车正点率。

6. 组织列车反方向运行

当一个方向列车密度较大而另一个方向列车密度较小时,为恢复列车正点运行,可利用有道岔站的渡线,将列车转到密度较小的线路上反方向运行;当某方向因列车故障等造成较大发车间隔时,也可利用渡线将列车转到另一线路上反方向运行,缩小发车间隔。

列车反向运行时,行车调度员应扣停敌对进路上的列车,防止列车冲突;行车调度员应提前通知相关车站与司机做好乘客广播服务。

7. 扣车

当运营调整、区间堵塞或列车救援等情况需要时,应及时采取扣车措施,将列车扣停。

扣车就是将应继续向前运行的列车扣留在某站,使其延长停站时间或终止其运行。应急扣车是发现任何可能影响列车安全运行的情况,必须立即设法使受影响的列车停下,尤其是发生需要停止部分车站运营或停止部分线路行车,以及其他能够造成严重社会负面影响的重大事件时。产生应急扣车的情况通常包括正线列车脱轨、正线断轨、正线列车冲突、恐怖袭击、运营列车失火、地下站水淹、车站火灾等。特殊情况下扣车还可能用于调整列车运行间隔。

8. 停运列车

停运列车,又可称为抽线,就是抽掉计划运行图中的列车车次运行线条。

(1)使用情况:

①列车因故障无法投入载客服务。

②线路局部通过能力下降。

③出现对所有列车均有影响的单点故障(如信号机灰显、所有列车在同一地点紧急制动等)。

故障的抢修时间往往持续几小时。此时,如果仍然维持高密度行车方式,所有列车经过故障点均会慢行而延长晚点时间1~3min不等;再加上排队晚点的时间,一个单程的晚点时间会在 15min 以上,给乘客的出行带来较大影响。行车调度员可以采取列车退出服务,组织列车清客后进入就近存车线,或运行至终点站退出服务,以保障列车顺畅通行。例如,某线路当日执行时刻表的行车周期为 90min,上线列车 30 列,正常行车间隔 3min,因发生全线联锁故障需采用电话闭塞法组织行车,行车间隔延长至 7min,停运列车数 = 30 - 90/7 = 17 列。组织列车下线时,应先清客。

(2)停运列车的优缺点。

①优点:列车晚点延长时间缩短,列车在站等待时间缩短甚至消除,车上乘客旅行时间未延长,行车调度员行车调整的压力减小。

②缺点:将运营的载客列车退出服务,会导致列车的发车间隔加长,站台等待时间加长;每列车的载客人数增加,乘客的舒适度下降;抽线列车较多,使运行图兑现率降低。

(3)停运列车能否及时是决定调整方法效果优差的关键。

停运列车不及时的原因:

①对故障影响的大小判断不足;

②存在"等、靠、要"的思想,期待故障很快恢复,对形势估计过于乐观;

③受"抽线"等指标的制约;

④故障事发中间站,停运列车困难;

⑤客流过大,怕停运列车影响载客能力。

9. 列车单线双向运行

单线双向运行,也称"拉风箱",是在一条固定进路上同一时间内只有一列列车往返运行。当一条线路上某个区段堵塞时,可以在另一线路上的相同区段采用此种行车方式。要注意的是两端车站必须控制好列车进路,否则会引起列车冲突。另外,如果两端车站距离过长,则该区段内乘客的等待时间会延长。

10. 采用灵活的车站折返方式

列车在终点站折返时,通常采用站后折返方式,此种方式车站接发车采用平行作业,不存在进路交叉,有利于确保行车安全,也避免了上、下车客流交会,如图 4-26 中实线所示,但折返时间较长。为了缩短折返时间,可以采用站前折返方式,如图 4-26 中虚线所示,此种方式有利于缩短列车走行距离,但列车折返会占用区间线路,影响后续列车闭塞,同时导致上、下车客流交会,需要车站及司机做好乘客引导工作。

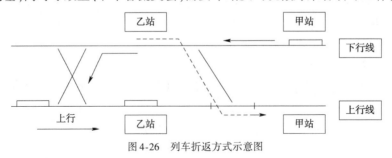

图 4-26 列车折返方式示意图

11. 修改计划时刻表

当列车晚点时间比较长或者晚点的列车比较多时,可以考虑直接修改计划时刻表,尽可能地减小对整个系统的影响,保证系统的有序运行。修改计划时刻表通常包括加车、减车(抽线)、改变列车运行班次、变更列车运行线和时刻表时间整体偏移等。

12. 调整列车(发车)间隔

调整列车(发车)间隔是指通过调整沿线所有在线列车的运行时间、运行速度和停站时间等,逐步恢复列车正常秩序,其目标是在尽可能短的时间内,将在线运行列车调整到计划状态。其主要思路是对晚点危害的"分散化解",主要有两种做法:

(1)将初始晚点部分分担到后行列车上,对后车提出一种"压赶结合"的运行调整方法。如图 4-27 所示:当"列车 1"在"车站 2"出发晚点,延长后行"列车 2"从"车站 1"运行到"车站 2"的区间运行时间,同时缩短"列车 2"从"车站 2"运行到"车站 3"的区间运行时间。目的有两个:尽量避免后行"列车 2"在区间("车站 1"到"车站 2")发生非正常停车现象;同时将"车站 2"的列车到达间隔时间适当均衡一下。

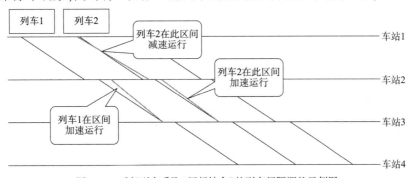

图 4-27　后行列车采取"压赶结合"的列车间隔调整示例图

(2)将初始晚点部分分担到前行列车上。

在图 4-28 中,列车<2>是一列晚点列车,它在"车站 2"出站时发生初始晚点,列车<1>是进行列车间隔调整而故意延迟发车的列车。(列车<1>在"车站 3"等待它的出发时)调度员故意延长在晚点列车之前列车的停站时间,目的是平衡列车的拥挤状况,并防止某些列车晚点得太厉害。由于列车<2>之前的列车<1>在"车站 3"故意滞留了,这样"车站 3"的一些乘客就可以搭乘列车<1>,不然他们就必须搭乘列车<2>了,这样列车<2>在"车站 3"的停站时间就不会变得太长,而列车<2>的拥挤度也不会变得过高。

13. 备用车顶替

出现因大客流导致运力不足、运行图秩序紊乱等情况,可组织备用车加开车次;或遇列车发生故障下线、严重延误等情况,采用备用车来顶替故障或延误列车的调整方法。

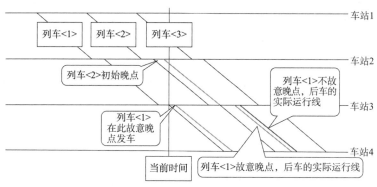

图 4-28　前行列车"故意晚点"的列车间隔调整示例图

利用备用车进行列车运行调整会增加运输组织的难度,尤其是备用车上线时机的选择。备用车开行时,要做好车站的客流组织工作,尽量避免客运作业对行车组织过程产生的影响。

备用车的来源有两种:一种是计划安排在车站存车线上的备用车,另一种是在车辆段存放的备用车。如果临时调用备用车,涉及列车准备、司机安排、进路准备等问题。从实际运营来看,备用车从准备到上正线的时间偏长,有时甚至会错过时机。因此,一般正线上的备用车都是采用热备(组织司机在备用车上随时待命)的方式。

该调整办法有着使用灵活、进退自如等优点,在应急处理能力较强的调度班组里使用频率较高,值得广泛推广。但其受制于是否有备用车或备用车是否符合运营服务条件。临时加开图外车次时,应注意控制前后列车的间隔。

任务实施与评价

1. 教师课前下发任务,学生课前按要求完成预习任务。
2. 教师进行讲解,学生分组学习。
3. 学生完成任务。
4. 教师和各组长承担本次任务的他人评价工作,评判学生的任务完成情况。

任务六　正常情况下调度指挥

任务描述

了解调度指挥日常工作程序,掌握运营前准备工作、运营期间列车运行组织和运营服务主要内容。

任务发布

1. 写出运营前准备工作主要内容。
2. 写出运营期间列车运行组织主要内容。
3. 写出运营结束列车运行组织主要内容。

📖 知识准备

控制中心(OCC)是城市轨道交通企业的运营生产指挥部门,行车调度员负责所辖各条轨道交通线路列车运行的调度指挥和突发事件处理等工作。某城市轨道交通企业正常情况下调度指挥相关内容如下。

一 一般要求

(1)行车组织工作必须贯彻安全生产的方针,坚持高度集中、统一指挥、逐级负责的原则。正线行车组织工作由行车调度员统一指挥,有关行车人员必须严格执行调度命令,服从调度指挥。

(2)行车调度员在行车组织工作中必须做到:
①严格按运营时刻表组织行车,遇列车偏离时刻表时,应积极采取措施,恢复正点。
②随时掌握客流变化,及时调整列车运行。
③随时监控报警信息,及时、正确地处理临时发生的问题。
④检查各站和段(场)执行运营时刻表的情况,及时发布有关调度命令。
⑤合理组织各种施工作业。
⑥正确填写各种报表。

二 调度指挥日常工作程序

为加强行车调度指挥工作的标准化管理,规范行车调度工作程序,明确行车调度工作范围、工作内容,在日常工作中行车调度人员须按下列规定执行:

(1)每日4:00,应检查、试验各种行车设备是否运转正常,发现故障,及时通知有关部门进行维修,并将当日所需运营时刻表及相关图表准备齐全,如发现系统自动加载时刻表与当日所需时刻表不符时,及时更正。

(2)每日4:15前,向车辆段收集当日上线列车及备用列车计划。

(3)每日4:15—4:20,收集各站送电前的准备工作(包括记表、施工完成情况、巡道情况、接触轨检查情况和运营线路占用情况),当得到各项工作已完成并接到全线各站送电广播完毕的报告后,通知电力调度员给正线接触轨送电。因特殊原因全线不能按时送电或部分区段不能按时送电时,应及时查明原因并上报值班领导。当部分区段不能按时送电时,可先将具备送电条件的区段送电,当全线不能按时送电时,须按值班领导指示办理。必要时,得到相关领导指示后,发布命令推迟运营时间,并通知相关部门。

(4)投入运营后,要严格按运营时刻表或当日行车计划组织列车运行,安全、准确地完成运营生产任务。

(5)每天8:15、17:30为交接班时间,调度员应认真执行交接班制度,做好交接班工作。

(6)每日21:00前,查阅施工计划,如有临时施工计划时,及时与车站进行核对。有工程车开行时,应于接触轨停电前1h左右受理工程车开行的联系工作,接触轨停电后,受理各项施工作业的请点工作,并根据施工计划和临时施工计划的安排,及时发布许可作业的调度命令。施工完成后,受理施工作业的销点工作,并及时下达注销命令。

(7)在线运行的列车全部回车辆段(停车场)后,及时通知电力调度接触轨停电。如有需要,可采取分段停电的办法。停电完毕后,通知车站,遇夜间接触轨不停电时,亦应通知车站。

(8)夜间须按计划组织各项施工,指挥施工列车运行,及时处理施工中发生的各种问题,必要时上报值班领导。

(9)在工作中,行车调度员应及时、准确地填写调度工作日志及各种报表。

行车组织是行车调度员的核心工作。正常情况下的行车组织包括运营期间对电客车的行车组织和非运营期间对工程车/调试列车的行车组织。行车调度员在组织行车时,必须严格执行运营时刻表和有关规章制度的要求。

三 运营前准备工作

1. 确认施工结束

(1)运营时间开始前,行车调度员应按照行车设备维修施工管理程序规定的时间确认正线上或影响正线的有关施工结束,组织工程/调试列车回场。

(2)确认线路出清(含人员、设备器械出清),具备电客车上线运营的条件。确认线路出清的方法如下:

①线路巡检和施工作业结束后,行车调度员根据情况与线路巡检员或车站值班员确认线路出清。

②线路巡检员经过的无施工区段和施工作业已经出清的区段,由线路巡检员向行车调度员报告线路出清。

③线路巡检员经过时施工作业仍在进行的区段,由车站值班员向行车调度员报告线路出清。

④通过 ATS 系统确认所有工程/调试列车已回停车场。不能通过 ATS 系统确认时,通过车辆段信号楼值班员的报点确认。

2. 组织正线送电

确认正线所有施工已经结束、线路已出清后,在控制主任授权下,组织电力调度员对正线接触轨进行拆地线和送电工作。送电完成后对全线各站、车辆段发布送电通知。

列车运营前
准备工作

3. 接收 DCC 运营日计划

于首列车出库前 1h,接收 DCC 按运营时刻表计划提供的运营日计划(包括当日上线运行的电客车、备用车及司机的配备情况等)。若有困难,DCC 应于首列车出库前 45min 提供完整的上线运行的客车车组号。

4. 运营时刻表的输入

(1)装入运营时刻表。

①静态时刻表:长期的计划时刻表。

②运行时刻表:对于某天在线运行时刻表的选择。通常情况下需要输入当天和下一天的运行时刻表。一旦时刻表被载入,操作员能够利用时刻表编辑器实时更改。

(2)输入运营时刻表的规定。

①每日运营开始前45min,主任或行车调度员在人机界面上输入当日使用的运营时刻表。

②当日运营时刻表输入后,必须检查是否有效。

③在每日运营开始前,行车调度员与车站值班员核对当日运营时刻表。

5.运营前的检查

(1)检查中央监控调度设备。

①确认中央监控设备的各种元素显示正确无误。

②确认各种故障报警信息。

③确认当日运营时刻表并核对时间的要求。

④根据运作命令的要求执行相应运营时刻表。

⑤在每天运营前行车调度员用全呼功能,与车站及车辆段核对当日运营时刻表以及钟表时间。

(2)每天运营前30min,行车调度员检查车站和车辆段的准备工作,各站行车值班员、DCC值班主任应积极配合行车调度员完成检查,发现异常情况及时向行车调度员汇报。检查内容如下:

①所有施工是否结束,施工、线路出清情况,运营线路是否空闲,人员、工器具是否全部撤离轨道,运营线路是否空闲。

②接触轨、低压供电及环控系统是否正常。

③行车备品、备件是否齐全、完好。

④站台是否有异物侵入限界,站台门状态是否正常。

⑤行车调度员通知各联锁站行车值班员在LOW工作站上进行道岔、进路试验,确认状态是否良好,信号机显示是否正常;同时,行车调度员检查HMI、大屏幕显示状况,试验完毕后使所有道岔处于开通正确的位置。

⑥当日使用客车、备用车安排及司机配备情况。

⑦各车站及车辆段人员到岗情况。

在检查过程中如果发现有设备不能正常使用时,行车调度员应立即通知相关部门派人检查抢修;不能及时修复时,应立即通报全线车站、各次列车司机,并采取措施优化行车组织方案,尽可能减小对运营的影响。

四 运营期间列车运行组织

1.列车出场

DCC于首列车出库前1h,按运营时刻表的计划提供运营日计划。若有困难,应于首列车出库前45min提供完整的上线运行的列车车组号。

行车调度员要向 DCC、车辆段信号楼发布正线送电的通知单,由车辆段派班室通知所有列车司机正线已经送电的信息。

(1)运营开始时,行车调度员应严格按照运营时刻表的要求,组织客车上正线投入运营。

司机按照规定对列车进行整备,当列车具备发车条件后,使用车载电台与车辆段值班员联系。车辆段值班员在得到行车调度员授权后依据列车运行图、列车运用计划及列车停放位置,排列发车进路至出段信号机前方。列车出车辆段前 3min 值班员通知列车司机将列车驶出,待列车完全停于出段信号机前方后,用无线电话与值班员取得联系,待值班员开放信号后,司机凭信号将列车驶入转换轨。

(2)列车在转换轨时,行车调度员与列车司机要试验无线电话的通话效果,确认车次号和车底号是否正确。

(3)列车可以在出段或入段线转换轨上"登记"进入 ATC 监控区。ATS 系统赋予列车相应的列车识别号,此列车便进入 ATC 监控区,然后驶往相邻车站,进入正线运营。列车也可在折返线、存车线按上述方式登记进入。

(4)列车出车辆段前,行车调度员在 HMI 或通知车站在 LOW 工作站上办理出车辆段进路。

(5)司机在出入车辆段线时必须严格按规定控制速度,车辆段运行速度不得高于 25km/h,列车进入正线后按正常速度运行。

(6)运营时间需要组织客车出车辆段时除按上述规定办理外,必须确保不得影响正线的客车运营,由行车调度员利用运营间隙组织客车从出场线或入场线出车辆段。

2. 列车正线运行

正常情况下,列车在 ATP 保护下,在正线能够实现 CBTC(基于通信的列车控制)模式运行,列车以收到的速度码为移动凭证,列车与列车之间能够保持一定的安全距离,按照运营时刻表的要求实现自动运行。

(1)首班车运行要求。

①首班车应严格按照运营时刻表组织开行,在始发站按时发车,不得提前或推迟。

②首班车在沿途各站必须停站进行客运服务,严禁不停站通过。

列车正线运行

③首班车驾驶模式为 ATP,司机沿途应加强瞭望,注意线路状况。

(2)列车停站。

①信号系统正常使用时,车站原则上不进行接发列车作业,遇特殊情况须接发列车时,应严格执行接发列车作业程序。

列车出库的流程

②在列车进站时,车站行车值班员及站台工作人员监视列车的运行状态,注意站台乘客动态,发现危及行车安全时立即按压紧急停车按钮或显示停车手信号。

③列车在车站对标停稳后,司机应迅速打开驾驶室门和客室门(也称"车门");当距开车时间 12~10s 时,关闭车门,确认无夹人夹物时,进入驾驶室开车。在站台门与信号系统没有联锁或联锁故障的车站,客车在车站停稳后,司机应迅速打开驾驶室门,

先操作 PSL(站台门控制盒)打开站台门,后打开车门;当距开车时间 15~12s 时,依次关闭站台门和车门,确认无夹人夹物时,进入驾驶室开车。

④在正线上司机凭车载信号显示或调度命令行车,按 DTI(发车时间表显示器)和运营时刻表进行停站及车辆驾驶,行车调度员调整列车运行时,按行车调度员的指令执行。

⑤运营时刻表中无规定又未得到行车调度员命令,司机不得驾驶列车通过车站。当列车通过车站时,司机应及时用广播通知乘客。

⑥列车进站时,停车位置越出站台 2 个车门及以下时,司机应退回停车窗内,打开站台门、车门上下乘客;当停车未到停车标时,司机确认运行前方无异常,迅速动车对位。

⑦列车在非终点站停车位置越出站台 2 个车门以上时,司机/车站报告行车调度员,经行车调度员同意,司机不开车门继续运行到前方站停车,行车调度员应通知前方站,车站应及时向站台乘客广播并维持好秩序。

(3)列车运行模式。

某地铁某线列车运行模式的基本特征及运用见表 4-6。

某地铁某线列车运行模式的基本特征及运用　　　　表 4-6

运行模式	缩写	基本特征	基本运用
列车自动运行模式	ATO模式	两站间的列车自动运行,列车的运行不取决于司机; 司机负责监督 ATP/ATO 指示、列车状况、所要通过的轨道、道岔、信号的状态,必要时加以干预	正线的正常运行(包括折返线)
列车自动折返模式	AR模式	列车自动折返,也可以进行人工折返; 司机负责在折返前检查所有乘客已下车,车门已关闭;列车自动折返(DTRO)模式时,按压 DTRO 按钮	在折返站使用
ATP 监督下的人工驾驶模式	SM模式	列车由司机驾驶,列车的运行速度受 ATP 监控; 司机负责监督 ATP/ATO 显示,列车状况,所要通过的轨道,道岔,信号的状态,必要时加以干预	ATO 故障时的降级运行;运行时轨道上发现有障碍物(如人)
限制的人工驾驶模式	RM模式	列车由司机驾驶,速度不能大于 25km/h,ATP 只提供 25km/h 的超速防护; 司机负责监督 ATP/ATO 显示,列车状况,所要通过的轨道,道岔,信号的状态,必要时加以干预	车辆端运行;联锁、轨道电路、ATP 轨旁设备、车载 ATP 天线或测速电机等故障时;列车紧急制动后
非限制的人工驾驶模式	URM模式	列车的运行完全由司机负责,没有 ATP 的监控	车载 ATP 设备故障;列车车载设备测试

(4)列车转换运行(驾驶)模式。

①采用 ATO 模式的列车从具备 ATP 功能的区段进入只具备计轴联锁的区段时,列车应在进入计轴联锁区段前指定的车站,停车转换到限制的人工驾驶(RM)模式或

非限制的人工驾驶(URM)模式,凭地面信号运行。

②采用 RM 模式的列车从计轴联锁区段进入具备 ATP 功能的区段时,列车经过信号投入点建立 ATP 车地通信,司机确认建立 ATP 车地通信后,在前方车站停车并转换驾驶模式后立即报告行车调度员,列车收到 ATP 推荐速度后按要求运行。

③原则上,列车运行(驾驶)模式转换应在规定的车站,利用列车停站时间进行转换操作。转换成功后,司机按信号继续运行;如转换不成功,司机需报告行车调度员,同时继续驾驶列车进入下一个信号投入点,再次尝试转换。仍不成功时,按行车调度员命令行车。

④非正常情况下的模式转换,按行车调度员命令执行。

(5)列车在终点站折返。

正常情况下,列车到终点站按规定清客完毕且关好车门后,列车根据信号指示起动,进入折返线,完成换向作业。ATS 系统根据时刻表,自动实现车次号更替。列车根据时刻表规定时刻出折返线,停靠车站站台,上客,进入另一方向运营。

(6)列车运行速度规定见表 4-7。

列车运行速度规定　　　　表 4-7

序号	项目	运行速度(km/h)				说　明
		ATO 模式	SM 模式	RM 模式	URM 模式	
1	正线运行	设定正常速度	低于设定正常速度	25	60	设定正常速度为 80~65km/h(300m 曲线半径为 65km/h)
2	列车通过车站	40	40	25	40	列车头部离开头端墙的速度
3	列车进站停车	57.5	50	25	45	列车头部进入尾端墙的速度
4	列车推进运行	—	—	25	30	救援列车在被救援列车尾部推进时,URM 模式驾驶速度为 30km/h(须按车辆故障处理指南操作相应的开关);在前端牵引运行(SM 模式)时为 45km/h
5	列车退行	—	—	—	10/35	因故在站间退回始发站时(推进/牵引)
6	引导信号	—	25	25	25	—
7	列车进入终点站	设定速度	35/25	25	35/25	SM 模式、URM 模式下操作时,进终点站速度为 35km/h,进接轨站速度为 25km/h
8	列车在辅助线上运行	—	15	15	15	经过渡线、存车线、折返线时
9	车辆段内运行	—	—	25	25	停车库内速度为 10km/h

3. 扣车

运营调整、区间堵塞或列车救援等情况需要扣车时,应及时采取扣车措施。

(1)如信号系统具备扣车功能,当行车调度员需扣车时,行车调度员在 HMI 上操作,并通知司机和车站,或者由行车调度员通知车站在IBP盘上操作,并通知司机。

(2)如信号系统不具备扣车功能,当行车调度员需扣车时,通知司机或由车站转达司机执行。

行车调度员应使用无线调度电话通知司机扣车待令,必要时,可以使用"紧急呼叫"功能,司机接到行车调度员呼叫时,原则上须迅速接听。行车调度员直接通知司机执行扣车时,必须同时通知车站。

行车调度员使用有线调度电话通知车站扣停列车时,车站使用无线电台、口头通知或显示紧急停车手信号等方式要求司机扣车。如车站扣车不成功时,必须立即报告行车调度员。

(3)当车站需要扣车时,如信号系统具备扣车功能,由车站在IBP盘上操作扣车按钮,并通知司机及行车调度员;如信号系统不具备扣车功能,车站使用无线电台、口头通知或显示紧急停车手信号等方式要求司机扣车,再报告行车调度员。

(4)扣车后原则上是"谁扣谁放"。在ATS系统故障时,对原HMI扣停的列车,经行车调度员授权后由相关车站放行。

4. 列车在站通过(又称"跳停")

(1)在行车工作中,如因车辆、设备故障、事故及客流突变等原因造成运行晚点或特殊原因需要时,准许列车在站通过(简称"通过")。

(2)采取通过措施时,应遵循下列原则:

①确定采取通过措施后,行车调度员应提前通知列车司机及相关车站,各车站和司机要做好乘客广播。

②不影响后续列车正点运行或折返后能够正点始发的晚点列车,原则上不得通过。

③原则上头班车、末班车不得通过。

④在特殊车站不得通过,如换乘站和一些特殊车站。

⑤原则上不准两列及以上列车在同一车站连续通过。

(3)列车在站通过设置。

一般列车车站通过的设置,可以由行车调度员在中央工作站上设置(如可用IBP盘对话框中的"此站不停"功能),也可以由司机在驾驶室HMI上设置。但不同设备有不同方法。例如,某城市轨道交通ATC系统的列车"跳停"设置方法如下:

设置跳停(停车改通过)可由行车调度员在中央工作站完成,也可由行车调度员命令司机在当次列车上完成。

①中央工作站设置。

列车到站停稳或在此之前,中央工作站可设置前方某站跳停。中央工作站设置对车站有所限制,在某些车站的某方向上无法跳停。如果某站设"跳停",则列车必须在前一站停稳。

一般情况下,只要是允许"跳停"的车站,无论车站处于中控还是站控,都可设置跳停,除非中央工作站与联锁集中站的通信中断。

②列车设置。

列车运行的全过程(未停稳前)中列车均可设置前方车站的跳停。列车设置对车站没有限制,全线上下行站台均可设置跳停。

③中央工作站设置与列车设置的区别。

在具体操作上,中央工作站可对当前允许"跳停"的若干车站同时进行设置,而列车设置"跳停"仅针对下一站。对行车组织而言,两种设置最明显的区别在于,中央工作站设置无法使列车连续两站"跳停",而列车设置连续跳停,不受限制。

④取消"跳停"设置。

对中央工作站设置而言,在列车还未停稳某站时,均可取消原来预先设置的下一站及以后各站的跳停。如果列车停稳某站后,中央工作站已设置下一站"跳停",此时,已无法取消该设置。

对列车设置而言,如果停车程序已启动,在此之前设置"跳停"无法取消。

5. 列车清客

(1)遇下列情况时,应及时清客:

①由于车辆故障原因,司机请求清客时。

②由于运行调整需要,列车在中间站进入区间折返时。

③由于其他特殊原因需要中途清客时。

(2)列车清客,行车调度员须按下列规定办理:

①及时向相关车站通报情况。

②清客工作原则上应在5min内完成,不能完成时,在经司机判断能保证安全的情况下,可令司机开车,运行至终点站,再次清客。若司机判断不能保证安全运行及进行救援作业时担当救援和被救援的列车,应组织全部乘客下车后,方准开车。

③清客工作完成后,可使列车运行回段(场)或进入折返线和存车线,尽快开通线路。

6. 列车回车辆段

接车前根据回段列车计划,距列车入段时间提前10min排列列车接车进路,开放入段信号机。电客列车在转换轨上进行模式转换后,用司机使用的列车车载台向值班员请求入段,排出进路后,值班员预告司机进路、停车线别及段内运行注意事项,司机确认满足发车条件,以低于25km/h的限制速度驾驶列车进入车辆段。

列车入库的流程

五 列车运行监控

本部分内容以国内某城市轨道交通企业ATS系统列车运行监控为例进行介绍。国内不同线路,使用系统设备不相同,列车运行监控操作方法也不相同。

列车在车辆段范围内没有车次号。当列车行驶到转换轨时(图4-29),马上受到ATS系统的监控,这时列车就必须有一个唯一的与之对应的车次号。每天早上列车投入运营服务时,都必须从车辆段发车,经过转换轨,最后进入正线。

(1)车次号自动生成。

当 ATS 系统监测到有列车从车辆段进入转换轨,即列车占用图 4-29 中 107 轨道区段时,列车运行监督及追踪(TMT)程序马上检查时刻表系统(TIS),在日记表中查找列车信息。时刻表中的列车信息包括:在这一时刻是否有编制好的列车投入运营计划,如果有计划,对应的目的地码、服务号及行程号是多少。

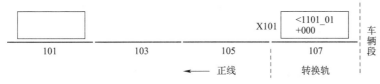

图 4-29 列车行驶到转换轨示意图

①有出车计划。

如果在时刻表中查找到有出车计划时,TIS 就会发送一份报文给 TMT。TMT 收到 TIS 的报文就会读取报文中的目的地码、服务号及行程号等信息,然后根据收到的服务号在车组管理清单(CML)中查找该服务号对应的车组号。

同一时间,当列车进入转换轨后,马上会把列车当前的车组号、乘务组号通过车地通信(PTI)系统发送给 TMT。TMT 收到 PTI 报文之后,就会收到来自 TIS 报文的目的地码、服务号、行程号以及来自 PTI 报文的车组号、乘务组号,通过轨旁设备以报文的形式发送给列车,这样就确定了列车的车次号。

如果在 CML 中查找不到对应的服务号、车组号数据,或者查找到的车组号与 PTI 报文中的车组号不一致,TMT 就会在 HMI 上向行车调度员发出一个报警信息,行车调度员可以根据运营需要选择是否修改车次号。如果行车调度员需要修改车次号,可以直接在 HMI 上通过相应操作输入新的车次号,可修改内容包括目的地码、服务号、行程号及车组号。当然,也可在列车进入正线后再修改。

②没有出车计划。

如果在时刻表中没有出车计划,TMT 得不到 TIS 的响应,也就收不到 TIS 发送的报文。TMT 就自动产生一个错误的车次号,以这个错误的车次号代替目的地码、服务号、行程号,同时列车把当前的车次号、乘务组号通过 PTI 发送给 TMT,TMT 将其发送给列车。同时,TMT 在 HMI 上向行车调度员报警,行车调度员可根据运营需要选择是否修改车次号。

归纳来看,车次号生成有以下三种方式。

自动产生:当列车进入转换轨,车地通信建立后,ATS 系统获得该列车的信息并给它分配列车车次号。

调度员人工设置:对于非计划列车、非通信列车或工程车,调度员需人工输入列车车次号。

司机在驾驶室设置:当控制中心故障时或某些特殊情况需要时,司机可以在驾驶室内设置。

(2)车次号更替。

车次号的更替,一般有以下几种情况:

①仅更改目的地符。
②当前列车识别符由另一正使用的列车识别符替换。
③图定列车指定为非图定列车或非图定列车指定为图定列车。

说明：对第二种情况，需更替车次号的列车必须在折返站的折返线内进行。除非替换与被替换车次的两列车均在尽头站折返站的折返线内，此时车次号可以直接对换，否则都必须使用替代车次号。另外，在这种情况下，一般需涉及若干后续列车，依次做相应的更替，必要时，这种更替可在两尽头站同时进行。

(3) 车次号改变。

列车车次号不得任意改变。当需要改变列车性质、用途或改变列车目的地时，方可改变列车车次号。改变列车车次号时，应按下列规定执行：

①改变列车性质、用途时，应发布调度命令。
②列车在始发站(包括车辆段、停车场)改变班次时，以口头指示通知相关车站行车值班员或在车辆段、停车场转达司机，亦可用无线列车调度电话通知司机并通告车站行车值班员。

(4) 车次号步进。

当出现车次号未跟踪时，通过步进，将列车与车次号一一对应起来。

(5) 车次号删除。

即将不需要的车次号删除。

(6) 列车内容显示。

选择该功能后，将弹出一个多属性页的对话框，显示列车的基本信息/编组信息/计划信息/ATC 信息/车辆信息。

(7) 车次号早晚点显示的颜色。

车次号早晚点显示的颜色见表4-8。

车次早晚点显示的颜色　　　　表4-8

早晚点范围	显示颜色	含义
早点120s 或以上	蓝色	严重早点
早点21~119s	绿色	轻微早点
晚点20s~早点20s	黄色	正点
晚点21~119s	粉红色	轻微晚点
晚点120s 或以上	红色	严重晚点

六 列车运行调整

ATS 系统的列车运行调整有自动调整和人工调整两种。

1. 列车运行自动调整

通常，ATS 系统根据已装载的时刻表来调整列车运行。如果一列车偏离时刻表，ATR 相应地调整列车运行时间和停站时间，使列车后续运行时刻尽可能接近计划时刻。当列车到站时，ATS 系统根据列车偏离情况(早晚点时间)和在线时刻表，自动计算调整策略,如调整列车车站发车时间,采用列车到达车站时间与在线运行图比较,比较结果送至站台倒计时发车时间显示器,控制其倒计时起始时间;调整列车区间运行时间,采用列车车站发车时间与实绩运行图比较,比较结果送至 ATO 车载系统,控制列车以秒计的区间运行时间,使列车实际的运行时刻尽可能接近计划时刻。

停站时间的自动调整有范围限制,其最长停站时间和最短停站时间由系统参数配置。

当列车运行经过的站台有调度员人工设置停站时间时,ATS 系统不执行停站时间的自动调整功能,以人工设置的停站时间为准。当列车运行经过的站台有调度员人工设置运行等级时,ATS 系统不执行运行等级的自动调整功能,以人工选择的运行等级为准。对于非计划车,ATS 系统不调整列车的停站时间和运行等级,按照站台缺省停站时间和缺省运行等级控制其停站和下一个站间运行。

下文以某城市轨道交通企业 ATS 系统的自动调整为例,引导大家理解自动调整工作原理和功能。

在执行列车运行自动调整功能时,ATS 系统设置了太早、很早、早点和太晚、很晚、晚点,以及最长、最短停站时间的比较参数值(表4-9),系统计算列车实际到站时间与列车图定到站时间的差值,并将此差值与上述比较参数值进行比较,判断列车实际运行偏离使用列车运行图的程度。对不同偏离程度的列车,ATS 系统采取不同的列车运行自动调整方法。列车运行自动调整方法见表4-10。

列车运行自动调整比较参数值 表4-9

参　数	取　值	参　数	取　值	参　数	取　值
太早	90s	太晚	90s	最长停站时间	60s
很早	60s	很晚	60s	最短停站时间	20s
早点	10s	晚点	10s		

列车运行自动调整方法 表4-10

列车到达某站时间	调整方法
早于"太早"时	不进行自动调整
在"太早"与"很早"之间时	降低一个运行等级
在"很早"与"早点"之间时	运行等级不变,停站时间等于图定停站时分加上早点时分(间),如果长于最长停站时分(间),则取最长停站时分(间)
在"早点"与"晚点"之间时	不进行自动调整
在"晚点"与"很晚"之间时	运行等级不变,停站时间同等于图定停站时分减去晚点时分(间),如结果短于最短停站时分(间),则取最短停站时分(间)
"很晚"与"太晚"之间时	升高一个运行等级,调停站时分(间)
晚于"太晚"时	不进行自动调整

2. 列车运行人工调整

(1)如个别列车(如早点、专列)需要,行车调度员可以对该列车关闭"列车自动调整"功能,改用"列车人工调整"人工介入调整。

(2)行车调度员可以在"列车人工调整"功能菜单上选择缩短/延长停站时间,缩短/延长区间运行时间,或缩短/延长折返停留时间,或扣停列车、列车不停站通过或使用其他调整方法,实现必要的调整。

(3)修改的区间运行时间、停站时间、折返停留时间不得短于最长值或长于最短值,否则系统将不接收指令。当列车晚点较多,遇列车内乘客拥挤时,应通知前方站控制入闸人数,广播通知乘客乘坐下一趟列车,通过客运组织来配合赶点。

(4)当列车已达到调整目的时,则关闭"列车人工调整",恢复"列车自动调整"控制。

七、运营结束列车运行组织

1. 末班车运行要求

(1)末班车应严格按照时刻表组织开行,严禁提早发车。
(2)末班车在沿途各站应按时到发,严禁不停站通过。
(3)末班车离站后,车站按照车站运作手册规定的程序关站。

2. 列车回场(返回车辆段)的规定

(1)已经结束运营服务的列车,行车调度员应严格按照时刻表的要求组织列车回场。

(2)列车运营结束回场前,行车调度员在 HMI 或通知车站在 LOW 工作站上将有关回场不需转动的道岔单独锁定在进路位置,并把相关信号机的自排/追踪功能关闭,防止错误排列进路,同时检查车辆段内列车回场的线路出清。

(3)运营时间需要组织列车回场时,不得影响正线的列车运营,由行车调度员利用运营间隙组织列车从入场线或出场线返回车辆段。

(4)列车入场前,司机在终点站必须严格执行清客程序,广播通知乘客全部下车后,关好车门,车站、司机共同确认把关,防止带乘客进车辆段。

3. 运营结束后,行车调度员作业内容

运营结束后,行车调度员的作业主要包括以下几个方面:

(1)打印当日计划、实绩运行图。

(2)编写运营情况报告,如运营日报,其主要内容应包括:当天完成运送客运量、列车开行情况、兑现率及正点率和月度累计指标等;运用车辆数及投入使用车辆数;列车加开、停运及中途退出服务的情况;耗电量和温度、湿度情况;列车服务情况,包括事故、故障和列车运行延误及处理;有关工程列车、试验列车运行方面的信息。

(3)进行列车统计分析,包括计划开行列数、实际开行列数、救援列次、清客列次、下线列次、晚点列数和正点率、运营里程(列公里)等。

任务实施与评价

1.教师课前下发任务,学生课前按要求完成预习任务。

2. 教师进行讲解,学生分组学习。
3. 学生完成任务。
4. 教师和各组长承担本次任务的他人评价工作,评判学生的任务完成情况。

任务七 调度工作统计与分析

任务描述
理解调度运营指标,掌握调度工作分析基本内容。

任务发布
1. 说出列车运行指标计算重点内容。
2. 说出调度工作统计内容。
3. 说出调度工作分析种类。

知识准备
运营结束后,还应计算列车运行的指标,统计相关数据,为分析、考核调度工作的质量提供基础数据,不断提高调度工作水平,更好地为城市轨道交通运输服务。

一、调度运营指标的统计原则

(1) 为了有效地、科学地组织运营相关指标统计工作,保障统计资料的准确性、及时性,根据运营公司相关统计规定,制定规则。

(2) 各级统计人员必须如实提供统计资料,切实保证各种统计报表及时上报,统计数字真实准确。

(3) 运营指标的统计原则如下:
① 及时、准确、服务、方便。
② 实事求是,严禁虚报、瞒报或拒报。

二、列车运用指标统计

(1) 列车是地铁运输的工具,按技术状态不同,可分为良好列车、不良列车;按运用方式不同,也可分为运用列车、非运用列车、运行列车。

(2) 良好列车是技术状态良好、随时能够运用的列车,有些列车尽管技术状态尚好,但使用到期须停驶检修,按时停驶后即为不良列车。

(3) 不良列车是指列车技术状态不良或在临时修理排障,或在进行定期检修的列车。由于待修或在修时间不能运用,故按不良列车统计。

(4) 良好列车列数计算方法如下:

$$良好列车列数 = 所有列车列数 - 不良列车列数 \quad (4-1)$$

(5) 运用列车是指担当正线乘客运输的列车,包括上线运行的列车及备用列车。

(6) 列车走行公里是指所有参加运营列车走行公里之和,调试列车运行按实际公

里数相加。施工列车及调车作业按工作时间,每工作 1h 按 10km 计算。计算公式:

$$列车走行公里 = 运营公里 + 调试公里 + 施工及调车公里 \quad (4-2)$$

(7)运营里程是指运营时间内参与正线乘客运输列车走行公里之和。

(8)大、架、定修时间:自上次修程运用时间到期、停止运用时起,至本次修理完毕验收确认合格交付运用时止的全部时间为该次修理的时间。

(9)临修时间:指列车在整备或运用中发生故障需要修理,自发现故障时起,至实际修理完恢复运用时间止的全部时间,包括在运用过程中发生故障需返回车辆段(车场)排除故障的运行或等待时间。

(10)列车完好率是为了反映和观察列车质量或技术状态设立的一个指标,它是技术状态良好的列车列数占所有列车列数的百分比。计算公式:

$$列车完好率 = 良好列车列数/所有列车列数 \times 100\% \quad (4-3)$$

三 运行图相关指标统计

(1)凡因车辆、设备故障或其他原因,致使列车未完成运营时刻表或运输方案所规定的车次,记为掉线列次。

(2)凡因车辆、设备故障或其他原因,致使列车中途清客或折返,无法完成该车次的完整运输计划记为停运列次。

(3)统计期内,线路中按照运营计划开行的载客、空驶列车数之和为计划开行列次。

①计划开行列次不包括调试列车和计划外的加开列次。

②计划开行列次包括计划载客列次和计划空驶列次两部分,根据每日执行运行图中所对应的列车计划统计。

(4)计划兑现列次。

统计期内,按照列车运行图(运行时刻表)实际开行的计划列车数为计划兑现列次。

①列车按照列车运行图规定的始发、终到站完成完整的运行交路时,视为计划兑现开行。

②中途折返(含具有存车能力的车场线开出的列车)的载客列车视为计划兑现开行。

③载客列车中途改变列车性质,变更前的列车视为计划兑现开行。

④同性质列车中途变更列车车次,实际开行列次只按初次变更前的列车车次统计为 1 列。

⑤实际开行列次包括实际载客列次和实际空驶列次两部分,当出现列车行驶一个单程既有载客又有空驶时,统计为载客列次。

(5)加开列次。

统计期内,线路根据实际需要不在计划运行图内而增加开行的总列次(包括加开载客列次和加开空驶列次)为加开列次。

(6)实际开行列次。

统计期内,线路列车实际开行的总列次,为计划兑现列次与加开列次之和。计算公式:

$$实际开行列车总列次 = 计划兑现列次 + 加开列次 \tag{4-4}$$

(7)晚点。

晚点可分为始发晚点和到达晚点。

①列车按运行图计划时间或者时刻表执行过程中,列车在始发站出发或到达终点站的时刻与运行图计划或者时刻表相比绝对值大于或等于规定的晚点统计标准时均计为晚点,加开列次不计晚点。

②地铁、轻轨、单轨、磁浮、自动导向系统晚点列车统计标准为大于 2min;市域快速轨道交通系统晚点列车统计标准为大于 3min;非独立路权有轨电车的晚点列车统计标准为大于 5min。

③因首列晚点造成的后续晚点均计入晚点列次。列车始发晚点,但其全程运行时间未超过列车计划运行图(时刻表)规定的全程运行时分,不统计到晚点。

④对于中途退出的列车,按其退出运营的车站作为到达站统计晚点。

⑤同性质列车中途变更列车车次,到达晚点按初次变更前的列车车次统计。

(8)运营时刻表中规定在站停车,根据调度命令而未在车站停车进行乘降作业的列车记为通过列车。

(9)行车调度员根据运营需要而使列车变更运行班次记为列车调表。

(10)临客、调试、救援、施工列车及计划以外的回空列车均按当日开行的列数记载,施工列车救援记载在行车调度员工作日志的记事栏中,不统计救援列数。

(11)施工列车按实际开行车次数统计,同一施工列车既按车次运行,又在某一区段封锁运行时,只按开行车次数统计,施工列车未按车次运行,只在封锁区间运行时,按两列统计。

(12)影响列车运营时刻表正点率指标原因的记载方法如下。

①车辆原因:列车因车辆故障造成晚点,本车记为车辆故障,后续列车因其影响晚点,记为车辆故障影响。

②信号原因:列车因信号故障造成晚点,记为信号故障,后续列车因其影响晚点,记为信号故障影响。

③客流原因:计划列车因人多造成晚点,本车记为人多,后续列车因其影响晚点,记为人多影响。

④供电原因:由于牵引供电故障迫停而造成的计划列车晚点,记为供电故障,后续列车因其影响晚点,记为供电故障影响。

⑤线路原因:在线路故障时刻内经过故障点的计划列车晚点,记为线路故障,后续列车因其影响晚点,记为线路故障影响。

⑥其他原因:列车因上述原因以外的原因晚点,本车记为其他,后续列车因其影响晚点,记为其他影响。其他晚点均须记明具体原因。

(13) 列车通过原因按第 12 条规定方法记载。

(14) 临时加开的各种列车晚点、通过不做统计，所影响的晚点、通过按其原因，记为影响。列车始发正点率就是按照运营时刻表或运输方案正点始发列车列数占实际开行列数的百分比。

(15) 列车到达正点率就是按照运营时刻表或运输方案正点到达列车列数（实际开行列数 − 到达晚点列数）占实际开行列数的百分比。

(16) 列车正点率就是列车始发正点率与到达正点率的平均值。

(17) 列车到发、通过时刻的统计：列车出发以列车起动不再停车为准，列车到达以列车在站停车不再动车为准，列车通过以列车头部通过车站站台中部时刻为准。

(18) 有关列车运行指标的计算

$$列车开行兑现率 = 实际开行列数/计划开行列数 \times 100\% \quad (4\text{-}5)$$

$$列车始发正点率 = (实际开行列数 - 始发晚点列数)/实际开行列数 \times 100\% \quad (4\text{-}6)$$

$$列车到达正点率 = (实际开行列数 - 到达晚点列数)/实际开行列数 \times 100\% \quad (4\text{-}7)$$

$$列车正点率 = (实际开行列数 \times 2 - 始发到达晚点列数之和)/(实际开行列数 \times 2) \times 100\% \quad (4\text{-}8)$$

$$列车通过率 = 通过列数/实际开行列数 \times 100\% \quad (4\text{-}9)$$

(19) 列车运行图/时刻表兑现率。

统计期内，线路列车运行图/时刻表计划兑现列次与线路计划开行列次之比为列车运行图/时刻表兑现率。

四 施工指标统计

计划施工数为列入当日半月施工计划及计划外施工计划表的施工项目数。
实际施工数量为计划施工数中实际实施的施工项目数。

$$施工兑现率 = 实际施工数/计划施工数 \times 100\% \quad (4\text{-}10)$$

五 其他指标

(1) 技术速度为列车在区间平均每小时走行的公里。计算公式：

$$技术速度 = 列车走行公里/列车纯运行时间 \quad (4\text{-}11)$$

(2) 纯运行时间是指列车在区间内实际走行时间的总和。

(3) 旅行速度为列车在区段内平均每小时走行的公里。计算公式：

$$旅行速度 = 列车走行公里/列车旅行时间 \quad (4\text{-}12)$$

(4) 旅行时间是指列车自始发站出发时起到终点站到达时止的全部时间，也就是列车在区段内的纯运行时间与列车在区段内各站停站时间的总和。计算公式：

$$旅行时间 = 纯运行时间 + 各站停站时间 \quad (4\text{-}13)$$

(5) 列车周转时间是指列车在线路运行一周所花费的时间，包含折返时间、停站时间及区间运行时间。

六　调度工作分析

1. 调度工作分析的作用及类型

(1) 调度工作分析的作用。

调度工作分析是通过对日常运输工作进行综合分析,肯定成绩,总结和推广先进工作经验,及时发现日常运输中存在的问题,查明原因,寻找规律性的因素,针对存在的问题提出各种解决措施,以便完善工作,为运行图的修改和上级领导的决策提供依据。因此,调度工作分析不仅是对日常运输工作进行事后分析,而且要通过分析研究预见运输工作发展的趋势和可能出现的问题,减少运营损失。

调度工作分析必须及时、准确。只有准确地分析,才能客观地反映运输工作的实际情况,恰当地评价工作中的优缺点,以便针对存在的问题制定可行的解决措施。另外,运输工作具有多变性,这就要求调度工作必须及时分析、及时拟定措施、及时采取措施。如果分析不及时,等到分析完问题,提出解决措施,实际情况已经发生变化,提出的措施没有针对性,因此也就没有作用。

(2) 调度工作分析的类型。

调度工作分析可以分为日常分析、定期分析和专题分析。

①日常分析。

日常分析应每日进行,在班工作或日工作终了时,对日班计划的执行情况及日常运输中的先进经验和存在的问题进行简要的分析。对运输中存在的问题应查明情况及原因,以便采取措施。

②定期分析。

在日常分析的基础上,收集和积累有关资料、建立必要的台账和报表,如运营日报、故障报告等,对一定时期的运输生产和运营指标完成情况等进行比较全面的分析,包括旬分析和月分析。按时做出旬、月分析,总结经验、发现问题,提出改进意见。

③专题分析。

运输工作在某一方面或某一指标有比较突出的变化,而且对运输生产产生较大影响时,分析人员深入现场调查研究,不定期对与列车运行有关的某些重要问题进行分析,包括正线行车中断、节假日客流特征、影响行车的设备故障等。对某一方面或某一指标做出专题分析,并提出改进意见和措施,以改进运输工作。

2. 调度工作分析的主要内容

城市轨道交通控制中心每天都应对行车组织、客运组织及票务管理方面进行总结分析,以适应和改善日后的工作。一般情况下,控制中心的运营调度工作分析主要包括以下内容:

(1) 运营日报。

值班主任每日均须编写运营日报,报告前一天运营计划完成情况。运营日报的主要内容包括：

①当日完成运送客运量、列车开行情况、兑现率、正点率和月度累计指标。

②车辆调度提供的运用列车数及投入使用列车数。

③列车加开、停运及中途退出服务情况。

④耗电量和温湿情况。

⑤列车服务情况，包括事故、故障和列车延误及处理。

⑥有关工程列车、试验列车运行方面的信息。

（2）故障和延误报告。

故障和延误报告作为编写运营日报原始资料的一部分，行车调度员应在行车设备发生故障及造成列车延误时，及时编写故障和延误报告。故障和延误报告主要内容包括：

①发生故障的时间、地点、列车编组报告及概况（故障现象）等情况。

②发生故障导致列车延误、影响情况。

③采用的调整列车运行的措施。

④恢复正常运作的时间。

（3）行车事故概况。

行车调度员根据每件行车事故及时填写"行车事故概况"，并按规定的时间报运营公司安全监察室和运营主管部门。

（4）统计分析工作制度。

①列车统计分析。

运营结束后，控制中心值班主任负责列车统计分析，内容包括计划开行列数、实际开行列数、救援列次、清客列次、下线列次、晚点列数、正点率、列车运营里程。

行车调度员对发生晚点的列车记录晚点原因。晚点原因有车辆故障、线路故障、供电故障、通信故障、信号故障、客流过多、调度不当及其他方面。

②工程车统计分析。

③调试列车统计。

④检修施工作业及统计分析。首先对前一天的正线、辅助线的检修计划件数和完成情况进行统计，其次对检修施工完成情况进行分析。分析的主要内容包括：日计划、临时计划兑现率，临时计划占全日比例，各单位施工计划完成情况分析，检修施工作业清点件数的统计。

⑤月度运营技术分析。

城市轨道交通企业通常在每月上旬对上月的运营情况进行技术分析。调度部门根据各室、部提供的资料，重点对月度运营指标完成情况、行车组织、客运组织、票务管理等情况、设备故障和当月典型事件、故障、事故等进行技术分析，找出问题，提出完善建议。

任务实施与评价

1. 教师课前下发任务，学生课前按要求完成预习任务。

2.教师进行讲解,学生分组学习。

3.学生完成任务。

4.教师和各组长承担本次任务的他人评价工作,评判学生的任务完成情况。

思政案例

某日,T195次列车下行到胶济线周村至王村区间时,列车尾部第9节至第17节车厢脱轨,与上行的烟台至徐州的5034次乘客列车相撞,致使机车和五节车厢脱轨,造成72人死亡,416人受伤的重大人员伤亡事故。

通过对现场进行勘察,调查事情发生经过,分析事故发生原因主要是调度命令传达存在漏发,导致T195次列车司机没有接到限速调度命令,导致在施工地段超速运行,使列车脱轨,造成重大行车事故。

思考:请阅读案例,谈谈对安全行车的感受。

拓展知识

某地铁日常调度工作

1.运营前的准备工作

(1)确认线路上所有施工检修作业已经完成、注销,线路空闲,无侵限,接触网供电正常,设备运行正常。

(2)根据运输计划,与值班员核对运行图,并听取当日运用车使用情况汇报。

(3)检查无线对讲系统,确认无干扰,通话质量良好。

(4)确认信号设备运行状态:

①CATS主机、通信机工作正常,工作站以调度员口令登录,并处于在线联机状态,清除告警窗内所有无效的告警。

②中央工作站、显示屏表示正确、一致,所有集中站控制权按调度指令处于正常状态,线路无异常占用。

③运营前30min,对全线信号、进路等设备(道岔、信号机)进行测试,确认运行方向、道岔位置及信号机状态、进路显示正确。各终端站折返模式在主用状态或处于正常循环模式,系统的调整方式处于自动调整。

(5)根据运输计划,在当日凌晨4:00后、运营开始前,建立或核对当日运用的时刻表(计划运行图),并确定时刻表内容无误。

(6)以CATS系统时间为标准,与车站值班员、运转值班员校对时间。

(7)检查CCTV、广播、电话等行车调度设备是否正常。

2.列车出入场(库)

(1)列车出场。

①计划列车出场:ATS系统所确认的计划列车,行车调度员应使其在转换轨处进入系统,并确认ATS系统到点开放信号,使计划列车按图定时间发车。

②非计划列车出场:行车调度员应在转换轨处人工设置车次号,并人工排列出库进路,令司机确认信号后按收到的速度码发车。

(2)列车入场。

①计划列车入场:ATS系统所确认的计划列车,可由ATS系统自动控制,行车调度员应预先办理入场进路,并确认计划列车目的地号,监督列车回库。

②非计划列车入场:行车调度员应预先办理入场进路,并人工排列回库进路,令司机确认信号后按收到的速度码回库。

3. 运营中调度员的调度监督

(1)以CATS工作站为基础,监督列车运行情况,及时处理各类突发性事件。

(2)加强设备运行监控。若设备发生异常情况,当值调度员必须与现场确认设备状况,了解现场情况,有效处置,合理组织列车运行,并填写设备故障汇总表。

(3)在进行列车运行调整时,必须坚持贯彻"安全、有序、立体"的调度原则,在确保安全的基础上积极组织,并在最短时间内恢复列车按图行车。

(4)在进行调整时,按列车的性质、用途进行调整。在正常条件下,其等级分为专运列车、客运列车、调试列车、回库空车、其他列车。

(5)由于车辆、设备故障、事故及客流原因,造成列车拥堵时,为调整列车运行,可采取始发站提前或改晚开行、调整运行等级、调整停站时间、运休、加开、备用列车替开及变更交路、载客通过等办法恢复列车按图行车。

(6)遇有大客流等情况,行车调度员应尽量组织备用车、空车投入运行,及时疏散乘客。

(7)当正线运用车少于运行图所需列车数时,应及时调整列车间隔,使列车间隔保持均衡。

(8)遇有各类突发事件,应在当班主任调度指挥下,按照本班组内部分工,参照总调度所突发事件应急处理预案的各项规定,各司其职,尽快恢复运营正常。

(9)调度员接到事件信息后,立即判明事件起因和影响范围,采取有效措施,在2min内以电话通知监控中心(COCC)、设备单位和客运分公司,当故障原因没有明确前,该设备所有相关单位和部门都必须同步通知,要求相关人员到现场确认抢修,并及时采取有效措施,进行运行方式的合理调整。

(10)调度员对当日临时施工及抢修计划进行审核,由主任调度审批后组织相关单位实施。

(11)每日由主任调度择时组织召开班组业务学习会,就近期运营中发生的事件进行分析,讨论相应的预案,提高班组处理突发事件的整体能力。

4. 运营结束后的收尾工作

(1)按运行图要求,保证各类列车运营终止后回库或停放至指定位置。

(2)当日计划、实绩运行图绘制完毕(如因绘图仪故障,无法绘图,仍应发出绘图命令)后,打印当日各折返站的到发报告。

(3)根据各项报告,整理统计当日运行情况,汇总到日报表。

(4)在次日3:00后删除使用的时刻表。

习题

一、答一答

1. 简述调度指挥机构的概念。
2. 简述列车调度指挥原则。
3. 简述城市轨道交通调度指挥模式。
4. 简述调度指挥日常工作制度。
5. 简述车次号生成方式。
6. 简述列车自动调整依据与范围。
7. 简述列车自动调整原理。
8. 需监控的列车运行内容有哪些?
9. 调整列车运行可以用到的方法有哪些?
10. 简述调度命令及种类。
11. 简述列车实绩运行图的绘制总则。
12. 简述列车运行指挥日常工作内容。
13. 简述运营期间的行车组织。
14. 简述调试列车的行车组织。
15. 简述列车运行调整的目标和原则。
16. 简述列车运行调整方法。
17. 简述调整列车间隔时间的方法。
18. 对调度工作进行分析。

二、练一练

(1)列车运行调整。

已知:计划列车运行图如图4-30所示。B—C区间列车运行速度没有富余量,C—D区间列车运行速度有富余量,列车运行间隔时间最短为2分30秒。

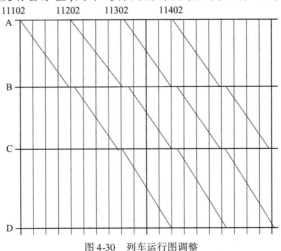

图4-30 列车运行图调整

要求：某日 11202 次在 A—B 区间运行延缓，到达 B 晚点 1min，其他列车运行情况正常。请确定列车运行调整方案，并在图 4-31 上绘制出来。

（2）某地铁企业统计规定，列车到发早点或晚点超过 3min，为早点或晚点。某日计划开行列车 100 列，当日掉线 5 列，到晚 5 列，发晚 5 列，临时加开客运列车 5 列。请问当日列车兑现率为多少？正点率为多少？

（3）已知运营线长度为 30km，中途停站时间 10min，单程行驶时间 40min，求列车的技术速度。

（4）某地铁线路某日车辆总走行公里为 283km，车辆运用数为 21 辆，当日列车全部开行 128 列，出发晚点 5 列，到达晚点 5 列，求车辆日均走行公里数（每一运用车辆每日平均走行公里数）和列车正点率。

（5）已知：甲乙区段基本列车运行图如图 4-31 所示，列车晚点以 3min 为标准，出发时间早点或晚点以上 3min，统计为早点或晚点。

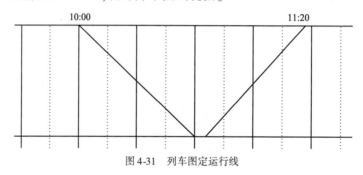

图 4-31 列车图定运行线

要求：根据下列条件统计列车出发及运行正晚点。

（1）11101 次甲站 10:01 出发，则甲站统计（　　　）。乙站 10:44 到达，则甲乙统计（　　　）。

11202 次 10:49 出发，则乙站统计（　　　）。甲站 11:24 到达，则乙甲统计（　　　）。

（2）11101 次甲站 10:04 出发，则甲站统计（　　　）。乙站 10:44 到达，则甲乙统计（　　　）。

11202 次 10:47 出发，则乙站统计（　　　）。甲站 11:25 到达，则乙甲统计（　　　）。

项目五

特殊情况下调度指挥

项目描述

通过本项目学习,学生能够掌握特殊情况的应急处理和行车组织方法,能够掌握特殊情况调度指挥的基本技能,为保证运输生产的安全、高效、正点、稳定和有序奠定基础。

教学目标

☞ 知识目标
1. 掌握 ATC 系统降级控制处理;
2. 掌握车站联锁设备故障处理;
3. 掌握列车在区间迫停处理;
4. 掌握列车运行突发情况应急处理;
5. 掌握特殊列车开行的调度指挥方法。

☞ 技能目标
1. 能够正确组织 ATC 系统降级处理;
2. 能够正确处理车站联锁设备故障;
3. 能够正确及时处理区间迫停列车;
4. 能够组织特殊列车开行;
5. 能够正确组织列车运行突发情况应急处理。

☞ 素质目标
1. 养成遵章守纪的职业习惯;
2. 养成团结协作的职业态度。

任务一　ATC 设备故障处理

任务描述

理解基于通信的 ATC 系统的控制结构,掌握 ATC 系统局部故障下的降级控制模式,掌握 ATC 故障应急处理规定。

任务发布

1. 说出中心 ATS 故障处理的方法。
2. 说出 ATP 设备故障处理的方法。
3. 说出 ATO 设备故障处理的方法。

知识准备

移动闭塞系统是先进、安全、可靠的信号系统。它具有轨旁设备简单、软件功能强大、控制方式灵活、高精度列车定位等优点,满足城市轨道交通运营"小编组、高密度、大运量"的要求。ATC 系统在设计上采用高质量硬件设备、双通道、双机热备、安全型计算机等各种冗余手段。根据运营组织的需要,在设计信号系统时,通常考虑在 ATC 系统故障及特殊情况下,ATC 信号系统能支持必要的降级/后退运行模式,即当上级设备发生故障时,能自动地后退转换至下一级行车控制模式,并维持较低一级的运营。

一　基于通信的 ATC 系统和降级控制模式

1. 基于通信的 ATC 系统的控制结构

从目前的移动闭塞实现技术来看,移动闭塞系统车地通信的主要方式有感应环、波导、无线或无线扩频、漏缆等方式,其 ATC 系统完成的功能及基本原理大致相同。通常,ATC 系统各子系统按位置分布划分,可分为中央设备系统、联锁区域设备系统和车载设备系统;按照功能划分可分为 ATO 系统、联锁系统、ATP 系统和 ATS 系统。系统正常情况时列车的运行处于中央集中自动监控状态。根据联锁表、计划运行图及列车位置,系统自动生成、判断、输出进路控制命令,传送到联锁设备,设置列车进路;根据计划运行图自动控制列车的走行时分和停站时分,自动输出停站时间终止后的停车点取消命令,传送到 ATP 设备,允许列车发车。列车在 ATP 的安全保护下,按照 ATS 指令由 ATO 实现列车自动运行。列车运行状况通过车站联锁设备反馈至中央,构成一个闭环的列车运行控制系统。

2. ATC 系统局部故障时降级控制模式

降级控制模式可分为 ATS 系统故障(简称 ATS 故障)时降级模式、ATP 设备故障时降级模式和车载 ATO 设备故障时降级模式三类。

二 ATS 故障时应急处理

1. 三种 ATS 故障应急处理

（1）中心 ATS 系统故障，车站 ATS 系统正常时，行车调度员应急处理。

中心 ATS 系统故障现象：所有 HMI 上均不能操作命令，或反应缓慢，画面不能更新。

当故障发生后，行车调度员和有关人员应采取的应急处理措施：

①行车调度员与各集中站相互通报与确认故障，及时通报维修部门进行处理。

②行车调度员使用全呼方式通知所有联锁站强行站控，并通知司机人工启动到站广播。

行车调度员发出"强行站控"的调度命令："全站强行站控，负责监控联锁区内列车的运行，使用××（安全相关命令）操作××（区段/信号机/道岔），注意安全。行车调度员××（工作号）。"

车站行车值班员根据调度命令进行"强行站控"操作，车站实行站控。

③行车调度员要求各集中站确认是否处在站控状态、监督与控制好本集中站管辖范围内进路排列与列车运行情况，如发现异常情况应及时汇报行车调度员处理。

a. 进路控制。联锁站值班员确认 LOW 上的 RTU 降级模式是否激活。当"RTU 降级模式激活"时，保持原状态；"RTU 降级模式未激活"时，联锁站应在确认客车进站停稳后人工在 LOW 上取消运营停车点，当某站联锁区"RTU 降级模式未激活"时，则在 LOW 上设置列车进路。

当 ATS 系统的自动排进路或 SICAS 的追踪进路不能自动排列时，应由人工介入，在 HMI 上或在 LOW 上人工排列进路。

b. 运营停点管理。系统按车载设备发出的区间走行时分缺省值和轨旁 ATP/ATO 设备发出的停站时分缺省值控制列车的运行。在 IBP 盘上进行"扣车/终止扣车"，或在车站现地工作站上人工进行"取消停车点"操作，人为地改变列车的停站时间。

④行车调度员通知司机在显示屏上输入当时车次号，换向运行时，输入新的目的地码和车次号，直至行车调度员通知停止输入为止。

⑤报点站向行车调度员报告各次列车的到开点，至行车调度员收回控制权时止。

原则上中心 ATS 系统故障初期（30min 内）行车调度员无须铺画列车运行图，各站无须报点，但各站应记录各次列车的到发时刻并及时填记"行车值班员工作日志"；故障发生 30min 后，各集中站须向行车调度员报点。

⑥人工报点时列车到、发、通过时刻的确认。

到达时刻，以列车在规定位置停稳时为准；出发时刻，以列车由车站前进起动不再停车时为准（由车辆段、车场出发以在出段/场信号机前规定的停车位置起动不再停车为准）；通过时刻，以列车尾部经过站台中心线的时刻为准。

列车在车站停站时间超过正常时间 1min 时，车站和司机应向行车调度员报告原因。

⑦行车调度员以报点站为单位铺画列车运行图,至 ATS 设备恢复正常,收回控制权时止。

⑧车站按时刻表发车。

当车站在 LOW 上取消不了运营停车点时,应立即报告行车调度员,行车调度员命令司机用 RM 模式驾驶客车出站,直至转换为 ATO 模式;当车站取消运营停车点而客车目标速度仍为零,且超过 30s 时,车站值班员应报告行车调度员,行车调度员指示司机开车。ATO 驾驶恢复正常时,应向行车调度员报告。

⑨当 ATS 设备发生故障时,行车调度员使用 CLOW 监督全线列车运行状态。

(2)当车站 ATS 系统故障,中心 ATS 系统正常时,行车调度员应急处理。

①行车调度员在 ATS 系统上加强该联锁区监控。

②通知故障联锁站在联锁设备上做好监控。

③车站无须切换控制,只通过联锁设备监控。

(3)当车站 ATS 系统故障,中心 ATS 系统故障时,行车调度员应急处理。

①行车调度员与各集中站相互通报与确认故障,及时通报维修部门进行处理。

②行车调度员使用全呼方式,通知所有联锁站强行站控,用联锁设备准备进路,并通知司机人工启动到站广播。

③行车调度员要求各集中站确认联锁设备状态、监督与控制好本集中站管辖范围内进路排列与列车运行情况。

a. 进路控制。在 LOW 上人工排列进路。

b. 运营停点管理。系统按车载设备发出的区间走行时分缺省值和轨旁 ATP/ATO 计算机发出的停站时分缺省值控制列车的运行。在 IBP 盘上进行"扣车/终止扣车",或在车站现地工作站(LOW)上人工进行"取消停车点"操作,人为地改变列车的停站时间。

④行车调度员通知司机在显示屏上输入当时车次号,换向运行时,输入新的目的地码和车次号,直至行车调度员通知停止输入为止。

⑤报点站向行车调度员报告各次列车的到开点,至行车调度员收回控制权时止。

⑥行车调度员以报点站为单位铺画列车运行图,至 ATS 设备恢复正常、中央收回控制权时止。

⑦车站按时刻表发车。

当车站在 LOW 上无法取消运营停车点时,应立即报告行车调度员,行车调度员命令司机用 RM 模式驾驶客车出站,直至转换为 ATO 模式;当车站取消运营停车点而客车目标速度仍为零且超过 30s 时,车站值班员应报告行车调度员,行车调度员指示司机开车。ATO 驾驶恢复正常时,司机应向行车调度员报告。

⑧若有重大的行车方案调整(如变更列车交路、中途清客等),行车调度员需提前向车站布置,车站负责实施。

⑨当 ATS 系统及车站联锁设备均故障时,行车调度员组织故障范围内的车站及两端相邻站采用电话闭塞法行车。

2. 故障排除收回车站控制权

（1）在故障排除后，维修调度员通知值班主任和行车调度员，并进行维修销点。

（2）收到维修调度员的故障消除通知后，行车调度员收回有关车站的 LOW 控制权，并在 HMI 上检查相关信息，如 ATS 是否能及时更新列车位置信息、是否可以在 HMI 上手动排列进路、与列车司机核对车次号是否正确，在检查正常后确认 ATS 故障排除。

（3）确认故障排除后，行车调度员报告值班主任，并通知车站值班员故障已排除，系统恢复正常。

3. ATS 其他常见故障应急处理

ATS 其他常见故障应急处理见表 5-1。

ATS 其他常见故障应急处理　　　　　　表 5-1

序号	故障现象	OCC	车站	司机	备注
1	某台 HMI 不能操作某些命令	在其他 HMI 上确认各联锁区控制权分布情况，按需要进行调整	—	—	不影响行车
2	车次号发生上下跳跃或出现 F 开头的错误车次	（1）立即在 HMI 上对发生车次错误的列车进行临时处理，如果列车因进路未排不能进站或运营停车点取消，尽量不耽搁列车运行，然后在 HMI 上改正错误的车次号；（2）如果列车车次错误还没有导致上述结果时，行车调度员立即在 HMI 上改正错误的车次号	—	—	参考《行车组织规则》
3	全部 HMI 上显示某一联锁区全灰	（1）通知该联锁站强行站控；（2）通知司机人工启动到站广播；（3）行车调度员对出现故障区段所有列车的车次号进行人工设置，确保本故障联锁区以外区域，所有列车按照相应的车次号运行；（4）本故障联锁区恢复正常后，行车调度员需要修改该联锁区列车的车次号，确保车次号正确，此时本故障联锁区内所有列车进路可以自动排列，运营停点自动取消，车站不需要再人工操作；行车调度员可以向车站收回该联锁区控制权	该联锁站强行站控，负责联锁区内所有列车进路的排列和运营停车点的取消工作；两终端站需要在 LOW 工作站上操作列车换向命令	注意在联锁区段人工启动到站广播；SM 模式进站	注意：列车进路需要提前排列好，运营停车点须在列车停稳后才能取消；联锁系统正常时，延误不超过 3min

三　ATP 设备故障时应急处理

1. 列车紧急停车

（1）列车在进站时发生紧急制动，若司机已经知道发生紧急制动原因时，在确认前方进路安全的情况下,先转换 RM 模式驾驶对标,再向行车调度员报告。

(2)列车在区间运行发生紧急制动,应立即向行车调度员报告,按行车调度员指令执行。

当轨旁 ATP 系统发生故障时,将无法对列车的移动授权进行计算,因此不能保证列车的运行安全。如果轨旁 ATP/ATO 计算机完全故障,则在故障区域内的列车不能继续使用移动闭塞系统,不能按 ATO 和 ATP 模式运行。如果移动闭塞系统的车地双向通信设备(如感应环线、裂缝波导或无线轨旁等)发生故障,进入故障区域的列车车载 ATP/ATO 则收不到任何轨旁信息,列车运行同样也不能采取 ATO 或 ATP 模式,同时轨旁也得不到故障区段内列车主动发出的位置识别信息。故障区内的所有列车首先应制动(或紧急制动)停车;邻近轨旁 ATP/ATO 计算机对故障区边界进行防护。

车载 ATP 故障或完全不能实现车地信息通信时,列车达不到目标速度。按"故障-安全"原则,列车会进行紧急制动,确保列车运行安全。

2. 轨旁 ATP 设备发生故障

若轨旁 ATP 设备发生故障,则其控制范围内的列车不能接收到地面控制信息,列车不能按移动闭塞法行车。当列车出清的故障站间区间后,对后续列车按自动站间闭塞组织列车运行。

当轨旁 ATP 设备发生故障时,行车调度员应采取的应急处理措施:

(1)故障区内的所有列车紧急停车,行车调度员接到司机报告列车停车事件,并要求司机检查列车技术状态。

(2)相邻轨旁 ATP 计算机对故障区边界进行防护;中止接近故障区的后续列车运行。

(3)行车调度员确认前方进路空闲,道岔位置正确且锁闭好,行车调度员命令司机将驾驶模式转换为 RM 模式,驾驶列车驶出故障区。

(4)出清故障区后,列车进行 ATP 的定位信息同步以及列车识别号身份验证。列车驾驶自动转为 SM 模式(ATP 监督下的人工驾驶模式),司机可以手动恢复 ATO 模式。

(5)行车调度员确认列车出清故障区间,发布调度命令,故障区间采用"自动站间闭塞(或进路闭塞法)"组织后续列车运行。

(6)故障区内的站台停车精度及开/关车门由司机控制并确保安全。

(7)在故障恢复前,在故障区段列车按站间自动闭塞(或进路闭塞法)行车,以 RM 模式运行。

3. ATP 车载设备发生故障

当 ATP 车载设备发生故障时,行车调度员应采取的应急处理措施:

(1)当行车调度员接到列车司机报告车载 ATP 发生故障时,应及时通知 DCC、值班员、维修信号人员,并询问维修信号人员是否能恢复车载 ATP 运行,在调度日志中做详细记录。

(2)行车调度员确认前方进路安全,命令司机以 URM 模式(限速 40km/h)驾驶列车至前方车站。

(3)故障列车待车站前方区间空闲后,行车调度员发布调度命令"由于××次列车降级作业,××次列车采用自动闭塞法或进路闭塞法组织行车,列车采用 URM 模式运行"。

(4)行车调度员通知故障列车司机,列车发车以站务员手信号为准,乘降作业及车门关闭由司机与站务员共同完成;由车站值班员上驾驶室添乘,沿途协助司机瞭望,行车调度员命令司机以 URM 模式继续驾驶列车至前方终点站退出服务。

(5)URM 监控员须协助司机瞭望,监控速度表,列车按规定速度运行,不准超速;在有站台门的车站,须协助司机开关站台门。如遇到超速时,提醒司机控制速度,必要时,立即按压紧急停车按钮。

车站值班员或值班站长启动驾驶室添乘监控的程序:

①接受行车调度员的命令。

②携带行车调度员无线对讲机。

③向司机报告说:URM 监控(并报命令号)。

④司机在听到车站值班员或值班站长的报告时,确认其身份和命令号后,记下其员工号,允许其进驾驶室监控,并开车。

(6)行车调度员指示车站对故障列车运行报点,铺画列车运行图,以掌握列车运行情况。

(7)行车调度员应随时监控 ATP 车载设备故障的列车运行情况,严格控制并确保列车与列车之间的间隔在一个及以上区段进路。遇到两列车进入同一个区段进路时,应采取紧急措施扣停后面的列车。

(8)通过采取降级作业的办法使列车尽可能维持运行到终点站。当故障列车运行至终点站后,若短时间内 ATP 车载设备不能恢复,应尽可能安排备用列车上线替换故障列车运行。

4. 后续列车安全保障

由于移动闭塞系统采用专门的车地双向通信设备作为列车的准确定位手段,列车的运行需要前车主动发送实时、准确的位置信息,以确定自己的受权运行目标点,所以通信故障列车的车载 ATP 设备故障势必对后续列车的正常运行产生较大影响。因此,必须采取安全、切实、有效的措施,以确保后续列车运行安全。

应将故障列车在故障前最后一次与轨旁设备通信时的位置(称为"故障点")作为后续列车的受权运行终点。"故障点"不应随故障车前行而移动。在列车车载设备故障后,车地双向通信中断,系统丢失列车位置的相关信息,不能再对列车的位置进行控制,后行列车就失去了目标点,无法确保后行列车与前行列车之间的安全间隔,所以必须将其设置为"故障点",确保后行列车的安全运行。

后续第一列正常列车在距"故障点"一定的保护区段长度位置采用制动停车,行车调度员确认后应及时采用一种安全的操作方式取消"故障点"。司机将列车转换为 RM

模式起动列车前行,并负责列车的运行安全。由于该列车的 ATP 车载设备是正常的,在"故障点"取消后,其后续的正常列车可以按正常的移动闭塞追踪方式自动运行。

国内城市轨道交通信号设备生产厂家不同,有的系统能够自动设置,有的系统不能。对于不能设置"故障点"的设备,行车调度员在遇到 ATP 设备故障时,一定要引起特别注意。

四 车载 ATO 设备故障应急处理

如果车载 ATO 设备发生故障,则无法实现列车运行的自动控制,如自动走行控制、站台精确停车、自动开关车门、列车自动折返以及自动调整运行等,不易达到规定的设计间隔和旅行速度。

当车载 ATO 设备发生故障时应急处理措施:

(1)司机将驾驶模式转换为 SM 模式,然后按转换后的驾驶模式运行。

(2)行车调度员应尽早安排,在备用列车替换运营以前,故障车仍按 SM 模式继续载客运行。

任务实施与评价

1. 教师课前下发任务,学生课前按要求完成预习任务。
2. 教师进行讲解,学生分组学习。
3. 学生完成任务。
4. 教师和各组长承担本次任务的他人评价工作,评判学生的任务完成情况。

任务二 车站联锁设备故障处理

任务描述

掌握车站联锁设备局部或全面故障时行车调度员处理方法,掌握车站联锁设备故障处理规定。

任务发布

1. 说出 LOW 故障时行车调度员处理。
2. 说出信号机故障时行车调度员处理。
3. 说出计轴区段故障时行车调度员处理。
4. 说出道岔故障时行车调度员处理。
5. 说出联锁区域故障时调度处理。

知识准备

一 LOW 故障时行车调度员处理

1. LOW 死机或灰显等故障处理

(1)车站行车值班员报告行车调度员和信号维修人员。

(2)行车值班员对 LOW 主机电源复位;同时,联锁站接收设备站的控制权,或行车调度员接收联锁站的控制权,在 LOW、CLOW、HMI 上监控。

(3)如复位后故障不能恢复,且 LOW、CLOW、HMI 均不能监控,则按联锁故障的方式处理。

2. RTU 模式下对某一基本进路及变更进路不能自动排列

(1)行车值班员发现"RTU 模式下对某一基本进路及变更进路不能自动排列"的故障报警时,确认报警状态。

(2)行车值班员确认后,将情况报告行车调度员、值班站长。

(3)行车调度员通知通号车间调度处理。

(4)行车调度员授权车站站控,人工排列进路。

(5)行车值班员在 LOW 工作站上人工排列进路。

(6)故障恢复后,及时报告行车调度员。

3. 运营停车点超过规定运营停车时间仍未取消

(1)运营停车点超过规定运营停车时间仍未取消,行车值班员及时将情况报告行车调度员;

(2)行车调度员命令车站使用"取消站停"命令取消运营停车点;

(3)行车值班员使用"取消站停"命令取消运营停车点,无法取消时立即报告行车调度员;

(4)若"取消站停"命令无效,通知司机以 RM 模式开车;

(5)行车调度员通知通号车间调度派人处理;

(6)故障恢复后,行车值班员及时报告行车调度员。

二 信号机故障时行车调度员处理

1. 信号机连接中断故障

故障现象:LOW 上显示相应的信号机编号白闪或红灯灯头闪烁,通常是两个信号机同时故障。

(1)若其中一个故障信号机作为始端信号机,进路可建立,信号不能开放,当始端信号机故障恢复后才能开放信号。

(2)若其中一个故障信号机作为终端信号机,在终端信号机红灯显示正常时,信号能达到引导层。只要始端信号机正常,将车站转为站控,组织车站行车值班员开放引导信号接车。

2. 始端信号机编号白闪

故障现象:可能是红灯主灯丝故障、绿灯或黄灯灭灯。请仔细查看报警信息内容确定故障类型。

(1)当信号机红灯主灯丝故障,不会影响信号的正常开放。

(2)当信号机绿灯灭灯时,能正常开放通过弯股线路的黄灯信号,列车要通过直股线路,将车站转为站控,凭引导信号通过。

(3)当信号机黄灯灭灯时,能正常开放通过直股线路的绿灯信号,但列车要通过弯股线路时,信号不能开放。

3. 信号机红灯灭灯

故障现象:信号机灯柱和灯头红闪。

(1)作为始端信号机,进路可建立。信号机显示绿红(闪)红(闪),信号可达到主信号层。只要故障恢复后能开放信号。

(2)作为终端信号机,进路可建立。信号只能达到引导层。只要始端信号机正常,将车站转为站控,可组织车站行车值班员开放引导信号。

三 计轴区段故障应急处理

计轴区段故障应急处理:

(1)LOW 显示全区红光带故障。在确认线路空闲及安全前提下,将车站转为站控,组织车站行车值班员执行"计轴预复位"命令。

(2)LOW 显示全区红光带故障。在确认线路空闲及安全前提下,将车站转为站控,组织车站行车值班员可对某个道岔执行"强行转岔"命令和对某个信号机执行"开放引导"命令。

(3)当进路的监控区段出现红光带故障时,打开追踪自排功能的信号机可以自动排列进路,始端信号机不能亮起,但打开自排功能的信号机不允许自动排列进路,当进路排列后,在确认线路空闲及安全前提下,将车站转为站控,组织车站行车值班员可执行"开放引导"命令。但出现以下情况必须执行"强行转岔"命令的操作才能开放引导信号:

①在排列进路前,初始位置与进路要求的位置相反道岔的监控区段出现红光带故障时,则在排列进路时联锁禁止该道岔转换。

②进路排列后,该道岔没有被征用,信号处在非监控层,此时,在确认线路空闲及安全前提下可对该道岔执行"强行转岔"命令的操作,操作完成后该道岔立即转换至进路要求的位置并被征用,信号达到引导层。出现此故障现象时,处理方法:一般在确认线路空闲及安全前提下先对该道岔执行"强行转岔"操作后,再排列进路,则信号达到引导层。

(4)在 LOW 上显示轨道区段红光带故障。列车在有 ATP 保护下以 SM 模式、AM 模式或 AR 模式驾驶时将在故障区段的前一区段自动停稳。当列车起动时只能用 RM 模式驾驶,当选用了 RM 模式并起动后,列车必须通过两个固定应答器或一个可变应答器后才可以自动升级成 SM 模式或 AM 模式驾驶。因此,当在确认线路空闲及安全的前提下,且此区间距离较短时,为提高行车效率,建议司机提前使用 RM 模式驾驶。

(5)进路的监控区段(含道岔区段)出现不能正常解锁故障。在确认线路空闲及安全前提下,将车站转为站控,组织车站行车值班员对故障区段执行"强解区段"或

"强解道岔"命令。当与即将排列进路方向相同的非监控区段出现不能正常解锁故障时,进路依然可以排列。

(6)当计轴设备故障导致整个联锁区计轴区段红光带时应急处理:

①由值班主任决定采用站间电话联系法组织行车,行车调度员下放控制权给相关车站。

②车站根据行车调度员要求准备进路,如需转动道岔时,在 LOW 上操作"强行转岔"并单独锁定。

③"强行转岔"后的第一趟列车进路由车站进行道岔位置及尖轨密贴情况的现场确认,后续列车由列车司机进行现场确认。

四 道岔故障时行车调度员处理

1. LOW 上显示道岔长闪

故障产生原因:"道岔挤岔"。

(1)行车调度员判断有无列车变更进路,如有则办理变更进路。

(2)行车调度员把控制权交给车站。

(3)行车值班人员在车站对道岔执行"挤岔恢复"命令。

(4)若故障没有排除,则行车值班人员执行"转换道岔"命令,对道岔进行左、右位转动操作,反复2次后,故障仍不能恢复时,行车调度员指令车站,人工办理故障道岔进路,同时通知维修调度员,维修调度员通知信号相关维修人员进行处理。

(5)车站对进路中的其他正常道岔进行单锁,故障道岔加钩锁器,若需转换故障道岔,则先手摇道岔到位,再加钩锁器。

(6)行车调度员与车站人工办理故障道岔进路人员保持联系,若现场道岔位置与进路方向一致,且密贴良好,可立即组织行车。

2. LOW 上显示道岔短闪

故障产生原因:"道岔断表示"。

(1)行车调度员判断有无列车变更进路,如有则办理变更进路。

(2)行车调度员把控制权交给车站。

(3)行车值班人员执行"转换道岔"命令,对道岔进行左、右位转动操作,反复2次后,若故障仍不能恢复,行车调度员指令车站,人工办理故障道岔进路,同时通知设修调度员,设修调度员通知信号相关维修人员进行处理。

(4)车站对进路中的其他正常道岔进行单锁,故障道岔加钩锁器,若需转换故障道岔,则先手摇道岔到位,再加钩锁器。

(5)行车调度员与车站人工办理故障道岔进路人员保持联系,若现场道岔位置与进路方向一致,且密贴良好,可立即组织行车。

3. LOW 上显示道岔区段灰色

故障产生原因:"道岔信息传输障碍"。

(1)行车调度员判断有无列车变更进路,如有则办理变更进路,同时通知设修调度员,设修调度员通知信号相关维修人员进行处理。

(2)行车调度员把控制权交给车站。

(3)行车调度员指令车站,人工办理故障道岔进路。

(4)车站对进路中的其他正常道岔进行单锁,故障道岔加钩锁器,若需转换故障道岔,则先手摇道岔到位,再加钩锁器。

(5)行车调度员与车站人工办理故障道岔进路人员保持联系,若现场道岔位置与进路方向一致,且密贴良好,可立即组织行车。

4. LOW上显示道岔标号闪烁

故障产生原因:"道岔逻辑判断故障"。

(1)行车调度员把控制权交给车站。

(2)车站行车值班人员用"岔区逻空"命令对道岔区段进行恢复。

(3)若故障仍不能恢复,且进路无法排出,则车站行车值班人员对该组道岔进行单锁,通知设修调度员,设修调度员通知信号相关维修人员进行处理。

五 联锁区域故障时行车调度员处理

1. 故障现象

全部HMI上显示某一联锁区全灰,且HMI和CLOW不能监控。

2. 行车组织规定

(1)一个或多个集中站联锁故障时,故障及相关区域采用电话闭塞法组织行车。

(2)在执行电话闭塞法组织行车,列车若在本站内折返时,按调车方式办理折返作业。

(3)集中站联锁故障后,行车调度员应尽快、准确地掌握故障区域内列车位置。若难以掌握时,行车调度员应及时启用线路模拟板辅助。

(4)故障区域外的信号设备受联锁故障影响不能排列进路时,行车调度员应单独锁定受影响区域内的相关道岔,指令司机在受影响区域内以全人工驾驶模式(NRM模式)按规定速度运行。

(5)集中站联锁故障后至改用电话行车法组织行车前列车安排原则如下:

①当前方没有道岔的列车停在区间时,行车调度员应组织该列车进入前方站待令,动车凭证为行车调度员口头指令,行车调度员发布指令前应确认前方进路空闲。

②当前方有道岔的列车停在区间时,行车调度员应令其原地待令或视情况组织列车退回。

(6)行车调度员发令改用电话闭塞法组织行车前,应满足以下三个条件:

①准备改用电话闭塞法组织行车的区域内所有列车停妥。

②行车调度员已令准备改用电话闭塞法组织行车的区域内所有列车待令。

③没有列车进入准备改用电话闭塞法组织行车的区域。

(7)行车调度员发布改用电话闭塞法的命令后,相关车站应立即派人进入轨行区进行人工准备进路。在改用电话闭塞法组织行车期间,人工准备进路以及出清轨行区由所属车站自行负责,行车调度员可不掌握。

(8)在集中站联锁故障期间,没有特殊情况不得组织列车在故障区域内反向运行和小交路运行,尽可能不组织列车退行。

3.控制中心行车调度员应急处理

(1)若发现 HMI 及大屏幕联锁区显示全"灰色"时,立即联系该联锁站,了解故障情况,并报告主任调度员。

(2)了解全线列车的分布位置,通知司机及车站做好乘客服务工作的广播。

(3)在进路准备好后,指示区段内列车 RM 模式动车到达前方站。

故障刚发生时迫停区间的列车,在确认停车位置到前方站出站信号机之间线路无列车占用且无道岔时,司机凭行车调度员命令,RM 模式限速 25km/h 进站后待令;在确认停车位置到前方站出站信号机之间线路无列车占用但有道岔时,行车调度员须在道岔人工勾锁后口头命令司机 RM 模式限速 25km/h 进站后待令,司机应加强瞭望和广播安抚乘客。

(4)确认故障区段空闲,向有关车站发布站间电话闭塞行车的书面命令以及布置相关行车计划。

行车调度员及时向有关车站发布口头命令"从×时×分起,在上行线×站至×站间采用电话闭塞法组织行车,在下行线×站至×站间采用电话闭塞法组织行车";由行车调度员口头通知司机或车站转告司机调度命令的内容。

(5)向线上司机发布站间电话闭塞行车口头命令。

(6)确认区段空闲后,行车调度员指示车站人员下线路人工准备进路,进路准备完毕,线路出清后,报告行车调度员。

行车调度员通知车站将故障联锁站道岔开通客车运行线的位置并用钩锁器锁定,两端站的折返道岔在确认位置正确后,使用钩锁器但只挂不锁;各集中站客车运行进路的准备、检查确认和加锁的具体规定,按相关规定执行。

(7)按集中站报点铺画列车实绩运行图。

有关站值班站长/行值接到调度命令后,采用就地级控制、组织行车;在每个需要接发列车的站台端门外分别派站务人员负责接发列车。

各站应记录各次列车的到发时刻并及时填记"行车值班员工作日志",各集中站须向行车调度员报点,行车调度员铺画列车运行图,掌握和控制列车运行间隔。

(8)故障修复后,发布恢复正常行车、取消前发实行站间电话行车法行车的命令,调整线上列车运行。

任务实施与评价

1.教师课前下发任务,学生课前按要求完成预习任务。

2. 教师进行讲解,学生分组学习。

3. 学生完成任务。

4. 教师和各组长承担本次任务的他人评价工作,评判学生的任务完成情况。

任务三 列车在区间被迫停车处理

任务描述

掌握列车区间被迫停车处理方法的分类,掌握列车救援、后退的应急处理措施。

任务发布

1. 说出列车在区间被迫停车处理规定。

2. 说出列车退行处理方法。

3. 说出救援列车开行过程。

知识准备

除列车按列车运行图或调度命令的要求在区间有计划的停车外,其他因自然灾害、设备故障、事故等原因,造成列车在区间停车,称为列车在区间被迫停车。列车在区间被迫停车可能造成列车脱轨、颠覆甚至列车尾追。列车在双线区间被迫停车还可能妨碍邻线行车。所以,列车在区间被迫停车时,司机应迅速判明情况,及时报告两端车站及行车调度员,并采取积极措施,防止事故扩大,以在最短时间内尽快恢复行车。

当发生车辆故障时,控制中心调度人员应与车辆检修调度员、列车司机及车站值班员等紧密联系,协调动作,在确保安全的前提下,最大限度地维持列车运行。

一、列车在区间被迫停车处理

1. 处理规定

(1)列车在隧道内停车时,如果停车超过 2min,行车调度员口头通知环控调度员送风。

(2)列车故障情况下行车组织由 OCC 全权负责,故障的判断和处理由司机全面负责,行车调度员有责任提出辅助处理意见,但司机离开驾驶室处理故障前须报告行车调度员;行车调度员接到司机的车辆故障报告后,应及时通知检修调度员。

(3)司机对列车的故障处理,原则上为 3min,司机确认无法处理或 3min 后还无法动车时,通过行车调度员向 DCC 检修调度员提出技术支援的要求,同时继续处理故障。

(4)列车的故障处理时间原则上为 6min,如仍不能动车时,由值班主任确定处理办法,当决定救援时,司机做好救援的防护连挂工作。

(5)当正线发生列车故障、救援或需要出动备用车、换车等行车需要时,行车调度员通知相关换乘室(亭)的司机;后由值班主任或行车调度员向 DCC 通报,并由车辆段调度员向车辆段派班员、信号值班员通报。派班员或车辆段调度员、信号楼值班员按照车辆段运作手册相关条款组织列车出车辆段,并向司机传达清楚。

(6)请求救援列车需要疏散乘客时,行车调度员通知司机和有关车站值班站长要做好乘客疏散及救援工作。司机除引导乘客下车外,还必须做好列车的防护及协助救援工作。

2. 列车在区间被迫停车的处理方法

列车故障可能发生在列车上的任何一个部分,在发生列车故障后,需对列车故障进行判断,然后根据故障情况,分别采取下列不同的处理措施:

(1)列车继续前行。

列车在区间被迫停车后,司机在最短时间内判明是否能维持运行。如果列车可以维持运行,不致危及行车安全时,应继续运行至有条件处理的处所,并及时向控制中心行车调度员报告,防止阻塞正线,影响后续列车运行。列车继续向前方车站运行,同时要求司机随时报告列车的技术状况,观察故障是否越来越严重。

当列车在区间被迫停车时,司机报行车调度员,行车调度员确认停车位置至前方站出站信号机间线路空闲、道岔位置正确且锁闭后,命令司机以适当驾驶模式限速运行到前方站;列车到达前方站或在车站发生故障不能修复时,清客退出服务,该空车按情况选择合适驾驶模式限速运行到合适存车点退出运营,行车调度员应严密监控该故障车的运行情况。

(2)列车后退回有配线车站。

如果列车不宜继续长时间运行,且刚出有配线车站,可以安排列车后退,回到发车站,进入车站配线,退出运营。

(3)派列车救援。

在列车不能动车时,必须采取列车救援方法,力求用最短时间恢复正线畅通。列车因接触轨长时间无电不能独立运行,可视情况请示领导使用工程车担当救援。

二 列车退行

1. 列车退行规定

在特殊情况下,列车部分或全部车辆越过站台需退回站台内办理乘降作业,或列车从区间返回车站退行,可以推进或牵引运行。列车因事故或其他原因在站间不能正常行车的情况下,为避免列车在区间清客,行车调度员可授权列车司机操纵列车退行至最近站台。

(1)列车因故在区间停车需要退回车站时,司机必须报告行车调度员。

(2)行车调度员在确认退行列车停车位置到需退行车站站线及其后方区间没有列车占用,并在后方站设置扣车后,或者后方区间虽已有列车进入但已命令停车且停车位置到前方站台仍有信号机防护时,同时必须将退行路径上的有关道岔锁定(进路锁定或单独锁定)后,方可同意列车退行。

(3)如退行列车已全部出清站台计轴区,得到行车调度员同意后,原则上须换端方可退行,即牵引退行,列车驾驶模式为 ATP 切除模式;否则可不换端以 ATP 切除模式退行,退行前行车调度员应及时通知有关车站采取防护措施。

(4)列车退行进入车站时,车站接车人员应于头端墙处显示引导手信号,列车在头端墙处必须一度停车,确认引导手信号正确后方可进站。使用引导信号的时机:列车出发整列离开站台区,因故需退回车站时,车站在确认列车后退进路无其他列车占用,先通知相关联锁站关闭该进路的起始信号机的追踪自排后,通知司机后退,并在头端墙显示引导手信号。

(5)退行列车到达车站后,司机及时向行车调度员报告,根据行车调度员的指令处理。

2. 列车推进运行

在列车尾部驾驶室操纵列车运行或救援列车推送被救援列车运行为推进运行。

当列车头端驾驶出现故障的情况下,可在列车尾端驾驶推进运行;对故障列车实施救援时,也可推进运行。列车运行时须遵守以下规定:

(1)列车推进运行,必须得到行车调度员的命令准许。推进运行时,必须有乘务员或列车引导员在列车前端驾驶室引导,无人引导时,禁止推进运行。

(2)当难以辨认信号时,禁止列车推进运行。

(3)在 30‰ 及其以上的下坡道推进时,禁止在该坡道停车作业,注意列车运行安全。

(4)列车推进运行的限速要求按《行车组织工作规则》的规定执行。

三 救援列车开行方案

城市轨道交通故障列车救援方案由救援车来源、故障列车回送地点等因素决定。

1. 救援车来源

1)后续车担任救援车

优先选用后续车担任救援列车。在可以采用后续车救援时,原则上不采用其他救援方式。后续车担任救援车主要有以下原因:

(1)在列车发生故障到决定救援时间(一般 6~7min)内,故障列车前方的列车已向前运行了 2 个区间或以上,后方列车已运行到后续车站并排队等待。采用后续列车推进救援,可以缩短列车运行的距离和时间。

(2)采用牵引方式救援时,救援列车司机需进行 3 次的换端作业和重新起动列车,延长了救援时间;采用推进方式救援时,只需故障列车司机进行 1 次换端作业即可完成,有利于缩短救援时间。

采用后续列车推进救援时,仅仅影响到一条线(上行线或下行线之一)的行车;而采用前方列车牵引救援时,在牵引进入停车线时可能需要占用邻线,影响邻线行车。

2）前行车担任救援车

列车在终点站折返的过程中发生故障，列车压折返道岔，此时需要组织前行列车救援。发生此类故障时，行车调度员须提前预想、果断扣停前行列车，组织救援车反向运行救援。

"逆向救援"是指利用前行列车反向推进故障车进行救援的方法。根据故障车的不同位置可以分为以下两种情况：

（1）如图5-1a）所示，当下行0213次列车故障需要救援时，由前行0913次列车逆向运行对故障车实施救援，能够很快将故障车推入K站存车线，如果由后续0613次列车实施救援，如果正向推进将距离其他辅助线较远，如果逆向牵引至K站存车线则要换端耽误时间，并且存在救援后恢复运行较困难等问题。

（2）如图5-1b）所示，下行0813次列车刚完成折返时突发故障需要救援，此时1012次列车无法对故障车进行救援，行车调度员只能命令前行0713次列车清客后实施"逆向救援"，将0813次列车推入存车线后再恢复运行。

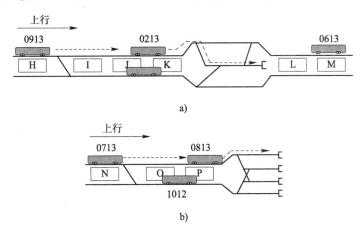

图5-1 在辅助线附近实施"逆向救援"示意图

3）邻线列车担任救援车

在某些特定的地点，后续车无法救援，可组织邻线列车通过辅助线进行救援。在首尾班车开行的时间段列车需救援时，为了不影响首尾班车的开行，可考虑灵活组织邻线列车救援。

4）工程车救援

在运营期间电客车发生故障，原则上不组织工程车救援。当出现接触网断电，电客车无法救援的情况，方可组织工程车进行救援。

5）双车救援

双车救援主要适用于接触轨供电的线路，存在断电区不足一列列车救援时。

6）利用后端动车避免救援

城市轨道交通列车两端具有驾驶室，有时行车调度员可以要求故障列车司机在故障处理中尝试后端动车以避免救援。利用后端动车的一种情况如图5-1所示。当列车在辅助线附近突发故障需要救援时,行车调度员除安排救援外,还可以要求司机尝试列车后端驾驶室是否能够动车,如果后端能够动车,就命令司机清客后直接将故障车逆向牵引至辅助线退出运营,这相对于由其他列车实施救援,具有节省时间和减少清客等明显优点。

利用后端动车的另一种情况如图 5-2 所示。当 1312 次列车在 F 站附近突发故障要求救援时,行车调度员也可以要求司机尝试后端驾驶室是否能够动车,如果后端能够动车则命令司机经过 F 站渡线至下行线后顺向运行至 D 站后,再推进回车场。利用后端动车的主要优点是可以避免除故障车外其他列车的清客,最大限度地减少对正线其他列车运营的影响,但也存在由于没有引导员列车只能牵引不能推进,如果后端不能动车则会增加总体救援时间等问题。

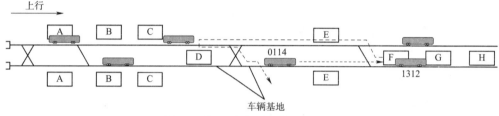

图 5-2　利用渡线变"逆向牵引"示意图

7) 不组织或暂缓救援

在特定的区域,如出、入场线、某些可绕行地点,列车出现故障不能动车时,应优先采用变更进路组织列车运行,暂不组织救援。待专业人员处理后,如仍不能动车,则选择对正线影响较小的方式组织列车救援。

2. 故障列车回送地点

故障列车必须回送车辆段,但根据时机不同,可以分一次回送和两次回送两种。在非高峰时段,故障列车一次回送车辆段;在高峰时段,故障列车先送入就近车站各子车线,过高峰时段再组织列车送故障列车回车辆段。

1) 回车辆段存放

回车辆段是救援的首选方式。为了避免故障列车停留在辅助线影响行车调整以及运营结束后二次救援对施工造成的影响,行车调度员应尽可能组织将故障车推送或牵引回车辆段,及时将隐患清出正线范围。

2) 车站配线存放

部分地点无法组织救援车回车辆段;或者推进速度远低于旅行速度,推进距离过长,将严重影响后续列车运行时,可考虑将故障车与救援车一起推送至最近辅助线退出服务。

在故障列车被推送到停车线或折返线后,安排车辆技术人员到车上进行故障处理。经车辆技术人员排除故障后,列车将继续投入运营服务。修复的列车将运行到就近车站载客运营,或者根据行车组织的需要作为备用车。

3) 进路方向

进路方向有逆向或顺向两种。逆向牵引故障车对运营秩序的影响很大,如果救援列车能够顺向牵引,最好选择顺向牵引。例如,前行列车救援后,为了避免在救援过程中逆向牵引故障车对运营秩序的影响,行车调度员可以利用渡线变逆向牵引为顺向牵引。如图 5-2 所示,当 1312 次列车在 F 站附近出现故障要求救援时,行车调度员命令 0114 次列车清客后前往救援,由于故障地点在车辆基地附近,因此两车连挂后,不是向前推进而是应逆向牵引回车辆段,同时为了避免对其他上行列车的干扰,0114 次在牵引故障车到 F 站清客后,经 F 站渡线至下行线,再牵引回车辆段,这样就变逆向牵引为顺向牵引,使上行线能够很快开通,同时对下行线列车运行的影响也在可控的范围内,从而将救援工作对列车运行的总体影响降到最低。

选择列车救援方案要遵守"快速、安全和高效"的原则。

四 派救援列车作业及操作要点

1. 救援列车的请求与派遣

1)救援列车的请求

当列车在区间被迫停车,不能继续运行时,司机要立即向控制中心行车调度员报告。征得控制中心行车调度员同意后,司机应及时判明故障部位,并确定是否能自己处理。如果列车的故障在规定时间内未能排除,且不能动车时,司机要立即使用无线电话向控制中心行车调度员申请救援,保持制动并做好防护。

申请救援的内容包括列车车次、申请救援原因、迫停时间、地点(以百米标为准)、是否妨碍邻线及其他需要说明的事项。

2)救援列车的派遣

行车调度员确定救援方案后,使用无线调度电话向有关车站、司机发布开行救援列车的调度命令,及时组织备用车上线。

调度命令内容包括清客地点(救援列车担当救援任务时须清客)、救援任务(连挂地点、运行径路、被救援列车清客地)、救援列车车次及注意事项等。

2. 操作要点

为防止列车救援过程中发生意外造成事故扩大,或对正常区段运营秩序造成重大影响,开行救援列车过程中应遵守以下要点:

(1)列车救援中,行车调度员应本着"定方案、保正线、把两端"的原则兼顾救援列车开行与正线运行秩序。

(2)已申请救援的列车严禁动车,司机根据规定做好救援前的防护工作等待救援。

(3)在救援连挂过程中,统一听从被救援列车司机指挥,凭被救援司机指令进行连挂,严禁臆测行车。

(4)行车调度员未发布开通区间的命令前,严禁除救援列车外的其他列车进入该区间。

(5)利用在线列车作为救援列车时,须将列车清客完毕后方可前往封锁区间进行救援。

3. 救援故障列车前准备工作

救援故障列车前准备工作包括如下：

(1) 故障列车制动。

已申请救援的列车严禁动车，司机应做好防护及救援准备工作。

(2) 救援列车清客安排。

原则上救援列车空车前往救援。救援列车必须在就近站台进行清客作业，救援列车司机接到救援命令，在车站进行清客广播，安排车站、公安配合清客。故障列车停在站台或部分已进入站台时，应先清客，再进行救援；如故障列车处于区间，在情况允许的前提下可以救援至就近站台后进行清客作业，否则应立即组织区间清客。

被迫停在区间的列车起动后，行车调度员应及时通知环控调度员取消区间阻塞模式并通过 CCTV 大屏监视列车到达车站的状况。

(3) 建立无线通信。

救援列车、故障列车与行车调度员间建立无线通信，进行通话测试。在任何情况下救援列车司机及故障列车司机必须保持联络，遇通信不畅时不得盲目行车，如遇突发事情应立即停车了解实况，直至完成救援作业。

当行车调度员接到被救援列车在车站清客完毕的报告后，使用无线调度电话发布调度命令通知救援列车运行目的地（车辆段、停车场或临时停车线）。

(4) 选择驾驶模式。

如果使用正向牵引方式，完成清客作业后，司机应前往另一端的驾驶室，根据行车调度员的命令，使用 RM 模式驾驶前往故障列车现场，并在故障列车前安全距离外停车，根据救援负责人（被救援列车司机）指挥与故障列车进行连挂。

如果使用推进运行方式，完成清客作业后，司机应根据行车调度员的命令，使用 SM 模式驾驶前往故障列车现场；接近故障列车时必须得到行车调度员授权，使用 RM 模式驾驶停在故障列车前安全距离处，根据救援负责人（被救援列车司机）指挥与故障列车进行连挂。

4. 救援列车与故障列车连挂作业

在救援过程中，列车连挂由车站行车值班员现场指挥，行车调度员须通过 ATS 系统监视列车当前状况。

(1) 救援列车司机必须确定故障列车已将故障切除，方可进行连挂作业。故障列车司机必须确定故障部分已切除，并通报有关情况给救援列车司机。

(2) 救援列车连挂故障列车。调车时，故障列车司机担当调车指挥人，指挥救援列车连挂故障列车，调车指挥人应正确、及时地显示调车手信号，救援列车司机应认真确认手信号，并鸣笛回示。

救援列车牵引故障列车运行时调车进路的确认由救援列车司机负责；救援列车推送故障列车运行时，调车进路的确认由故障列车司机负责。挂接作业步骤及规定见表 5-2。

连挂作业步骤及规定 表5-2

步骤	故障列车司机	救援列车司机
1	提出救援列车的申请后,不准动车,并应亮着两端的红色标志灯作为防护信号	—
2	手持信号旗(夜间及能见度低时,使用手信号灯)站在距故障列车不小于10m的安全距离,面向救援列车开来方向并及时显示减速信号(三、二、一车的距离信号),保持与救援列车司机的联络,并提示有关注意事项	确认手信号,并不失时机地降低车速,在驶至与故障列车距离不于10m时一度停车
3	检查两车车钩状态,确认车钩处于同一水平面	—
4	当确认两车车钩状态无误后,通报救援列车司机可以进行连挂,并向救援列车司机发出连挂信号	以规定的速度接近故障列车,并以轻微冲击方法使两车钩连挂
5	当车钩连挂完毕,检查连挂后的车钩状态	经故障列车司机确认车钩已连挂好,进行稍动试拉,试拉良好,向救援列车实施制动
6	返回故障列车驾驶室,将"司控器"置于"N"位及"方向手柄"置于"0"位,并确认故障列车已处于缓解状态,向救援列车司机报告	—
7	—	报告行车调度员列车连挂完毕,并等待行车调度指示;按救援列车的规定速度运行

(3)完成挂接后,救援列车司机与故障列车司机必须将"列车连挂"开关扳到"通"位,并经相互确定后,进行制动系统测试;确定制动系统正常及故障列车的制动系统已缓解后,通报行车调度员。

(4)得到行车调度员授权后,救援列车司机可使用规定模式驾驶,按指定速度将故障列车驶离正线。

五 救援列车开行

1. 行车方法

当发生列车故障停车时,行车调度员必须对有关区间线路发出封锁区间的命令,向封锁区间发出救援列车时,不办理行车闭塞手续,以行车调度员的命令作为进入区间线路的行车凭证。救援列车在非封锁区间行车按原行车闭塞法行车。

2. 救援列车开行

(1)行车调度员接到司机(车长)的救援请求或行车调度员决定实施救援后,向有关车站发布开行救援列车的命令。

①故障客车在区间时,需发布站间线路封锁的命令,行车调度员组织就近客车担

任救援。

②故障工程车在区间时,需要发布封锁站间线路的命令,行车调度员组织就近工程车担任救援。

(2)已申请救援的列车不准动车,司机(车长)应打开被救援列车两端的标志灯作为防护信号,并注意与救援列车的连接。

(3)客车救援优先使用电客车担任,救援列车应距被救援列车15m外停车,听从救援负责人(被救援列车司机)的指挥,在接近被连挂车辆1m处停车,然后再进行连挂。在连挂之前还可继续排除故障,但不能起动列车,如故障排除则报告行车调度员取消救援。

(4)向封锁区间发出救援列车,不办理行车闭塞手续,以行车调度员的调度命令为进入封锁线路的许可。

(5)在未接到开通封锁线路的调度命令前,不得将救援列车以外的其他列车开往该线路。

(6)若使用工程车救援客车时,应采用双机重联的方式,并执行相关限速要求及规定。

(7)采用电话闭塞法行车时,开行救援列车的规定:

向故障车占用的闭塞区段列车线路发出救援列车时,凭行车调度员命令行车。在救援列车连挂后,推进或牵引通过车站时,中途站不办理行车闭塞手续,以行车调度员命令作为进入闭塞区段线路的许可;进入救援终点站时,须在进入存车线前一度停车。行车调度员向救援列车司机发布允许列车通过车站的命令前,须与前方站共同确认区段线路空闲后,方可发布。

在故障列车位于转换轨,无后续列车救援推送回车辆段时,行车调度员发布命令,车辆段以调车方式将故障列车牵引回车辆段。

(8)原则上不组织载客列车担任救援列车。

六 列车故障救援组织

1. 故障发生后 1~2min

(1)行车调度员接到列车的故障信息及列车的停车位置后,应及时向值班主任和检修调度员等各调度通报故障信息,同时通知车辆应急点人员上车查看并协助司机排除故障。若故障列车停在区间,电力调度员需配合行车调度员执行相应的隧道通风模式。

(2)行车调度员将后续列车扣停在后方车站,前方列车多停、区间限速运行。

(3)行车调度员通知车站协助司机处理故障。

(4)行车调度员跟进司机的列车故障处理情况。

2. 故障发生后 2~3min

(1)根据正线列车行车间隔,行车调度员依次组织全线列车司机在前方站多停、区间限速运行,两端起点站晚发。

列车故障组织

(2)行车调度员向车站、邻线调度发布列车晚点信息,同时通知相关联锁站解锁道岔,做好列车小交路运行的准备工作。

(3)行车调度员通知故障车所在车站及后方车站准备清客人员到站台待令,做好清客准备工作。

3. 故障发生后 3~4min

(1)行车调度员通知后续列车及后方站清客。

(2)行车调度员通知故障车司机清客并尝试后端起动。

(3)行车调度员通知车站配合放行司机清客,后端驾驶。

4. 故障发生后 4~5min

(1)行车调度员向后续列车预先发布救援命令,并通知其动车到区间待令。

(2)行车调度员准备小交路折返。

(3)行车调度员同车辆段/停车场发令加开备车到出段线出场线待令。

(4)行车调度员与停车场调度确认车辆段、停车场内是否满足接车条件。

5. 故障发生后 5~6min

(1)若后端不能动车已到达救援时间或者 6min 仍不能动车,则由值班主任决定救援。

(2)行车调度员通知故障车司机做好救援准备工作,说明来车方向。

(3)行车调度员通知救援车司机动车连挂。

(4)行车调度员向车站发布救援命令及晚点信息。

(5)备用车上线调整列车间隔。

【案例】 3125 次列车在甲站至乙站间下行线 10km + 200m 处故障被迫停车,请求救援,利用在线运行的 3127 次列车担任救援,将故障列车送回车辆段。各站及故障列车、救援列车、车辆段所在位置如图 5-3 所示。

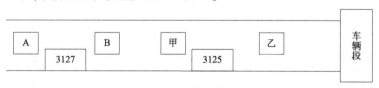

图 5-3 各站及故障列车、救援列车、车辆段所在位置

(1)行车调度员接到 3125 次列车司机的救援请求后,发布封锁区间的调度命令,调度命令格式见表 5-3。

开行救援列车的命令格式 表 5-3

受令处所	甲站、乙站	日期	命令号码	调度员姓名	发令时间
		2015.6.5	201	王某	14:25
命令内容		自接令时起,甲站至乙站间下行正线线路封锁			

(2)应向甲站、乙站、B 站及车辆段发布开行救援列车的命令,调度命令格式见表 5-4。

开行救援列车的命令格式　　　　　　　　　　表 5-4

受令处所	A 站—乙站、车辆段信号楼，A 站交 3127 次列车司机	日期 2015.6.5	命令号码 202	调度员姓名 王某	发令时间 14:30
命令内容	1. 因 3125 次列车在甲站至乙站间下行线 10km+200m 处故障请求救援，准许 3127 次列车在 B 站上/下行线清客后改开 601 次列车前往甲站至乙站间下行线 10km+200m 担任救援，连挂 3125 次列车后，推送至车辆段。 2. 注意防护信号和安全。 3. 601 次列车运行到甲站下行站台待命				

（3）待 3127 次列车运行至 A 站清客完毕后，以规定驾驶模式运行至甲站，等待接受进入事故封锁线路进行救援的命令，命令格式见表 5-5。

准许列车进入封锁命令　　　　　　　　　　表 5-5

受令处所	甲站、乙站、甲站交 601 次司机	日期 2015.6.5	命令号码 203	调度员姓名 王某	发令时间 14:35
命令内容	准许 601 次列车进入封锁线路进行救援工作				

（4）甲站与乙站不需要办理行车闭塞手续，在确认发车进路准备妥当后，将封锁命令交与司机作为进入封锁线路的行车凭证。

（5）601 次列车须在距被救援列车 3125 次规定距离外停车，然后按照救援指挥人或 3125 次列车司机的指挥进行连挂作业。

（6）确认 601 次救援列车与 3125 次故障列车连挂妥当后，以规定模式驾驶并将故障列车推送至车辆段。

（7）事故处理完毕后，行车调度员下达甲站至乙站间下行正线线路开通的命令，恢复正常行车。开通命令格式见表 5-6。

线路开通命令格式　　　　　　　　　　表 5-6

受令处所	甲站、乙站	日期 2015.6.5	命令号码 204	调度员姓名 王某	发令时间 14:45
命令内容	确认甲站至乙站间下行正线线路空闲，自接令时起，甲站至乙站间下行正线线路开通				

任务实施与评价

1. 教师课前下发任务，学生课前按要求完成预习任务。
2. 教师进行讲解，学生分组学习。
3. 学生完成任务。
4. 教师和各组长承担本次任务的他人评价工作，评判学生的任务完成情况。

任务四　其他突发情况下调度指挥

任务描述

了解突发情况行车组织一般要求，掌握线路故障时应急处理，临时交路应急处理，正线发生脱轨、挤岔事故时应急处理,发生列车轧人事故应急处理,发生火灾事故应急处理以及接触网停电故障时应急处理方法。

> **任务发布**

1. 说出突发情况行车组织一般要求。
2. 说出线路故障时应急处理。
3. 说出发生脱轨、挤岔事故时应急处理。
4. 说出发生列车轧人事故应急处理。
5. 说出发生火灾事故应急处理。
6. 说出接触网停电故障应急处理。

> **知识准备**

"安全第一,乘客至上"是城市轨道交通调度指挥的宗旨。列车运行是一个动态的、变化的过程,运营中的各种情况都具有随机性、复杂性。客流的增减、列车的晚点、运营秩序的紊乱、突发事件及设备故障等都对城市轨道交通系统列车运行造成影响。

一 突发情况时行车组织一般要求

突发情况时行车组织一般要求:

(1)行车调度员在突发情况的行车组织工作中,须牢固树立"安全第一"的思想;坚持高度集中、统一指挥的原则,迅速、准确地查明情况;并采取有效措施控制事态、减少损失,防止次生灾害的发生,并及时向值班领导汇报;本着抢险与运营并重的原则,在积极处理特殊情况的同时,最大限度地维持运营,并通告相关车站,加强对乘客的宣传、疏导工作。

(2)在行车组织工作中出现突发事件时,行车调度员应尽快了解现场情况,严格按照企业内部《轨道交通运营突发事件通报办法》,及时报告部门及公司相关领导。当现场情况一时无法判明时,行车调度员应将所能了解的情况先行报告,待详情了解后,再行续报。

(3)事故报告应包括以下方面的内容:
①事件发生的时间(时、分)、地点(区间、百公尺标、线别);
②事件的概况,对运营的影响程度;
③是否有设备损坏、人员伤亡;
④其他需说明的事项。

二 线路故障时应急处理

线路是列车运行的平台,任何发生在线路上的故障,都将直接导致列车运行受阻。线路故障主要分为发生在轨道上的故障和发生在道岔上的故障。

1. 轨道轻微倾斜、起伏故障应急处理要求

轨道轻微倾斜、起伏故障应急处理要求:

(1)当司机报告线路出现晃动、异响等特殊情况时,行车调度员立即报告值班主任、维修调度员、检修调度员,并向司机了解具体地点和影响,要求司机继续观察该列车运行情况,通知车站留意该车运行情况,进出站时有无异常。

(2)行车调度员组织后续第一列车限速25km/h经过故障点,如运行正常时,则按该速度继续组织后续列车经过该区段;如仍出现晃动、异响时,请示值班领导是否组织该区段停运,并立即组织相关技术人员检查并要求做好抢修准备。

(3)当专业人员报告线路出现晃动、异响等特殊情况时,行车调度员按要求组织列车运行;如专业人员不能提供限速速度或处理意见时,行车调度员组织后续列车限速25km/h经过该区段。

(4)当非专业人员报告列车经过某区段出现晃动、异响时,行车调度员立即要求司机确认列车状态,组织后续第一列车限速45km/h经过该区段。如司机报运行正常,后续第一列车恢复原速度运行,行车调度员需通知该司机注意列车运行情况。

(5)若确认线路有异常,安排维修人员进行检查确认。若可维持运行,则根据现场检查情况和线路专业人员要求,向司机、车站发布故障信息及限速命令,并根据列车运行情况组织备用车上线调整运行。

2. 轨道严重变形、断裂故障应急处理要求

轨道严重变形、断裂故障应急处理要求:

(1)当司机报告线路出现晃动、异响等特殊情况时,行车调度员立即报告值班主任、维修调度员、检修调度员,并向司机了解具体地点和影响,要求司机继续观察该列车运行情况,通知车站留意列车运行情况,进出站时有无异常。

(2)行车调度员组织后续第一列车限速25km/h经过故障点,如运行正常时,则按该速度继续组织后续列车经过该区段;如仍出现晃动、异响时,请示值班领导是否组织该区段停运,并立即组织相关技术人员检查并要求做好抢修准备。

(3)当专业人员报告线路出现晃动、异响等特殊情况时,行车调度员按要求组织列车运行;如专业人员不能提供限速速度或处理意见时,行车调度员组织后续列车限速25km/h经过该区段。

(4)当非专业人员报告列车经过某区段出现见动、异响时,行车调度员立即要求司机确认列车状态,组织后续第一列车限速选度运行,行车调度员需通知该司机限速45km/h驾驶列车经过该区段,如司机报运行正常,后续第一列车恢复原速度运行,行车调度员需要通知司机注意列车运行情况。

(5)若确认线路有异常,安排维修人员进行检查确认,后续列车根据工建专业人员限速要求经过该区段。若故障严重,行车调度员应及时扣停开往该区段后续列车,组织已进入该区段的列车退回发车站;若列车在该区段发生脱轨,组织区间疏散,执行列车脱轨应急处理程序;发布故障信息,通知维修调度员派相关人员到现场进行抢修,按维修调度员要求组织工程车加开到抢修现场配合抢维;视情况组织列车小交路运行,根据列车运行情况组织各区段列车运行,并调整全线列车运行并向全线司机和车站通报列车运行情况;待故障抢修完毕后,恢复故障区段列车运行,并调整全线列车运行。

3. 正线道岔故障应急处理

道岔故障后,按"先通后复"的原则组织行车,视故障情况及行车需要及时组织抢修。在故障道岔不能通车且预计故障时间达不到要求时,OCC 应及时启动临时交路。

正线道岔故障,行车调度员应急处理要求:

(1)接报后调整列车运行,并向全线广播运营受阻。

(2)扣停相关列车待令。

(3)通知通号车间调度派人进行处理。

(4)如为机械故障,通知工建车间调度派人进行处理;若为非机械故障,布置车站人工排列进路接发列车。

(5)指令车站做好人工准备进路的准备工作,条件允许时,应令人工准备进路人员在故障道岔旁安全位置做好人工准备进路的准备工作。

(6)确认通号抢修人员在规定的时间内不能修复,立即令车站进行人工准备进路,据此组织行车(条件允许时,立即下放 HMI 控制权给车站,授权车站负责指挥行车)。

(7)车站人员进行人工准备进路时,视情况可安排其在准备进路妥当后到安全地点待避,视列车调整情况,择机安排其利用行车间隔或登乘列车返回车站。

(8)如故障影响列车运行交路或车站需停止服务时将情况通报有关人员。

4. 折返线轨道或道岔故障应急处理

终点折返站一般拥有两条以上的折返进路。如果由于轨道或道岔故障引起其中一条进路不能实现,为使列车能够维持全线运行,列车应利用其他进路折返。

三 正线发生脱轨、挤岔事故时应急处理

脱轨指列车车轮轮对在列车运行时离开钢轨的现象,俗称出轨、掉轨、落轨等。脱轨一般是指一切机车车辆发生车轮轮对与钢轨分离、错位的现象。

城市轨道交通列车脱轨按线路不同分类,可以分为地下线路列车脱轨和地面及高架线路列车脱轨。根据线路的不同采取救援的措施也不同:地下线路以液压式千斤顶为主要起复工具;地面及高架线路可以采取液压式千斤顶和吊车起复,根据脱轨程度而定,如果列车倾覆无法使用千斤顶,就只能使用吊车起复。城市轨道交通列车脱轨按归属地不同分为正线列车脱轨和车辆段(停车场)列车脱轨。正线列车脱轨救援指挥以行车调度员为主;车辆段(停车场)列车脱轨救援指挥以车场调度为主,行车调度员积极配合。

1. 救援步骤及起复工具介绍

1)救援步骤

第一步,运输起复工具;第二步,起复列车;第三步,确认状态;第四步,组织救援;第五步,恢复行车。

图 5-4　复轨器(液压式千斤顶)

2)起复工具

(1)复轨器(液压式千斤顶)(图 5-4)。运输方式:相关驾驶员驾驶工程车、汽车运输。

使用对象:地下线路、地面及高架线路,少数轮对脱轨情况。

(2)吊车。运输方式:相关驾驶员驾驶吊车自行前往。

使用对象:地面及高架线路,所有脱轨。

2. 正线列车脱轨的处置原则

(1)列车在正线脱轨时,行车调度员应灵活使用线路,最大限度地维持运营。

(2)通知司机降弓待令,若因抢险需要组织故障区段接触网停电,行车调度员需及时调整行车计划,防止列车进入无电区。降下受电弓是为了起复救援需要,也是为了保证乘客疏散时的人身安全。接触网停电后必须扣停非故障区段列车,防止列车进入无电区,列车进入无电区属于一般事件。

(3)地下线路启动疏散程序时必须做到:①通知司机疏散方向,降弓做好疏散准备,停车站人员到达后方可执行疏散;②通知车站协助司机疏散;③通知电力调度员送风和相应故障区段具备停电条件后停电。

(4)地面及高架线路疏散时若采取临线列车接驳应做到:①做好接驳列车清客及车站人员添乘;②通知脱轨列车司机方案,做好准备工作及现场安全卡控。

(5)采用小交路运行时,行车调度员及时通知车站做好乘客服务工作。

(6)若启用公交接驳时,行车调度员及时通知相关车站做好接驳准备工作。

3. 正线列车脱轨应急处理

(1)确认客车脱轨地点、车次、脱轨车辆号、脱轨轮对、受影响区段(道岔)及是否影响邻线行车。

(2)扣停开往受影响区域的列车,对已进入区间的列车组织其退回发车站。

(3)了解事故客车载客量和人员伤亡情况,报告值班主任。

(4)通知电力调度员做好对相关区段接触网停电的准备,并执行相应阻塞模式。

(5)通知司机和车站进行区间疏散,车站派人进入区间协助司机进行区间疏散。

(6)确认乘客疏散完毕后,配合现场事故处理主任或抢险指挥小组,做好脱轨列车的救援起复工作。

(7)组织好未受影响的区段列车运行。

(8)及时向车站通报故障晚点信息,做好乘客服务工作。

(9)若启用公交接驳,及时通知相关车站。

(10)起复后,根据抢险指挥小组的指示:确认地线拆除和线路出清后,通知电力调度员送电,做好恢复正常运营的准备工作;必要时,组织一列客车清客或工程车前往救援,连挂脱轨列车,按抢险指挥小组提供的限速要求,运行进入就近的存车线(车辆段、停车场),待运营结束后再安排事故客车回车辆段检修。

(11)故障区段满足运营条件后恢复正常运营秩序。

4. 正线列车脱轨处置流程

(1)故障发生后 1~3min,行车调度员应急处理:

①扣停后续列车在后方车站,前方列车多停。

②确认故障情况:脱轨地点、车次、脱轨车辆号、脱轨轮对、受影响区段(道岔)及是否影响邻线行车、有无人员伤亡。向值班主任、维修调度员、检修调度员等各调度通报故障信息。

③通知司机降弓待令,做好广播安抚乘客。

(2)故障发生后 3~4min,行车调度员应急处理:

①全线列车多停。

②视情况通知电力调度员停电。

③确认停电完成,明确疏散方向,通知两端车车站协助司机疏散并通知电力调度员送风。

④明确疏散方向,通知司机待车站,人员到达现场后执行区间疏散。(未涉及人身伤害时执行一般区间疏散模式,火灾、毒气等威胁人身安全时执行紧急疏散模式。)

(3)故障发生后 4~5min,行车调度员应急处理:

①做好小交路及公交接驳预想以及退车方案,向值班主任汇报。

②通知小交路站做好清客准备。

③值班主任请示值班领导公交接驳方案。

④发布局部晚点信息。

(4)故障发生后 6~7min,行车调度员应急处理:

①组织非故障区段小交路运行,准备小交路折返。

②向邻线调度发布晚点信息,同时下放控制权通知相关联锁站解锁道岔,组织列车折返。(行车调度员叫车站立即接收 ATS 控制权,解锁存车线,组织列车利用存车线折返。)

(5)故障发生后 8~12min,行车调度员应急处理:

①跟进值班主任公交接驳方案。向车站发令:行车调度员点名各站:由×站复诵,自发令时起,×站至××站采用公交接驳,各站做好乘客服务工作。

②跟进维修调度员抢修负责人情况,起复过程需要如何配合。脱轨后需要起复工具:需要开行工程车前往配合救援起复工作,则需携带转换车钩,向车场调度联系相关事项;采用汽车工程车路面交通运输至×站后组装起复工具,由检修调度员自行联系综合部抢险队。

③询问车站疏散情况。

④继续组织小交路,维持运营。

(6)故障发生后12min以上,行车调度员应急处理:

①跟进车站、司机疏散情况。询问车站、司机:乘客是否疏散完毕,有无人员、物品、遗留;疏散完毕,通知司机回驾驶室待令。

②跟进维修调度员、检修调度员抢险情况。

(7)故障发生至抢险结束:

①抢险负责人确认抢险完毕后向维修调度员回复:设备设施恢复正常,线路具备运营条件,接触网具备送电条件,人员工器具出清等。

②维修调度员向行车调度员、值班主任汇报:所有设备恢复正常,线路具备运营条件,接触网具备送电条件,人员工器具已出清。

③行车调度员组织送电,送电完成后,通知司机升弓确认列车状态。经值班主任同意,后续补发送电通知单。

④行车调度员询问检修调度员列车是否具备凭自身动力车条件,是否具备载客条件等。

⑤向车站发令:行车调度员点名全线各站,由××站复诵:自接令时起,取消前××站至××站小交路运行,××站至××站公交接驳,全线恢复大交路运营,各站做好乘客服务,行车调度员T××。

⑥向司机发令:行车调度员呼叫全线各次列车司机,×××次列车司机复诵:自接令时起,××站至××站取消小交路运营,恢复大交路运营,行调T××。

⑦行车调度员组织备用车上线,利用多种行车调整手段,尽快恢复正常运营秩序。

⑧调取有线调度电话及无线调度电台录音,编写经过、分析、学习、存档。

5. 正线挤岔事故应急处理

(1)挤岔时,列车一般不得后退;在专业人员的确认和监护下,列车可缓慢开出岔区或固定好道岔后再行后退。

(2)正线发生挤岔事故时,行车调度员应急处理要求:

①确定列车车次和被挤道岔号码、受影响区段。

②扣停开往受影响区段的列车;通报各站和车辆段(停车场)调度员。

③通知司机挤岔后列车不准移动。

④确定挤岔车辆号和具体轮对、列车首尾位置和是否侵入邻线,如影响邻线及时扣停接近列车。

⑤确定列车载客量及人员伤亡情况。

⑥如影响牵引电流,通知电力调度员关闭挤岔区段的牵引电流。

⑦指示司机安排乘客疏散及车站派人协助,扣停邻线运行列车。

⑧组织不受影响区段列车运营。

⑨需救援时,安排救援列车开往较有利位置进行救援。

⑩必要时,封锁线路交维调进行抢修。

若挤岔后脱轨,则按"正线岔区脱轨"办法处理。

四 发生列车轧人事故应急处理

1. 处理原则

当发生列车轧人事故时,调度指挥中心各岗位员工应遵循以下原则:

(1)各岗位应本着"安全第一、乘客至上"的原则,尽快恢复正常的运营生产。

(2)各相关工种应沟通协调,保持信息畅通。

2. 车站列车发生轧人事故,控制中心行车调度员应急处理要求

(1)确认发生事故的列车车次和事故发生的地点与人员伤亡情况。

(2)向有关车站发布封锁线路命令,布置司机和车站进行抢救。

(3)根据影响情况组织线上列车扣停。

(4)将事故情况通报全线各站。

(5)根据现场请求,实施接触轨停电。

(6)接司机和车站处理完毕,线路出清后,向相关站发布取消封锁线路命令。

(7)根据现场请求,实施接触轨送电。口头指示司机动车,同时通知车站恢复运营。

(8)组织、调整列车运行秩序,并记录事故处理过程。

3. 区间列车发生轧人事故,控制中心行车调度员应急处理要求

(1)确认发生事故的列车车次和事故发生的地点和人员伤亡情况。

(2)向有关车站发布封锁线路命令,布置司机和车站进行抢救。

(3)根据影响情况组织线上列车扣停。

(4)将事故情况通报全线各站。

(5)根据现场请求,实施接触轨停电。

(6)接司机处理完毕,线路出清后,向相关站发布取消封锁线路命令。

(7)根据现场请求,实施接触轨送电。

(8)组织轧人列车在就近站清客并退出运营。

(9)组织、调整列车运行秩序,并记录事故处理过程。

五 发生火灾事故应急处理

1. 应急处理总体要求

(1)确认火灾的具体位置及灾害情况,并按公司信息报送流程,通知全线各站、各专业及相关领导,并在接到上级指示时及时传达执行;OCC是信息收发的中心,信息不可滞留。

(2)指令失火车站紧急疏散,通报各站,并扣停后续列车,后续列车进入区间的组织列车退回发车站;如来不及扣停列车,列车限速不停站通过火灾车站;遇换乘站站台着火时及时通知邻线行车调度员组织载客列车在该站不停站通过;当车站站台着火时,列车均不得在该站停靠。

(3)火灾有可能对接触网造成影响,根据现场需求对相应供电区段接触网停电;确认该车站自动中止大、小系统及水系统正常运营模式;确认站台火灾模式自动执行(包括车站大系统和隧道通风系统)情况;与事故车站保持联系,及时掌握现场情况。

(4)火灾扑灭后,组织、协调相关部门对设施设备进行检查,尽快恢复设施设备使用;统计火灾对设施设备的影响情况,确认线路出清,且满足运营条件后恢复正常运营;火灾有可能会烧毁部分行车设备,在恢复运营前,必须确认各项设备均恢复正常并满足运营条件。

2. 车站站厅发生火灾时,行车调度员应急处理要求

(1)确认着火点、火情及伤亡情况并报告值班主任。

(2)指令失火车站紧急疏散乘客,通报各站,并扣停后续列车,后续列车进入区间的组织退回发车站。

(3)如来不及扣停列车,则组织列车限速不停站通过火灾车站。

(4)遇换乘站站台着火时,及时通知邻线行车调度员组织载客列车在该站不停站通过。

(5)组织未受影响区段列车小交路运行。

(6)必要时通知电力调度员对该区域接触网进行停电。

(7)向全线各站通报火情。

(8)火灾扑灭后,确认线路出清,且满足运营条件后恢复正常运营。

3. 车站设备房发生火灾时,行车调度员应急处理要求

(1)确认火点、火情及人员伤亡情况,报告值班主任及 OCC 各调度员。

(2)影响接触网供电时及时调整列车运行方式,最大限度地维持运营。

(3)向全线各站通报火情。

(4)若火灾影响通信、信号设备房使用时,车站及时使用备用方式进行通信。

(5)火灾扑灭后,组织人员检查行车设备的损坏情况,满足运营条件后恢复正常运营秩序。

4. 列车在车站发生火灾时,行车调度员应急处理要求

(1)确认火点、火情及人员伤亡情况并报告值班主任。

(2)指令失火车站紧急疏散乘客,通报各站,并扣停后续列车,后续列车进入区间的组织退回发车站。列车在站台发生火灾,后续列车必须扣停在后续车站。

(3)若来不及扣停列车,则组织相上下行列车限速不停站通过火灾车站。列车在某一站或线路的换乘站线着火,相邻线路上下行列车均不得在该站停车。

(4)遇换乘站站台着火时,及时通知邻线行车调度员组织载客列车在该站不停站通过。

(5)组织未受影响区段的列车小交路运行。

(6)必要时通知电力调度员停止该区域接触网供电。火灾有可能对接触网造成影响。

(7)向全线各站通报火情,做好客服工作。

(8)火灾扑灭后,确认线路出清,且满足运营条件后组织恢复。

5. 列车在区间发生火灾时应急处理

(1)火灾处理原则

①原则上不组织乘客越过火场逃生,地面、高架线路应组织乘客往两端疏散。

②当列车发生火灾时,通知司机尽量驾驶列车至前方站。

③当着火列车迫停区间时,行车调度员及时扣停上下行列车,并及时通知两端车站协助处理。

④站厅与站台同层的车站,站厅发生火灾时按站台发生火灾的情况处理。

⑤当换乘站着火时,各线载客列车在本站不停站通过。

(2)行车调度员应急处理要求

①确认火点(列车位置,列车上看火点)、火情及人员伤亡情况,并报告值班主任。

②要求司机尽可能维持列车进站。

③如列车能够维持进站,则按"列车在车站发生火灾"处理程序执行,并通知前方车站疏散在站乘客,做好列车在站灭火及乘客疏散准备工作。

④如客车迫停区间,则立即组织间疏散,并通知电力调度员人员疏散方向,同时通知相邻两站组织人员进入区间引导。

⑤区间疏散时,扣停上下行进入该区间的列车。

⑥必要时通知电力调度员停止区域的供电。

⑦火灾扑灭后,经车辆及维修人员确认着火列车具备运行条件后调整回段,若不满足运行条件则组织救援下线。

⑧着火列车经车辆专业人员确认满足运营条件后,可组织上线运管。

6. 疏散方向及送风方向

(1)列车前端发生火灾,组织人员往尾端疏散,按与行车一致方向送风。

(2)列车尾端发生火灾,组织人员往前端疏散,按与行车相反方向送风。

(3)列车中部发生火灾,停车位置近前方站,组织人员往前端疏散,按与行车相反方向送风。

(4)列车中部发生火灾,停车位置近后方站,组织人员往前端疏散,按与行车一致方向送风。

六 接触网停电故障应急处理

1. 接触网停电故障处置总体要求

(1)接触网停电,在该供电分区内运行列车采用常用制动方式停车,车辆模式下列车失去牵引力维持惰行,尽量维持进前方站,方便之后疏散。

(2)接触网停电,即将进入故障区段列车应及时施加制动停车,避免列车进入无电区。

（3）停电区域内列车尽量维持进站，迫停区间且预计 30min 内无法送电时，列车降弓组织区间疏散。

（4）组织小交路行车，最大限度地保证运营。

2. 应急处理程序

（1）确认接触网停电故障后，行车调度员立即扣停开往故障区段的列车，在站开门待令，防止带电列车进入无电区，并通知电力调度员、维修调度员、值班主任。带电列车进入无电区后可能会联跳正常供电区段接触网供电，故立即扣停开往故障区段的列车在站开门待令，调度命令：行调呼叫××上/下行××次司机：××次在××上下行开门待令，行调 T××。

（2）确认受影响区段内列车及数量，并通知故障区司机尽量运行进站。区间列车应尽量运行至下一站，因为列车迫停区间对乘客影响大，可能造成乘客恐慌，也可能发生乘客情绪激动、解锁车门、砸车窗等事件，进一步扩大事件影响。

（3）行车调度员确认故障区段停留列车的位置，迫停区的列车及时通知司机做好乘客广播，电力调度员应对该区段送风。因区间列车失去电力，空调无法送风，造成车内空气闷热，乘客情绪易激动，所以司机应做好乘客广播，安抚乘客，区间送风可以减少车厢内空气闷热，避免事态进一步恶化。

（4）对全线列车采取初期的行车调整，遇高峰列车上线时段，推迟列车上线；因无法判断接触网送电需要多长的时间，初期对列车采取多停、扣车、限速小范围的行车调整，减小故障影响，根据事件的进一步发展再采取大范围的行车调整，高峰列车推迟上线，以减小正线的行车压力，待故障恢复后再组织列车上线。

（5）行车调度员询问电力调度员故障区段的列车是否需要降弓，配合电力调度员进行接触网送电。电流型框架保护，电力调度员在送电时不需要列车降弓，所以根据电力调度员的指令配合故障处置，减小故障影响。

（6）行车调度员通报各站、车场调度故障情况，发布晚点信息。

（7）遇故障影响较大且无法及时恢复时，经值班主任请示运营企业值班领导决定疏散，决定疏散时行车调度员通知电力调度员疏散方向，要求隧道送风，并及时通知司机及两端车站，联络线还需要通报邻线行车调度员。

（8）组织非故障区段列车维持运营。

（9）若采取车站公交接驳措施，由值班主任请示运营企业值班领导，经同意后及时通知相关车站执行公交接驳程序，做好乘客服务工作。启动公交接驳条件：①在地铁同一区段双向行车可能中断 30min 及其以上时；②在地铁同一区段单向行车中断，部分区间采用单线双向行车，且单向行车间隔 30min 以上。公交接驳命令：现××站至××站启动公交接驳，各站做好客服，行调××。现取消××站至××站公交接驳，恢复正常运营，行调 T××。

（10）配合故障区间的故障抢修，确认满足运营条件后及时组织恢复正常运营次序，并通报相关车站做好客服工作。

任务实施与评价

1. 教师课前下发任务,学生课前按要求完成预习任务。
2. 教师进行讲解,学生分组学习。
3. 学生完成任务。
4. 教师和各组长承担本次任务的他人评价工作,评判学生的任务完成情况。

任务五 特殊列车开行

任务描述

了解列车反方向行车特点;掌握列车反方向列车运行规定;理解区间封锁反方向行车作业程序,列车封锁区间运行方法,认识工程车主要种类,掌握工程车开行规定。

任务发布

1. 说出列车反方向运行规定。
2. 说出封锁区间列车运行组织。
3. 说出工程车开行规定。

知识准备

一 列车反方向运行

1. 列车反方向运行的特点

各城市轨道交通系统《行车组织规则》中对双线区段线路均规定了上行和下行列车运行方向,正常情况下,上行方向的列车在上行线运行,下行方向的列车在下行线运行。当上行方向的列车在下行线运行或下行方向的列车在上行线运行时,称为列车反方向运行。

《行车组织规则》规定,在双线区段,列车应按右侧双线单方向运行,仅限于整理列车运行时,方可使列车反方向运行,仅在正方向区间的线路封锁施工、发生自然灾害或因事故中断行车等特殊情况下,经控制中心主任(副主任)准许,方可反方向运行。

列车反方向运行的主要原因包括如下:

(1)列车调整运行。
(2)线路封锁施工。
(3)线路及"信、联、闭"设备故障。
(4)发生不可抗拒的自然灾害侵袭。
(5)发生行车事故。
(6)其他特殊情况。

2. 列车反方向运行的规定

(1)除降级运营时组织单线双方向运行或开行救援列车外,列车不准反方向运行。

(2)列车反方向运行的规定:

①使列车反方向运行,行车调度员应向领导请示。

②使施工列车、救援列车、调试列车、回空列车反方向运行,由行车调度员准许。

(3)列车反方向运行时,应按下列规定办理:

①CBTC 模式下列车反方向运行按正常列车办理,行车凭证为目标点和速度码,在列车反方向运行前,行车调度员应以口头指示形式将列车运行的经路传达给相关车站和司机。

②非 CBTC 模式下列车反方向运行按电话闭塞法组织行车或采取区间封锁方式运行。

③组织列车反方向运行时,行车调度员应密切监控列车运行,适时扣停对向列车,确保列车运行安全。

④列车反方向运行时,车站及列车司机应做好乘客广播工作,维持好列车及站台乘客秩序。

⑤工程车需在明确行车计划和进路排列好的情况下方可反方向运行。

3. 封锁区间反方向行车作业程序

(1)发布调度命令,封锁反向运行区段末端相邻一个站间区间。

(2)对对向列车实现扣车。

(3)确认列车与前行车列车之间,有规定的站间区间空闲,确认接车站进路准备妥当,并锁闭好。

(4)根据情况,准备列车发车进路。

(5)填写行车凭证调度命令,并交付司机。

(6)司机按规定的速度运行。

(7)列车到达,交付行车凭证。

(8)取消封锁,开通区间,恢复列车运行。

4. 电话闭塞法的情况下反方向运行规定

列车反方向运行须得到调度命令后方可办理。其作业程序按电话闭塞办理。

二 调试列车的运行组织

1. 开调试列车的前提条件

(1)在列车结束服务后进行或在无列车开行的线路上进行。

(2)开行调试列车的线路已执行线路出清程序。

2. 调度程序

(1)行车调度员根据"施工行车通告"安排或"运作命令"组织调试列车上正线运行。

(2)调试列车临时变更调试计划时,由调试负责人批准。

(3) 根据《行车组织规则》要求，做出适当保护。

(4) 向车辆段调度员、检修调度员和车站值班值班员发布列车上正线调试的调度命令。

(5) 布置相关车站排列调试列车的运行进路。

三 列车封锁区间运行

按照自动闭塞法、移动闭塞和电话闭塞法的规定，列车进入区间或闭塞分区前，对该区间或闭塞分区的状态有两个基本要求：①该区间必须空闲，自动闭塞区间必须至少有一个闭塞分区（客运列车至少有两个闭塞分区）空闲；②该区间内的线路、桥梁、隧道及涵洞等行车设备必须处在完好状态。二者缺少一条，就要中断正常行车，并按规定封锁该区间。

1. 封锁、开通区间的手续

1) 封锁区间

当列车发生行车事故时，由司机（施工时由施工领导人）将事由报告行车调度员；若不能直接报告时，则报告最近车站的车站值班员，再转报行车调度员。行车调度员接到报告后，向该区间两端站车站值班员发布封锁区间的调度命令，方可组织事故抢救、抢修。需要施工封锁时，行车调度员接到请求后，按施工计划调整行车计划，向区间两端站车站值班员和施工领导人发布封锁区间施工的调度命令，方可配合施工。

2) 开通区间

开通区间时，仍由上述现场有关人员将区间情况报告行车调度员；若不能直接报告时，经就近车站值班员转报行车调度员。行车调度员查明区间确已空闲，达到确能连续通行列车条件，向区间两端站车站值班员（施工封锁时包括施工领导人）发布开通区间，恢复行车的调度命令。必要时还应发布限速运行的调度命令。

2. 列车封锁区间运行

(1) 由于施工、调试或试验项目需要，使列车在同一区段多次往返运行时，应采用封锁区间的方式组织列车运行。

(2) 封锁区间运行时，列车凭调度命令进入封锁区间运行。

(3) 封锁区间内的所有道岔应保持开通于列车运行方向，且不允许扳动。

四 工程车开行

1. 工程车概述

工程车是指进入正线运行的用于配合施工作业的列车。一般在《行车组织规则》中对工程列车的车次号范围做专门的规定。凡上正线运行的工程列车，必须被赋予相应的车次号。

工程车可以是单独一台内燃机车或其他专用作业车，也可以是由几种作业车辆的编组而成的列车。城市轨道交通运营企业运用的工程车辆主要有轨道车、钢轨打磨车、轨道起重车、接触网放线车、接触网架线车、平车等。其中，采用接触轨系统的运营企业就不需要用到接触网相关的作业车型。

1）轨道车

轨道车是一种用于铁道设备维修、大修、基建作业中使用的内燃机车。在施工作业过程中，轨道车可用于牵引装载物料或设备的平车，日常情况下可在段场内（特殊情况下也可在正线）用于牵引或推送无动力的电动客车，如图5-5所示。

2）钢轨打磨车

钢轨打磨车是用于打磨轨道轨头表面不均匀部位的专业轨道维修车辆，它通常由一辆动力车和若干辆打磨作业车组成，多个磨头可同时作业，可通过列车控制系统对不同的钢轨缺陷，采取多种模式对轨道病害实施快速打磨，如图5-6所示。

a)

b)

图5-5 轨道车

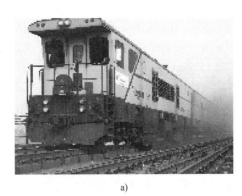
a)

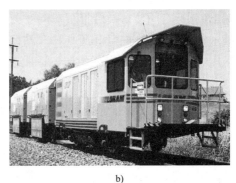
b)

图5-6 钢轨打磨车

3）轨道起重车

轨道起重车由自带动力的车体、驾驶室、液压伸缩吊臂及支腿组成，可用于线路施工、维修时的起重、装卸、牵引作业和接触网立杆架线作业，并可与其他车辆连挂组成抢修专列，如图5-7所示。

4）接触网放线车

接触网放线车用于接触网导线和承力索的架设，也可用于电气化改造或接触网大修作业时接触网导线和承力索的架设,如图5-8所示。

图5-7 轨道起重车

图5-8 接触网放线车

5)接触网架线车

接触网架线车用于电气化接触网的架线、维修、更换等工作,也可用作牵引车,满足接触网各种施工需要,如图5-9所示。

6)平车

平车自重较小、装运吨位可相应提高,且无车厢挡板的制约,装卸较方便,必要时可装运超宽、超长的货物。平车主要用于装运大型机械、钢轨等施工物料和设备,如图5-10所示。

图5-9 接触网架线车

图5-10 平车

2. 工程车开行依据

工程车的开行必须按照《行车组织规则》及相关的规定执行。

(1)按施工行车通告或日补充计划或临时补修计划的规定和要求执行,发布工程列车开行的调度命令。

(2)临时的特殊情况按行车调度员命令执行。

3. 工程车开行相关规定

(1)工程车开行:

①工程车可以牵引运行,也可以推进运行,各站按正常列车办理。

②工程车中车辆编挂条件按规定办理,由车长负责检查。工程车开行时,挂有高

度超过距轨面3800mm的货物时,接触网必须停电。

③工程车编挂有平板车时,因施工或装卸货物的需要,可以在中途站甩下作业,但要做好安全防护及防溜安全措施,返回时要挂走。平板车在区间原则上不准甩下作业。

④工程车在正线运行时,凭地面信号行车。一个联锁区内同一线路只准有一列工程车运行,当前行工程车进入施工区域时,后行的工程车可按"行车设备维修施工管理规定"行车。在区间或非联锁站作业后折返时,凭调度命令行车。

⑤工程车在车站始发或停车后再开行时,司机要确认地面信号或按行车调度员的命令行车。

⑥车站原则上不用接发列车,在运行过程中,工程车司机、车长通过无线电话加强与车站联系,掌握运行计划,确认运行进路。

⑦工程车到达指定的施工作业区域后,行车调度员应及时发布书面命令封锁该作业区,并检查有关防护措施。待施工结束后,再开通有关线路,安排工程车回车辆段。

(2)在工程车出车辆段前,工程车司机要与行车调度员试验无线电的性能;工程车在运行中,司机和车长要加强与行车调度员联系(如联系不上时通过车站转达),掌握列车运行计划,确认进路。

(3)工程车在进站、出站、运行至曲线前、站内或区间动车前,均须鸣笛示警。

(4)行车调度员组织工程车正线运行时,应尽可能避免分段行车;当前方施工作业未按时结束或因特殊情况须组织工程车分段运行时,行车调度员经车站通知工程车司机允许运行的起、止站,司机必须复诵。

(5)工程车在封锁区域内作业,原则上进路的道岔不能动,若因作业确需转动道岔时,应按调车办理。由施工负责人向车长提出,车长与车站联系动车计划(打磨车由维修一部指定车长的工作),车站值班员方可操作道岔转动,并单独锁定该道岔后,方可通知车长动车。

4. 工程车的运行速度限制

各城市轨道交通企业关于工程车的运行速度限制各不相同,大多是根据各自的具体情况而确定,并在《行车组织规则》中做出规定。某地铁企业工程车运行速度规定见表5-7。

工程车运行速度规定 表5-7

序号	项目	机型	速度(km/h)		说明
			推进	牵引	
1	正线运行	GKOC	35	45	通过车站或侧向过岔30km/h
2	车辆段内运行		25		各种机型

某轻轨线路工程车运行速度规定:工程车在下线运行速度为60km/h。工程车在进站、出站、运行至曲线段前,站内或区间直通车前均须鸣笛示警。如不停站台,则经过站台的列车速度不超过25km/h。

5. 工程车进入工程区的原则

原则上工程车的工程区域内不再安排其他路轨施工,如因紧急情况,有施工单位需要在工程区域内施工,直接向该工程区域内负责人申请施工即可。工程区域负责人与施工负责人联系,根据具体情况安排工程区域内的施工,即工程区域负责人负责工程区域内各单位的协调人联系,确认具备条件后再通过该施工区域。

若正线发生各类设备故障或事故时,工程车、救援列车进出封锁区间的组织规定如下:

(1)维修调度员负责向行车调度员提出使用工程车的计划(上人、设备地点和数量),由行车调度员向车辆段调度员发布调车指令。

(2)车辆段调度员按行车调度员的要求在10min内把工程车开行到车辆段内指定地点。

(3)抢修工作执行部门在工程车到达后10min内完成装载设备、物品等工作,并安排跟车人员上车。

(4)行车调度员负责组织工程车或救援列车从车辆段至封锁区间前一站的运行,在封锁区间前一站把工程车或救援列车交给维修调度员,并命令该站,向工程车或救援列车交付封锁命令。

(5)维修调度员负责通知现场指挥指派一名联络员登乘工程车或救援列车驾驶室,将进入区间的计划交给车长,由车长引导进入封锁区间,并按计划指挥动车。

(6)如封锁区间内有道岔、辅助线时,由车长与车站联系调车进路计划,车站排好进路后通知车长,由车长指挥动车。

(7)工程车或救援列车使用完毕,由联络员引导回到原交接站,由维修调度员向行车调度员交出。

6. 工程列车的开行流程

工程列车的开行组织流程如下:

(1)运营结束后,调试列车开行完毕,行车调度员申办接触轨停电。

(2)行车调度员根据工程车的开行计划,向车辆段信号楼及与车辆段接轨的集中站做工程车发车的预告。

(3)信号楼值班员按照列车开行计划,与接轨站值班员电话办理列车出段的闭塞手续。

(4)车站值班员办理自转换轨至正线的进路,信号楼值班员办理段场内的工程列车出段进路。

(5)列车出段。

(6)工程车进入正线后在规定的限速下,按照有关信号显示运行至施工区域。

(7)行车调度员指挥列车运行,并向施工区域负责人通知列车运行的情况。

(8)施工作业完成,施工负责人办理施工作业注销手续,工程车申请回段。

(9)行车调度员通知车辆段及有关车站办理列车回段作业。

（10）列车回段。

（11）运营开始前，行车调度员与车辆段及有关车站确认工程列车回段的情况。

7. 行车调度员

（1）行车调度员负责工程列车进路监控，与工程列车司机、车长的联络，以及与各站布置、落实工程车开行的有关事宜。工程车段场内的行车组织由段（场）信号楼负责。进入正线后，工程车由司机负责，并按照行车调度员的指挥行车。

（2）行车调度员负责与相关车站办理施工请点登记、审批和销点工作；工程车自车辆段或停车场发车之前，行车调度员必须按施工作业计划的内容和要求，给工程车赋予车次号。工程车开车前发布好相关的书面调度命令。

（3）行车调度员在同意工程车开车前，必须在"线路施工作业登记表"上确认工程车运行的前方进路无施工作业，并在OCC联锁工作站上确认工程车运行的前方进路已准备好。

（4）行车调度员要求工程车司机在出车前，应仔细检查轨道平板车和内燃机车的连挂情况；如连挂达不到规定要求时，工程车不允许开行。

（5）在工程车出车辆段前，行车调度员要与工程车司机试验无线电的性能；工程车在运行中行车调度员要加强与司机和车长的联系，掌握工程车运行计划，确认进路。

（6）行车调度员组织工程车正线运行时，应尽量避免分段行车；当前方施工作业未按时结束或因特殊情况须组织工程车分段运行时，应提前一个站扣停工程列车，并使用调度电话，通知工程车司机允许运行的起、止站，受令人必须要原话复诵。

（7）遇到以下情况时行车调度员应提前通知车站接发工程车：向司机发布书面调度命令；当行车调度员使用无线电联系不到司机时，须通过车站拦停工程车询问情况，临时需要拦停工程车。

任务实施与评价

1. 教师课前下发任务，学生课前按要求完成预习任务。
2. 教师进行讲解，学生分组学习。
3. 学生完成任务。
4. 教师和各组长承担本次任务的他人评价工作，评判学生的任务完成情况。

思政案例

韩国大邱地铁事故

2003年2月18日上午9时55分左右，大邱地铁1079次列车驶入市中心中央路车站，第3车厢一名男子将装在塑料罐内的易燃、易爆物洒至座椅上，并点燃塑料罐，抛至座椅，引起车辆着火，并冒出浓烟，火势迅速蔓延至整列列车。更不幸的是，对面的1080次列车也驶进了车站，火势又迅速蔓延到该列列车的六节车厢。两列列车起火燃烧了起来，车站的电力系统立刻自动断电，站内一片漆黑，600 多名乘客立即陷入极度恐慌。然而，由于电源突然中断，许多地铁车厢门根本打不开，加上地铁车窗的玻璃十分坚固，导致不少乘客被活活困在没有自动灭火装置的车厢里，最终被烧死或因浓烟窒息而死。此次火灾造成 198 人死亡，147 人受伤，289 人失踪。

在前方车站已经发生火灾的情况下，行车调度员仍然命令另一辆 1080 次列车司机驾驶列车驶入烟雾弥漫的站台，在车站已经断电、列车不能行驶时，司机没有采取果断措施将车门打开，疏散乘客，却车门紧闭。更不可思议的是，在事故发生 5min 后，行车调度员居然还下达"允许 1080 号车出发"的指令。

思考：请阅读案例，谈谈如何提升安全意识与岗位责任意识。

拓展知识

以下内容为基于卡斯柯信号系统的某地铁企业《运输调度规则》中关于特殊情况下调度指挥的相关规定。

一、ATS 设备故障

1. 本地 ATS 设备故障

当一个集中站一套 ATS 设备出现故障时，可由另一套备用 ATS 设备接替管理，不影响使用。当一个集中站双套 ATS 设备出现故障时，OCC 失去该集中站的站场显示，并显示"CATS 服务器与 LATS 服务器连接断开"；该集中站联锁功能仍正常，可自动转为紧急站控模式；该站时刻表功能不可用。故障发生后具体处理措施如下：

（1）行车调度员与故障集中站相互通报与确认故障，故障集中站进路由行车值班员设置为自动通过进路、自动折返进路或者由行车值班员人工排列有关进路。

（2）OCC 及时通报维修部门进行处理。

（3）在 CBTC 模式下，在本集中站范围内，已采用 ATO 模式驾驶的列车仍然可以继续运行到下一站台，出站时 ATO 模式将无法使用，行车调度员与司机相互通报与确认故障，要求司机采用 MCS 模式。

（4）原则上行车调度员无须铺划列车运行图，各站无须报点，但故障区域及相邻车站应记录各次列车的到发时刻并及时填记"行车值班员工作日志"。

2. 中心 ATS 设备故障

当一套 ATS 设备出现故障时，可由另一套备用 ATS 设备接替管理，不影响使用。当中心双套 ATS 设备出现故障时，OCC 失去所有车站的站场显示；在所有集中站显示"LATS 与中心连接断开"，所有集中站可自动转为站控模式，车站时刻表功能可用，进路可自动办理。故障发生后具体处理措施如下：

（1）行车调度员与各集中站相互通报与确认故障，要求各集中站确认是否处在站控状态、监督与控制好本集中站管辖范围内进路排列与列车运行情况，发现异常情况及时汇报行车调度员处理。

(2) OCC 及时通报维修部门进行处理。

(3) 在 CBTC 模式下,在全线范围内,已采用 ATO 模式驾驶的列车仍然可以继续运行到下一站台,出站时 ATO 模式将无法使用,行车调度员与司机相互通报与确认故障,要求司机采用 MCS 模式。

(4) 原则上控制中心 ATS 故障初期(30min 内)行车调度员无须铺画列车运行图,各站无须报点,但各站应记录各次列车的到发时刻并及时填记"行车值班员工作日志";故障发生 30min 后,各集中站须向行车调度员报点,行车调度员铺画列车运行图以掌握和控制列车运行间隔。

二、特殊列车运行处理规定

1. 列车退行

(1) 列车因故在区间停车需要退行回车站时,司机必须报告行车调度员。

(2) 行车调度员在确认退行列车停车位置至需退行车站站线及其后方区间没有列车占用,并在后方站设置扣车后;或者后方区间虽已有列车进入,但已命令停车且停车位置到前方站台仍有信号机防护时,同时必须将退行路径上的有关道岔锁定(进路锁定或单独锁定)后,方可同意列车退行。

(3) 如退行列车已全部出清站台计轴区,得到行车调度员同意后原则上须换端方可退行,即牵引退行,客车驾驶模式为 NRM 模式;否则可不换端以 NRM 模式退行,退行时行车调度员应及时通知有关车站。

(4) 列车退行时,行车调度员应及时通知有关车站,车站做好乘客广播,维持站台秩序。

(5) 列车退行进入车站时,列车在进站站台端外必须一度停车,按规定速度进站。站台人员负责乘客安全。

(6) 退行列车到达车站后,司机应及时向行车调度员报告,根据行车调度员指令处理。

2. 列车调试

列车调试按下列规定办理:

(1) 列车调试应安排在非运营时间内进行。

(2) 有调试列车开行时,须通报全线车站。

(3) 对于须在同一区段多次往返运行时,可采用封锁区间的方式运行。

3. 施工列车的开行

施工列车开行按下列规定办理:

(1) 施工列车开行前,行车调度员应向工程车司机及各站(段、场)布置落实施工列车开行的相关事宜,并发布好相关的调度命令。

(2) 遇施工列车封锁区间运行时,施工列车开行的调度命令须向相关车站(包括段、场信号楼)发布。

(3) 行车调度员可视情况组织施工列车反方向或封锁区间方式运行。

(4) 施工列车请求救援时,值班主任应请示值班领导,按其指示执行。

4. 列车反方向运行

(1) 除单线双方向运行或开行救援列车外,载客列车原则上不组织反方向运行。

(2) 工程车需在明确行车计划和进路排列好的情况下方可反方向运行。

(3) 在 CBTC 模式下,如进路能正常排列,反向运行 CBTC 列车不载客运营时可采用 AMC 或 MCS 模式驾驶,CBTC 列车载客运营时采用 MCS 模式驾驶,此时司机必须在车站人工停车对标(车载信号为通过),并手动开关车门与站台门;在非 CBTC 模式下,列车反方向运行,驾驶模式原则上为 NRM,行车凭证为调度命令。

5. 封锁区间运行

(1) 由于施工、调试或试验项目需要,列车在同一区段多次往返运行时,应采用封锁区间的方式组织列车运行。

(2) 封锁区间运行时,列车凭调度命令进入封锁区间运行。

(3) 封锁区间内的所有道岔应保持开通于列车运行方向,且不允许扳动。

三、特殊情况处理规定

1. 列车故障处理

(1) 列车在隧道内停车时,如果停车超过 2min,行车调度员口头通知环控调度员,由环控调度员组织隧道送风。

(2) 列车故障情况下行车组织由 OCC 负责,故障的判断、报告和处理由司机负责,行车调度员应及时将司机报告的故障信息和 800M 无线便携台号码通报检修调度员,司机离开驾驶室处理故障前须报告行车调度员并携带 800M 无线便携台。

(3) 司机对列车故障的初步处理,原则上为 3min,司机确认无法处理或 3min 后还无法动车时,可向检修调度员通报故障信息并提出技术支援要求,检修调度员给出必要的技术支持。

(4) 正线列车的故障处理总时间原则上控制在 7min 内。在站台区域发生故障 5min 时,行车调度员可通知故障列车司机和车站清客,车站值班站长接到列车清客命令时应立即赶往现场进行互控,清客完毕后,由车站值班站长协助确认车门、站台门已关好,司机尝试使用"车辆应急运行模式"动车(动车前报行车调度员)。列车在区间 7min 内或列车在站台使用完"车辆应急运行模式"后仍无法动车时,值班主任有权中断故障处理并启动救援方案。

(5) 正线发生列车故障、救援或需要备用车出车辆段等行车需要时,由值班主任或行车调度员向车辆段调度通报,并由车辆段调度向客车队长通报。

(6) 当故障列车需要疏散乘客时,行车调度员发出口头命令要求司机和有关车站值班站长(行值)执行乘客疏散及救援工作。司机除引导乘客下车外,还必须做好客车的防护及协助救援工作。

2. 行车调度员列车故障处理规定

(1) 当得到运行线路发生故障的报告时,行车调度员应依据以下规定办理:

①按技术安全部的通知或工务人员的请求,采取限速运行措施。

②当走行轨发生断裂无法使用时,可利用有道岔车站组织列车折返,维持区段运行。

③停于无法运营区段的列车,可组织其清客回段、场或在站待命,若维持运营的区段运力不足时,可组织其运行至该区段加大运力,继续运行。

(2)遇道岔故障时,行车调度员应依据以下规定办理:

①尝试反复扳动道岔,如果仍无法恢复,及时报告维修调度员,并通知车站和有关部门及时下区间道岔涂油。

②道岔故障后,行车调度员应及时组织列车变更运行,最大程度地维持运营。

③当正线与车辆段、修车场相连接的道岔故障,而正线上运力不足时,应先保证正线列车运行,再处理道岔故障。

④由于道岔故障,致使列车无法正常回段、场时,可将列车停放于有存车能力的车站或存车线,也可使列车加开临时列车。

(3)当行车调度员接到某一区段接触轨突然停电的报告后,应按以下原则办理:

①采取扣车措施,阻止列车进入接触轨停电区段。

②与电力调度员联系,了解情况。

③命令停电区段所有列车检查车辆情况,具备送电条件时,通知电力调度员进行试送电。若试送电成功,列车继续运行;若试送电不成功,须立即报告值班领导并令停于该区段的列车司机再次检查车辆情况。

④若区间长时间不能送电时,须设法通知司机做好防溜措施,并利用车内广播向乘客进行宣传,确保乘客安全。

(4)故障抢修须进行接触轨停、送电时,行车调度员应按以下规定办理:

①因各种原因须接触轨停电时,须以牵引变电所所处的车站作为分界点,进行接触轨停电作业。

②若须上、下行接触轨同时停电,现场负责人或车站行车值班员应一并提出请求。

③行车调度员接到抢修故障需停电的报告时,应立即请示城市轨道交通运营企业主管安全副总经理,如情况紧急,可先停电后再行汇报。接触轨停电后应及时通知行车值班员。

④当接到要求送电的请求时,应令行车值班员进行广播,通知接触轨送电,待得到行车值班员汇报后,再通知电力调度接触轨送电。

⑤司机检查车辆时的停、送电事宜,以司机或车站值班员的请求为准;抢修人员进行抢修作业时的停、送电事宜,以行车值班员的请求为准,在车辆段(停车场)以车辆段(停车场)调度员的请求为准。

(5)由于各种原因,造成列车在区间长时间迫停,当接到城市轨道交通运营企业总经理或分管此项工作副总经理在区间疏导乘客的指示时,应按以下规定办理:

①采取扣车措施并封锁区间,阻止后续列车进入该区段。

②通知电力调度员将相关区段上、下行接触轨停电。

③得到电力调度员接触轨停电的通报后,向有关车站发布区间疏导乘客命令。

④疏导命令中应指明疏导方向及注意事项,原则上应向就近车站方向疏导,必要时可向两端站双方向疏导。

⑤接触轨送电前,须由车站行车值班员确认现场情况,反复广播,待得到车站行车值班员可以送电的报告后,方可通知电力调度员接触轨送电。

(6)凡因各种原因造成城市轨道交通大范围停电时,行车调度员应按以下规定办理:

①全线列车停止运行,并设法将列车扣在站内,发布命令,全线停止售票,并封闭相关车站。

②采取一切措施,查明各次列车所处位置。

③向电力调度员了解故障情况及影响范围,并汇报运营企业技术安全部,若区间停有列车应将情况一并汇报。

④若较长时间不能恢复,得到区间疏导乘客的指示时,应按相应要求办理。

⑤故障排除,恢复接触轨送电前,应令行车值班员反复广播,确认区间情况,得到行车值班员可以送电的报告后,方可通知电力调度员送电。

(7)行车调度员接到运行线路上有火情的报告时,应按以下规定办理:

①火情发生在车站时:

a. 令行车值班员判明情况,迅速组织车站工作人员扑救。

b. 危及乘客安全时,应立即发布命令,封闭车站,将乘客向站外疏导。

c. 若车站有车时,应组织列车迅速驶离车站,并将后方站(上、下行)设置扣车,阻止列车进入车站。

d. 需接触轨停电时,应立即通知电力调度员将接触轨停电。

②火情发生在区间时:

a. 立即采取扣车措施,将后续列车扣在站内。

b. 若区间有车应迅速组织列车远离事故地段(继续运行或退回站内)。

c. 需要接触轨停电时应立即通知电力调度员将接触轨停电。

③列车上发生火情时:

a. 当列车上发生较小或可控制的火情时,应令司机就地扑救。

b. 当列车上发生判断不明或不可控制的火情时,应组织列车尽快运行至前方站或退回后方站清客,并组织人力扑救。

(8)发生爆炸事件时,行车调度员应按以下规定办理:

①设法阻止后续列车进入相关区段。

②通知电力调度员将该区段接触轨停电。

③封闭相关车站并疏导乘客。

④组织具备条件的区段维持运行。

(9)发生地震、毒气袭击等情况时,应按以下规定办理:

①发布命令,全线车站封闭,并将车站乘客向站外疏散。

②对于迫停于区间而无法运行的列车,须采取疏导措施。

③若区间列车遭毒气袭击,应运行至车站,进行乘客疏散工作。
④通知电力调度员将全线接触轨停电。
⑤利用有效手段,了解人员伤亡、设备损坏情况。

四、救援列车的开行

(1) 救援列车的来源与清客要求:使用客车担任救援列车时,原则上使用后续就近列车(载客时需清客后)空车前往救援(当列车在个别岔区故障,只能利用前方的列车担当救援除外);如不能空车前往救援时,连挂动车后须组织故障列车和救援列车在最近的车站清客。

(2) 救援列车的准备与运行安排:

①前方列车发生故障5min后,行车调度员可对准备担当救援任务的载客列车发布清客命令(指在站台时)或通知备用车司机立即整备好备用车。

②CBTC模式下组织救援列车以正常驾驶模式进入区间停车,一旦确定救援,行车调度员需确认本列车停车位置到故障列车间道岔位置正确且锁闭,命令救援列车自行转为RM模式(如有信号机时需授权越过此信号机的红灯)运行。

③在联锁后备模式下组织救援列车以正常驾驶模式进入故障列车后方信号机前;一旦确定救援,行车调度员需确认本列车停车位置到故障列车间道岔位置正确且锁闭,命令救援列车越过此信号机的红灯,以正常驾驶模式限速25km/h运行。

④救援列车应在距故障列车15m处停车,听候故障列车司机的指挥连挂。

(3) 在运营期间,使用后方列车担任救援列车时原则上不封锁线路,使用前方列车担任救援列车时须封锁线路,救援期间均必须从信号设备上采取措施控制后续列车进入该救援区间。

(4) 向封锁线路发出救援列车时,不办理行车闭塞手续,以行车调度员的命令作为进入该封锁线路的许可,但是仍需确认前方进路与道岔状况。在未接到开通封锁线路的调度命令前,救援列车以外的其他列车不得进入该线路。

(5) 一旦确定救援时,由行车调度员向司机及有关车站发布开行救援列车的命令,并向DCC有关人员通报救援信息。

(6) 已申请救援的列车不准动车,做好与救援列车的连挂准备工作,由环控调度员负责打开隧道照明,故障列车司机在连挂之前可继续排除故障,但不能起动列车,如故障排除则报告行车调度员取消救援。

(7) 救援列车与故障列车连挂后,原则上安排到前方适当存车位置停放。

(8) 救援列车推进故障列车运行时,司机需要在救援列车前端驾驶室(运行方向)驾驶,故障列车前端驾驶室需要有乘务员或列车引导人员进行引导,以NRM模式限速25km/h运行;在救援列车牵引故障列车运行时,司机需要在救援列车前端驾驶室(运行方向)驾驶,载客情况下以NRM模式限速25km/h运行,空车情况下以NRM模式限速40km/h运行。

救援列车与故障列车连挂后的推进或者牵引运行均按地面信号行车。

(9)救援列车与故障列车摘钩后,受存车线路长度所限,需要退行才能开通后方区间时,行车调度员确认后方区间或者后方相应防护进路内无列车占用时,可允许救援列车司机不换端以NRM模式退行至防护信号机外,退行路径上的相关道岔必须处在锁定状态(进路锁定或者单独锁定)。

(10)禁止使用工程车救援载客列车;使用工程车救援空客车时,原则上救援列车牵引运行时限速40km/h运行,推进运行时限速25km/h运行。

习题

一、答一答

1. ATS设备故障时(无显示)处理措施有哪些?
2. 轨旁ATP计算机完全故障,后续控制程序是什么?
3. 车载ATP设备故障降级处理是什么?
4. 列车被迫停车后的处理方法有哪些?
5. 列车退行规定有哪些?
6. 正线列车故障救援组织方法有哪些?
7. 救援列车的开行规定有哪些?
8. 应急调度处理的基本原则是什么?
9. 正线列车脱轨应急处理有哪些?
10. 简述站台门故障的处理原则。
11. 发生站台门与车门联动功能故障时如何处理?
12. 区间封锁、开通的手续有哪些?
13. 列车封锁区间运行规定有哪些?
14. 简述工程车概念和种类。工程车开行有哪些规定?

二、练一练

1. 列车区间迫停救援处理

(1)已知:

某地铁线路上列车运行情况如图5-11所示,列车01302在D—E间因故障不能起动。

(2)要求:

①如果你是行车调度员,请确定列车救援方案。

②如果你是行车调度员,请简述救援作业过程,并编写调度命令。

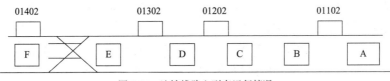

图5-11 地铁线路上列车运行情况

2. 列车迫停车站救援处理

(1)已知:

①某地铁线路情况如图5-12所示。

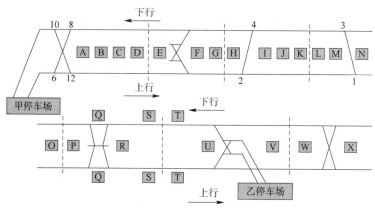

图 5-12 某地铁线路情况

②非高峰运营时段,T 站上行站台 10102 次(大交路列车)发生"自动停车并正常缓解,但无牵引力"(附线路简图),后续列车 10202 次列车在 S 站上行站台,10302 次列车在 R 站下行站台。

(2)要求:

①请写出列车救援组织方案。

②请说出接报故障后的处置要点及相关信息要点。

3. ATC 故障处理

(1)已知:

某城市轨道交通企业 2 号线有 20 个车站,分别命名为 B1~B20,其中 B1、B6、B7、B12、B13、B20 等车站设有折返线。

①信号设备使用无线 ATC 系统(包含 ATP、ATS、ATO 系统),车站使用 SICAS 系统,每个车站有本地控制工作站(LOW)设备。

②车站控制分为中心控制和车站控制。

③列车驾驶模式包含 ATO 模式、ATP 防护下的人工驾驶(SM)模式、限制人工驾驶(RM)模式、非限制人工驾驶(URM)模式。

④正线有轨道电路。

⑤行车闭塞法有移动、电话、站间闭塞等方式。

⑥列车在车站的停站时间为 20~60s,折返线停留时间为 20~60s。

(2)要求:

①10:00 时行车调度员发现 ATS 系统失去显示,行车调度员应如何处理?

②10:50 时 12106 次列车在 B17 到 B18 区间运行时,车载设备 ATP 发生故障,行车调度员应如何处理?应如何将列车组织到 B20 站进行维修?

③11102 次列车准备由 B10 站出发,开往 B11 车站时,B11 车站联锁故障,LOW 上灰显,B11 行车调度员应如何处理?

④LOW 上显示轨道区段红光带故障,行车调度员应如何处理?

项目六

其他调度工作组织

📋 项目描述

本项目引导学生了解电力调度、环控调度和施工维修调度的岗位职责，掌握电力调度、环控调度和施工维修调度等岗位的基本职业技能，为保证运输生产安全、高效、正点和稳定有序奠定基础。

🎯 教学目标

☞ 知识目标

1. 了解电力调度员职责；
2. 掌握电力调度运行管理；
3. 掌握电力调度操作管理；
4. 了解环控调度员职责；
5. 掌握环控调度运行管理；
6. 掌握环控调度操作管理；
7. 了解维修调度员职责；
8. 掌握维修调度运行管理。

☞ 技能目标

1. 能够管理电力调度运行；
2. 能够进行电力调度操作；
3. 能够管理环控调度运行；
4. 能够进行环控调度操作；
5. 能够管理维修施工。

☞ 素质目标

1. 养成遵章守纪的职业习惯；
2. 养成团结协作的职业态度。

任务一 电力调度员工作组织

任务描述
了解电力调度员的职责,掌握电力系统运行管理主要内容,掌握电力系统及相关设备操作管理方法。

任务发布
1. 掌握电力调度运行管理。
2. 熟练操作电力调度设备。

知识准备

一、电力调度员的职责

电力调度员的职责如下:
(1)在值班主任的领导下,负责所辖范围内的供电生产工作;按值班主任的要求协助处理突发事件。
(2)认真贯彻执行有关规章、制度、命令和上级指示。
(3)执行供电协议有关条文。
(4)执行供电系统的运行方式;制定事故情况下的供电运行模式。
(5)对电力调度员管辖范围内的设备进行操作管理。
(6)按照"施工行车通告"的要求审核所辖设备检修计划并批准这些设备的检修计划。
(7)根据"施工行车通告"和日补充计划、临时补修计划的要求,组织设备的检修和施工,并负责审核工作票、填写操作票。
(8)指挥供电系统内的事故处理,参加事故分析,制定系统安全运行的措施。
(9)负责对供电系统的电压调整、继电保护、安全自动装置设备进行运行管理。执行继电保护及自动装置的运行、更改方案。
(10)收集整理本系统的运行资料并进行分析工作,总结与交流调度运行工作经验,不断提高系统调度运行和管理水平。

二、电力系统运行管理

1. 主变压器运行管理

(1)主变电所110kV侧采用线路变压器组接线,35kV为单母线分段接线。正常运行时,35kV母联开关为断开状态,两台主变压器分列运行,共同负担全站的全部负荷用电。当一台主变压器故障或一路电源线路故障时,则35kV母线分段断路器由自动装置自动投入。另一台主变压器负担该所供电区域高峰小时牵引负荷和动力照明负荷需要。

(2)主变压器设置的保护。

110kV线路设失压保护,110/35kV主变压器设轻瓦斯保护、重瓦斯保护、有载重瓦斯保护、零序电压保护、间隙零序电流保护、差动保护,110/35kV主变压器35kV侧设零序电流保护、过电流保护,35kV母联设零序电流保护、电流速断、过电流保护,主变电所35kV馈线线路设导引线纵联差动保护、电流速断、过电流保护、零序电流保护。

(3)正常情况下,主变压器能够连续带负荷运行;事故运行方式下,主变压器可过载20%运行2h。

(4)当变压器出现下列情况时,电力调度员应立即停止该变压器运行:
①变压器内部响声很大,很不均匀、有爆裂声。
②漏油致使油位低于油面计上的限度,并继续下降。
③油枕喷油或爆管喷油。
④正常条件下,油温过高,并不断上升。
⑤油色过深,油内出现碳质。
⑥套管严重裂纹和放电现象。
⑦差动保护和瓦斯保护动作。
⑧绕组温度和铁芯温度保护动作。

(5)变压器瓦斯保护动作后,电力调度员通知值班人员立即收集瓦斯继电器内聚积的气体,进行点燃试验,根据气体的颜色及可燃性,判断是否属变压器内部故障,分析故障性质。当气体为无色无味且不能燃烧时,可能为变压器油内排出空气;当气体为淡黄色有强烈臭味并可燃时,可能是纸及纸板故障;当气体为灰色或黑色易燃时,则为绝缘油故障。

(6)新装或大修后变压器投入运行前应进行以下检查:
①遥测绝缘电阻,若绝缘电阻下降到前次测量结果的1/5~1/3,或吸收比$R_{60}/R_{15}<1$,应查明原因并加以消除。
②对变压器外部进行检查,呼吸器、散热器、热虹装置以及储油柜与本体之间的阀门均应打开,套管、储油柜油位正常,分接开关位置符合有关规定,压力释放阀不漏油,外壳接地良好,导体连接紧固。
③对冷却系统进行检查及试验。
④对有载调压装置进行试验操作。
⑤仪表应齐全、继电保护接线应正确、定值无误。
⑥对变压器进行全冲击合闸3~5次,若无异常即可投入。

2. 整流变压器的管理

(1)正常条件下整流变压器应在通风良好情况下运行。
(2)整流变压器带负荷运行符合以下规定:
①100%额定负荷下可连续运行。
②150%额定负荷下可运行2h。

③300%额定负荷下可运行1min。

(3)整流变压器有下列情况应停电处理：

①变压器内部响声很大,很不均匀。

②变压器绕组温度和铁芯温度不正常,且不断上升。

③由于温度保护动作跳闸。

④套管上有严重破损和放电。

⑤接头严重发热。

3. 牵引部分的管理

(1)正常情况下,两台整流机组并联运行对直流母排供电;故障情况下,可以单台运行。

(2)整流机组设置电流速断、过电流保护、整流器二极管保护、整流变压器温度保护、过负荷保护、零序电流保护。

(3)DC 1500V 直流馈线断路器设大电流脱扣保护、电流速断、$\Delta I + \mathrm{d}i/\mathrm{d}t$ 保护、ΔU 保护、过负荷保护、双边联跳保护。每座牵引变电所直流设备设一套框架泄漏保护。

(4)接触网的标准电压为 DC 1500V,电压波动范围 DC 1000~1800V。

4. 降压部分的管理

35/0.4kV 配电变压器设置电流速断保护、过电流保护、过负荷保护、温度保护、零序电流保护。0.4kV 进线开关设置短延时短路保护、过电流保护、接地保护。0.4kV 母联开关设置短延时短路保护、过电流保护。0.4kV 三类负荷总开关设置瞬时短路保护、过电流保护。0.4kV 馈线开关设置瞬时短路保护、过电流保护。

5. 地理信息系统(GIS)设备的管理

(1)SF6 气体压力应正常。

(2)各压力表指示应正常。

(3)各部位应无漏气、无异常、异味。

(4)环氧式绝缘子外露部分应无损伤、裂纹、积污和闪络痕迹。

(5)引出线瓷套应无损伤、裂纹、积污和闪络痕迹。

(6)各类配管应无损伤、变形、锈蚀。

6. 继电保护和自动装置的管理

(1)对电力调度员管辖范围内的继电保护和自动装置的一切操作(如投入、撤除、试验或改变整定值等)均需取得电力调度员的批准。

(2)供电设备主保护停用时,必须有后备保护代替。

(3)属供电局调度管辖的110kV线路继电保护装置,由供电局确定配置原则和选择整定值。

(4)继电保护更改原则：

①定值由小变大,应先调整定值,再改变运行方式。

②定值由大变小,应先改变运行方式,再调整定值。

(5)凡新投入或原运行中的保护定值的更改由供电中心专业工程师签发整定值通知单并报电力调度员执行,临时性地紧急更改整定值,可按继电保护负责人口头通知执行,但事后应补发正式整定通知单。电力调度员接到整定通知单后即向变电所发布更改定值命令,并在调度命令和继电保护定值记录本上记录。在执行过程中,电力调度员如发现疑问或不符合现场情况,应与物资设施部技术人员联系,弄清楚后方可执行。

(6)继电保护装置动作和断路器跳闸事故时,电力调度员应根据断路器保护、自动装置动作情况以及列车运行情况等进行综合分析,判断故障原因,及时通知有关人员进行处理。如属误动作应尽可能保持原有状态,并通知供电中心检查处理。

(7)如供电系统出现特殊运行方式,可能会引起继电保护范围、方式变化。电力调度员应报告供电中心专业工程师,由其决定是否修改整定值。

三、操作管理

1. 系统操作管理

(1)当主变电所内的一台主变压器发生故障时,切除该故障变压器及主变电所供电区域内的三级负荷,合上该主变电所35kV母联断路器,由另一台主变压器承担该主变电所供电区域内的一、二级负荷供电,可根据当时的负荷情况恢复车站三类负荷的供电。

(2)当主变电所的一路110kV进线电缆发生故障时,切除该故障电缆,同时合上35kV母线分段开关断路器。由主变电所的一路110kV进线电缆带一台主变压器运行,一台主变压器承担该主变电所供电区域内的一、二级负荷供电,可根据当时的负荷情况恢复车站三类负荷的供电。

(3)降压变电所或牵引降压混合变电所一条35kV进线电缆发生故障时,切除该故障电缆,合上该降压变电所或牵引降压混合变电所的35kV母联分段开关断路器,恢复供电。

(4)降压变电所或牵引降压混合变电所内一台35/0.4kV的变压器发生故障时,切除该变压器及该变电所供电区域内的三级负荷,合上0.4kV母联断路器,由该变电所内另一台35/0.4kV变压器承担该变电所供电区域内的一、二级负荷供电。

(5)牵引降压混合变电所内的两套整流机组发生故障时,切除该所内的两套整流机组,由相邻的牵引降压混合变电所通过该所的直流母排进行越区供电。

2. 断路器操作管理

(1)电力调度员操作前应确认断路器性能良好。

(2)断路器合闸前,电力调度员应确认继电保护已按规定投入,断路器合、分闸后,应确认三相均应接通或断开;合闸后自动装置已按规定设置。变电所的值班人员,在倒闸操作后必须到断路器现场确认断路器位置。

(3)装有电动操作的断路器,必须使用电动操作,当电动操作拒动时,可以采用机械按钮或紧急手柄进行分闸操作。

(4)电动操作断路器的操作电源,在断路器检修时必须断开。

(5)停电操作顺序:先分断路器,后分隔离开关;先断负荷侧,后断电源侧。送电时与此顺序相反。

3. 隔离开关操作管理

(1)隔离开关在合上或拉开前,必须检查和它相对应的断路器是否已在断开位置,设备停电时,先切开断路器,再拉线路隔离开关,最后拉母线隔离开关。复位时,先合母线隔离开关,再合线路隔离开关,最后合断路器。严防带负荷拉隔离开关。

(2)运行值班人员在隔离开关操作前及操作后,都应检查各相刀片的实际开闭位置。

(3)合上隔离开关必须迅速、准确地一次开闭到底,中途不得停留和发生冲击。

(4)除允许使用隔离开关进行下列操作外,严禁用隔离开关切断或合上带负荷的线路及设备。

①拉合电压互感器和避雷器。

②拉合空载母线。

③拉合不超过10km长的空载线路。

4. 母线操作管理

(1)用断路器向母线充电时,应使断路器继电保护处于良好状态。迫不得已用隔离开关向母线充电时,必须检查确认母线绝缘是否正常。

(2)用断路器向母线充电前,应将空母线上只能用隔离开关充电的附属设备(如压互、避雷器等)先行投入。

5. 高压供电网线路操作管理

(1)接触网线路检修后,送电前,除有特殊规定者外,一般不予以摇测绝缘。

(2)停用中的电缆超过一个星期但不满一个月时,在重新投入运行前应用摇表测量绝缘电阻。如有疑问,须进行直流高压试验,检查其绝缘是否良好。电缆若停电超过一个月但不满一年时,必须进行直流高压试验。

(3)对环网线路送电时,一般先合上送电端断路器,再合上受电端断路器,停电时顺序相反。

(4)线路送电时,断路器必须具备完善的继电保护。

6. 变压器操作管理

(1)变压器并列操作条件:

①接线组别相同。

②变比相同。

③短路电压相等。

(2)变压器的倒换操作,应检查并入的变压器确实带上负荷后,才允许操作要停用的变压器。

(3)变压器投运时,一般先对电源侧充电后再合上负荷侧断路器,停电时,应先切开负荷侧断路器,后切开电源侧断路器。

(4)新投产或大修后的变压器投入运行时,对可能造成相位变动者应先进行核相。

(5)车站动力变压器不允许并联运行。

(6)更改变压器(非有载调压)的运行分接头必须停电进行,并在测量三相直流电阻合格后方可将变压器投入。

7. 电压调整操作管理

(1)供电系统110kV进线电压波动必须在正负绝对值之和小于额定电压值的10%范围内。非正常情况下,电压允许偏差为±10%。若超出上述范围内电压变化时,电力调度员必须及时通知供电局调度采取措施。

(2)供电系统电压调整方法:

①供电局110kV电压调整。

②主变电所主变压器35kV有载调压。

③牵引所、降压所变压器无载调压。

④电力调度员优先采用有载调压进行电压调整。

(3)无载分接变压器:当分接头变换时,应先停电后操作。

(4)有载调压变压器要求:

①有载分接开关投入前,应检查油枕油位是否正常,无渗漏油,控制箱防潮良好,用手动操作一个(升降)循环,挡位指示与计数器应正确动作,极限位置的闭锁应可靠,手动与电动控制的联锁应可靠。

②有载分接开关的电动控制应正确无误,电压可靠,各接线端子接触良好,驱动电机转动正常,转向正确。

③有载分接开关的电动控制回路应设置电流闭锁装置,其电流整定值为主变压器额定电流的1.2倍,电流继电器返回系数应大于或等于0.9。当采用自动调压时,主控盘上必须有动作计数器。

④新装或大修后有载分接开关,应在变压器空载运行时,在电动操作按钮及手动操作按钮间试操作一个循环。

⑤电力调度员可根据电压变化情况及时调整,每次操作应认真检查电压、电流变化情况,并做好记录。

⑥值班人员进行分接开关操作时,在操作前后注意检查瓦斯保护是否动作。若瓦斯保护动作时应停止操作,分析原因并进行处理。

⑦有载分接开关操作可用自动和非自动模式进行,当非自动操作完毕后,必须打回自动位,以防止电压波幅过大。每次手动调节抽头后必须暂停至少5min,而且检查没有报警等异常情况后才可以进行下一次的调节;严禁连续地调节抽头。

(5)牵引所、降压所变压器无载调压由供电中心提出计划,报电力调度员批准后停电执行。

任务实施与评价

1．教师课前下发任务，学生课前按要求完成预习任务。
2．教师进行讲解，学生分组学习。
3．学生完成任务。
4．教师和各组长承担本次任务的他人评价工作，评判学生的任务完成情况。

任务二　环控调度员工作组织

任务描述

了解环控调度员的工作职责，掌握环控调度管理的主要内容，掌握设备运行组织方法。

任务发布

1．熟悉环控调度管理。
2．组织环控设备运行。

知识准备

一　环控调度员的工作职责

环控调度员的工作职责包括如下：

（1）OCC 环控调度员通过 BAS、火灾自动报警系统（FAS）中央级工作站监控车站机电设备，主要包括各车站通风、空调、隧道通风设备和装置、气体灭火系统等系统设备以及扶梯、照明、给排水等设施。

（2）环控调度员负责监控全线车站环控系统按设定时间运行，确保车站环境温度及空气质量达标。

（3）环控调度员负责监视全线车站的火灾报警情况，确保火灾报警及时被确认。

（4）环控调度员负责监视全线车站环控设备、防灾报警设备、BAS、FAS 系统、气体灭火系统以及电扶梯、照明、给排水设施的运行状态，发现故障及时通报设修调度员，由设修调度员通知相关维修部门进行维修。

（5）环控调度员负责指挥 BAS、FAS、气体灭火系统及机电设施的故障处理及维修施工。

（6）环控调度员负责在火灾、大客流、列车阻塞等紧急情况下的环控系统的指挥及监控工作，确保相关设备在紧急情况下能够正常运行，协助抢修救灾工作。

（7）环控调度员负责在中央级失控时指挥车站设备值班员进行车站级控制。

（8）环控调度员负责在地铁发生火灾时向市公安局 110 指挥中心报告火灾情况和请求消防队支援。

（9）环控调度员负责随时了解和掌握所管辖设备的运行情况，负责定期、定时收集设备运行数据及信息，记录及跟踪设备故障。环控调度员要及时了解关键设备的运行情况:①影响车站舒适度的关键设备(如冷水机组、冷却塔、水泵、组合空调机等)以及影响消防安全的设备(如隧道风机、站台站厅排烟风机),需设备保障部门及时将设备故障及修复情况报环控调度员;②对于一般设备由设备保障部门定期上报设备完好情况;③在收集数据方面,针对一些尚未传输到中央级的但作为调度必须要了解的关键重要数据进行收集,如站台站厅公共区的温湿度、冷水机组进出水温度等,其他数据(如运行电流、电压等参数)由设备保障部门进行记录收集。

二 环控调度管理

1. 日常管理制度

(1) 文件传阅制度。

(2) 交接班制度。

(3) 定期培训、学习制度。

(4) 每月安全例会制度。

2. 设备检查制度

(1) 调度设备功能检查:

①每日运营开始前1h检测BAS、FAS运行情况,检查操作功能是否正常。

②每日运营开始前1h,检查机电设备施工作业情况,测试有施工作业的设备是否恢复。

③其他设备设施发现故障后,均应做好相应纪录,并及时通知设修调度员处理。

④每周进行一次调度电话或无线电试验。

⑤调度设备功能检查情况应在工作日志上记录,发现故障立即组织相关人员及时处理。

(2) 设备运行状态检查工作:

①每天环控大系统(简称大系统)启动后,逐台检查设备运行状态。

②每天定期检查大系统的运行状态。

③每天定期检查扶梯的运行状态。

④每天定期检查区间水泵的运行状态。

3. 记录、报告填写制度

(1) 工作日志、事故(事件)处理经过编写制度。

(2) 环控调度员故障记录表。

(3) 火灾报警信号确认记录。

(4) 通过BAS系统记录。

4. 数据分析

(1) 环控调度员汇总设备运行情况,编制设备运行月报(根据BAS工作站报表生成功能)。

(2) 环控调度员每月根据温度(站外、站内、天气预报)等数据绘制温度趋势图。

（3）环控调度员每周定期从设修调度员处统计、跟踪一周未处理故障情况。

5. FAS 火灾报警确认制度

（1）FAS 发出火灾报警信息后，环控调度员必须在 1min 内与车站值班员或车控室取得联系。

（2）FAS 发出报警信息后，环控调度员必须在 4min 内确认火灾报警原因。

（3）在火灾报警信号没有被确认前，环控调度员必须保持高度的警觉。

（4）在火灾报警信号没有被确认前，任何人都不能对报警信号进行复位。

（5）任何火灾报警信息，环控调度员必须进行记录，记录内容主要包括发生报警的时间、车站，报警地点，报警设备编号，现场确认情况，报警原因分析，火警复位时间，确认者。

6. 环控调度员演练制度

（1）为提高调度指挥水平，做好事故预想，至少每月进行一次内部演练。

（2）为巩固环控调度员及车站值班员的设备操作能力，提高应急处理能力，至少每月进行一次联合火灾模式操作演练。

（3）为提高火灾事故应急处理水平，OCC 应联合车站每年进行一次桌面或模拟火灾事故演练。

三　设备运行组织

1. 环控系统

（1）环控系统设计参数、运行参数。

①城市轨道交通地下车站环境运行参数，站台公共区≤29℃，站厅公共区≤30℃。

②城市轨道交通隧道内阻塞情况列车周围空气平均温度≤40℃。

③城市轨道交通室内人员的新风要求：空调季节 $12.6m^3/(h·人)$，非空调季节 $30m^3/(h·人)$。

④空气质量要求：地铁室内含尘量 $<0.5mg/m^3$。

（2）城市轨道交通环控系统运行工况。

城市轨道交通环控系统运行按空调季节和非空调季节进行编制，原则上每年 5 月 1 日至 10 月 31 日为空调季节，其他时间为非空调季节。

①空调季节车站大系统、制冷系统启动向车站供冷。

②非空调季节车站大系统、水系统原则上停机检修，当遇到特殊天气或大型节假日时，环控调度员提前一天通知机电人员按时启动水系统向车站供冷。

（3）大系统。

①城市轨道交通车站大系统由组合空调机、回排风机及一系列的风阀组成。

正常情况下，车站大系统由 BAS 根据采集到的实时值（如室外温度、湿度等）计算大系统的目标模式，并将计算结果直接写入前台软件的数据库，自动控制车站大系统运行。

遇节假日等非正常情况,城市轨道交通需要提早、延长或缩短服务时间时,由环控调度员根据临时运营时间灵活制定开、关机时间,提前一天以调令形式要求车站在设备监控系统上手动给定模式。

日常运营中遇非正常情况,需要临时变更大系统运行模式时,由环控调度员根据实际情况决定是否中止正常运行模式,并要求车站在设备监控系统上人工变更大系统运行模式。

②大系统的故障运行。

车站大系统出现故障时,环控调度员第一时间应通过调度现有的设备满足车站的通风要求,力求将对乘客服务的影响降到最低。

③大系统的检修运行。

为避免影响客运服务及运营时间的消防安全,在大系统运营时间内一般不安排检修作业(故障处理除外)。大系统在运营时间检修必须按照检修计划执行。在检修计划范围内,维修人员停大系统设备进行检查时,环控调度员在保证车站通风良好和温湿度达标以及在维修人员做好足够防护和制定方案的前提下,可以安排维修人员对局部设备进行检查。

(4)环控小系统(简称小系统)。

①城市轨道交通车站小系统由空调新风机、小型组合空调机、回排风机及一系列的风阀组成。

②小系统设备一般运营时间内不间断运行,运行模式由BAS根据设定的判断条件自动执行。

③当小系统设备出现故障时,组织维修人员尽快恢复,保证设备房的温湿度。

④小系统设备需要检修时,如果不影响列车运行及供电,可以在任何时候进行。

(5)车站水系统。

①城市轨道交通车站水系统采用分散式供冷。

②正常情况下,车站水系统由环控专业人员根据规定的正常运行时间定时启动和关闭。

③遇节假日等非正常情况,城市轨道交通需要提早、延长或缩短服务时间时,由环控调度员根据临时运营时间灵活制定开、关机时间。提前一天通知环控专业人员变更车站水系统开、关机时间。

④日常运营中遇非正常情况,需要临时变更水系统运行模式时,由环控调度员要求车站或环控专业人员在BAS工作站上或现场人工变更运行模式。

⑤水系统的故障运行。车站水系统出现故障时,环控调度员第一时间应通过调度现有的设备满足车站的空调要求,力求将对乘客服务的影响降到最低。

⑥水系统的检修运行。为避免影响客运服务,车站水系统空调季节运营时间一般不安排检修作业(故障处理除外)。在检修计划范围内,维修人员必须停水系统设备进行检查时,环控调度员应尽量采取保证车站温湿度达标的模式运行。

(6)隧道通风系统。

①隧道通风系统组成。

隧道通风系统由每个地下站站内的四台隧道风机和在局部区间设置的事故风机、射流风机以及一系列的组合风阀组成。

②隧道通风系统的运行。

正常情况下,隧道通风系统由BAS根据设定的时间表,定时启动和关闭。环控调度员通过中央背投屏监控隧道通风设备按设定时间和设定模式运行。

正常运行期间,隧道通风处于活塞风状态,由BAS根据室外气温运行于自然开式或自然闭式通风模式(判断的条件是外界焓值大于车站公共区焓值时自然闭式,反之自然开式)。

每天5:30和23:00执行早、晚通风模式,对隧道及车站进行通风换气,排除积聚在区间隧道内多余的热量及水分。

③隧道通风系统的阻塞运行。

列车因意外情况停在区间隧道内时,为确保列车上的乘客有足够的新鲜空气,同时排除列车空调散发的大量热量,必须在列车停车超过4min后启动隧道通风设备,对隧道进行通风换气。

正常情况下,列车在区间隧道内停车超过2min,信号ATS自动发送阻塞信号到BAS,BAS接到阻塞信号30s后自动执行列车阻塞模式。

当ATS或BAS出现故障不能自动执行时,环控调度员根据行车调度员的通知在BAS工作站上手动执行相应区间的阻塞模式。

阻塞情况下的气流组织原理(图6-1)。

图6-1 列车发生阻塞停在隧道内时隧道通风系统气流组织原理

④施工作业时隧道通风系统运行。

运营结束后区间隧道内进行各类的施工作业时,由于工程车废气、新风不足或高温等原因,需要启动隧道风机对隧道进行通风换气。

区间隧道作业需要进行隧道通风,必须由施工维修单位在施工作业计划内提出,并由车站值班员在施工作业请点时向环控调度员请点,环控调度员核对施工作业令要求启动隧道风机予以配合。

环控调度员在启动隧道风机前需向施工人员了解情况,然后根据施工要求启动隧道风机。

⑤隧道风机的故障运行。

隧道风机也是事故风机,属于保障行车安全的重要设施,任何时候都必须保障隧道风机的通风排烟功能。一旦隧道通风系统出现故障,环控调度员应第一时间通过调度现有的设备满足隧道及车站的排烟能力。

⑥隧道风机的操作及保护。

人工启动隧道风机时,隧道风机运行时间每次不得少于10min;送排风不能直接转换,需先停机后转换;送、排风转换间隔时间不得小于2min,并且1h内启动不能超过3次。

⑦施工作业需要启动隧道风机时优先使用模式操作。

只有在没有设定自动运行模式的条件下,才能使用点对点的操作。

为了应付紧急情况需要车站值班员启动隧道通风系统,车站及OCC环控调度员必须配备隧道通风系统模式操作卡,该模式操作卡由机电自动化中心提供。

2. BAS

(1)BAS监控范围:城市轨道交通车站及区间隧道的空调及通风设备设施;所有车站的给排水、照明、自动扶梯等车站设备。

(2)BAS在OCC设有两台工作站,一主一备,均具备中央监控功能。

(3)BAS在车站车控室与FAS有接口,能够直接接收FAS救灾指令,将相关系统工况转为防排烟模式。

(4)BAS在OCC与ATS系统有接口,能够直接接收列车区间阻塞信号,将隧道通风系统转为阻塞模式。

(5)BAS在OCC与主时钟有接口,能够自动将系统时间与主时钟进行同步。

(6)BAS故障的处理:

①BAS中央与车站的通信中断(脱网)。

立即将故障情况通报全线车站,命令车站值班员接管控制权,同时组织相关人员进行维修;车站值班员应主动担负起设备状态的监控工作并将设备故障情况及时地向环控调度员汇报。

②车站BAS故障,所有设备不能监控。

a. 环控调度员应立即命令车站设备操作员将所有环控设备转为环控状态,同时组织相关人员进行维修。

b. 车站值班员应熟悉模式操作卡片,紧急情况立即可以手动操作模式。

c. 车站值班员应主动担负起设备状态的监控工作并将设备故障情况及时向环控调度员汇报。

③BAS设备故障只影响局部或单个设备不能监控。

a. 不能监视设备状态时,命令车站设备操作员运营期间每隔1h报告设备运行情况。

b. 不能控制设备时,命令车站设备操作员接管该设备的控制权,遇紧急情况时立即命令车站值班员进行就地操作。

3. FAS

(1)FAS中央与车站通信中断。

①命令车站值班员每小时不少于一次对车站重要区域和重要设备房进行巡查,通

过无线调度电话随时与环控调度员联系。

②组织相关人员进行维修。

③车站值班员应主动担负起设备状态的监控工作并将设备故障情况及时地向环控调度员汇报。

(2)车站 FAS 故障,不能监视本站。

①命令车站值班员定时对车站重要区域和重要设备房进行巡查,通过无线调度电话随时与环控调度员联系。

②组织相关人员进行抢修。

③车站值班员应主动担负起设备状态的监控工作并将设备故障情况及时向环控调度员汇报。

④一旦遇到火灾发生时,应立即手动执行相应的火灾模式,并确认相关设备是否联动。

(3)FAS 设备故障只影响局部或单个设备不能监控。

①当局部区域不能监视时,命令车站设备操作员运营期间每隔 1h 巡检该区域一次。

②组织相关人员维修。

③一旦遇到火灾发生时,应立即手动执行相应的火灾模式,并确认相关设备是否联动。

(4)FAS 设备故障一旦影响车站不能监控火灾报警情况,均属于严重故障,必须及时组织人员进行抢修。

4. 其他消防设备

对于气体灭火系统、水消防设备、事故风机等设备由设备保障部门定期检修、定期维护,保证系统及设备的完好,有故障应及时处理,设备运行状态的改变必须征得环控调度员的同意。

5. 车站照明

车站照明设备由 BAS 进行监控,在运营开始前自动打开,运营结束后自动关闭。环控调度员根据运营时间的变更,及时调整开关灯时间表。

6. 车站电梯及扶梯

环控调度员通过 BAS 监视车站电梯及扶梯的运行,意外停机的电梯及扶梯须在规定时间内检查确认并恢复运行。

7. 车站及区间给排水系统

BAS 能够监视车站和区间排水泵的运行状态以及集水池的水位报警。环控调度员负责实时监视区间高水位报警。

四 火灾发生时的调度

1. 火灾事故调度的一般原则

(1)环控调度员在接到报警后,应沉着冷静,根据火灾现场报告信息尽快分析判断。对于含糊不清的信息,应询问清楚。

(2)环控调度员将情况立即报告给值班主任,由值班主任制定应急方案,并向各调度下达命令。各调度应在值班主任的指挥下,协同进行相应的调度作业。

(3)环控调度员应根据应急方案,向有关车站设备值班员下达人员疏散、送排风、事故风机运行、灭火作业等相关命令。

(4)环控调度员应随时与在火灾现场的人员保持联系,及时掌握现场动态和救灾活动并及时通报值班主任。

2. 车站站台、站厅火灾的处理

(1)站厅或站台发生火灾时大系统要立即执行站厅火灾模式或站台火灾模式。

(2)站厅或站台发生火灾时车站所有小系统设备执行全停模式,防止串烟。

(3)当FAS、BAS能够自动执行火灾模式时,应采用联动执行方式执行火灾模式。

(4)当确认火灾发生后2min内BAS未能自动执行火灾模式时,环控调度员应在工作站上或通知车站手动执行火灾模式。

3. 车站设备用房发生火灾的处理

(1)设备区分不同的防火排烟分区,当发生火灾时小系统要执行对应的防火排烟分区的火灾模式。

(2)设备区发生火灾如果不影响大系统运行时,大系统正常运行。

(3)当设备区发生火灾的区域或部位影响到大系统运行时,根据受影响情况关闭部分大系统。

(4)当设备区火灾严重影响车站供电或设备运行时,应立即停止所有大、小系统的运行但必须尽量执行对应的小系统火灾模式。

(5)当重要机电设备房或车站牵引、降压变电所等电力房间或设备发生火灾时,自动灭火系统启动灭火程序进行灭火。自动灭火系统喷气前必须关闭该区域的所有防火阀。

4. 列车火灾的处理

(1)列车在车站轨道内发生火灾,环控运行模式应按站台火灾进行处理。

①环控调度员立即在工作站上手动执行大系统站台火灾模式,小系统执行全停模式。

②环控调度员立即在工作站上手动执行隧道通风系统车站隧道火灾模式。

(2)列车在区间隧道发生火灾。

①一旦列车发生火灾并停在区间时,环控调度员的操作必须配合行车组织进行,不能单独完成。

②列车在区间内发生火灾时隧道风机运行的原则:

a. 列车在行驶中发生火灾,司机在向OCC或车站报告的同时,应尽可能将列车开往前方车站停靠,列车到站后按列车在车站站台内发生火灾的程序处理。

b. 当列车在区间无法行驶,并且乘客疏散路径为单向时,环控调度员应立即启动该站预设的隧道风机运行模式向隧道送风;同时,该站成为火灾主要现场,一切救灾措施以该站为主,另外一端车站事故风机启动预设的排烟模式。

c. 当乘客疏散路径为双向时,环控调度员应立即按预设的隧道风机运行模式启动隧道风机。

d. 当环控调度员无法判断列车火灾位置时应立即按与行车方向一致的方向送风。

e. 一旦列车在区间内发生火灾,环控调度员必须紧密联系现场,了解现场情况,确保指令发布的正确性。

③车站大、小系统维持正常运行模式不变。

④区间火灾产生的烟雾向站台蔓延时应停止车站大系统的排风,保持车站处于正压状态。

⑤当设备区发生串烟时,小系统执行全停模式。

任务实施与评价

1. 教师课前下发任务,学生课前按要求完成预习任务。
2. 教师进行讲解,学生分组学习。
3. 学生完成任务。
4. 教师和各组长承担本次任务的他人评价工作,评判学生的任务完成情况。

任务三 维修调度员工作组织

任务描述

掌握施工计划的制订程序,掌握施工组织管理规定,掌握运营时间内特殊情况的施工规定。

任务发布

1. 掌握施工计划编制和执行。
2. 掌握施工作业管理。

知识准备

一 维修调度员主要工作职责

维修调度员主要工作职责如下:

(1)负责所管辖线别范围内非车辆专业设施设备的日常维修组织协调及监督工作。

(2)负责所管辖线别范围内非车辆专业设施设备的故障(事故)抢修指挥组织、协调及监督工作。

(3)在特殊情况下,如紧急抢修、故障处理、现场生产实际需要时或该职责所属部门暂时无法履行其工作职责时,且故障影响运营安全和运营生产工艺的正常进行的情况下,维修调度员有权代表运营企业领导发布抢修命令,要求相关部门协助处理故障或生产任务。

(4) 在日常生产过程中,如遇设备管辖接口不清楚的设施设备故障时,维修调度员应积极协调、指挥相关人员进行故障处理。

(5) 负责所辖线别内非车辆专业系统设施设备的故障信息的收集、统计、分析等工作。

(6) 负责跟踪分部调度所组织的本专业设备故障的抢修组织处理情况及设备状态。

(7) 遵守安全生产规章制度和纪律,积极参加安全生产各项活动。

(8) 正确使用设备,做好安全文明生产工艺。

(9) 班前、班中要随时要加强检查,发现不安全情况及时处理并报告。

(10) 在任何情况下,维修调度员有权拒绝违章指挥。

二 施工计划的制订程序

1. 施工计划的分类

(1) 按时间分类

①月计划。

对行车设备检查、维修、客车调试工作,应加强计划性。月计划应结合运营部门设备检修计划编制。对于下列情况中属正常修程内的应提报月计划:

a. 工作量大、条件复杂、运行线路上必须封锁线路的施工。

b. 对行车影响较大的施工作业。

c. 必须由施工列车配合的施工作业。

d. 运营时间内在车站公共区域进行的影响运营服务的施工检修作业。

e. 其他需要以书面形式申报的施工检修作业。

②日补充计划。

对于未列入月计划,因设备检修需要,应提报日补充计划。

③临时补修计划。

运营时间对设备进行临时抢修后还未完全达到设备的正常运行功能,须在停运后继续设备维修的作业为临时补修计划。

(2) 按施工作业地点和性质分类

①影响正线、辅助线行车的施工为 A 类。其中,开行电客车、工程列车的施工为 A1 类;不开行电客车、工程列车的施工为 A2 类;车站范围内影响行车设备设施的作业为 A3 类。

②在车场(含试车线)的施工为 B 类。其中,开行电客车、工程列车的施工(不含车辆段库内)为 B1 类;不开行电客车、工程列车但在车场线路限界内及影响接触网停电的施工为 B2 类(能随时撤下来不影响行车、能让电客车、工程列车安全通过的施工归为 B3 类);不开行电客车、工程车也不在车场线路限界内的施工、在车场试车线临时的电客车调试、不需要工程车配合的接触网线上作业为 B3 类(办公室、食堂等生活

办公设备设施维修除外)。

③在车站不影响行车的为 C 类。其中,车站内大面积影响客运服务及需动火的作业为 C1 类,其他局部影响或不影响客运服务,但经采取措施影响不大且动用简单设施设备(如动用 220V 及以下的电力、钻孔等,不违反安全规定)的施工为 C2 类。

2. 施工计划申报程序

(1)每月 18 日 12:00 前,按照相关规定向客运部施工管理工程师报工程车以及调试电客车开行计划;每月 19 日 12:00 前,客运部施工管理工程师将工程车以及调试电客车开行计划的协调结果通知相关部门、中心的相关人员;每月 21 日 17:00 前,各部门、中心将下月的所有申报的施工计划报客运部施工管理工程师。"一月施工计划申报表"包括作业日期、作业部门、作业时间、作业区域、作业内容、供电安排、施工负责人、联系电话、防护措施、备注(主站、列车编组、配合部门及内容等)。

(2)日补充计划应于工作开始前一天的 12:00 以前,由办公室车场管理员、物资设施部设备维修调度员、车辆部调度协理员收集、调整、汇总后向客运部申报。

(3)属于 B3/C2 类的作业,不需要提报计划,施工负责人直接与车场信号楼调度员或车站行车值班员联系并登记,经车场信号楼调度员或车站行车值班员同意后开始施工。

外单位在实施属于 B3/C2 类的作业的施工时,必须按外单位作业申请程序的要求办理施工许可手续后,凭对口专业管理部门签发的"外单位施工作业许可单",须在对口专业管理部门的协助下,方可到信号楼或车站办理相关施工申请。

(4)外单位作业申请程序:

①外单位申报施工作业到运营部门对口专业管理部门办理,外单位的施工负责人必须是运营部门的专派人员。

②由对口专业管理部门负责施工单位签订"施工安全、防火、治安协议书"并报安保部备案。

③以上手续完备之后才能进行申报计划,找部门配合。

④对口专业管理部门负责协助申报施工作业计划。

⑤长期(签订合同一年及以上)委外单位可比照运营部门内部各单位的施工执行,但施工负责人必须经对口专业管理部门安全教育培训合格。

3. 施工计划的编制

(1)计划编制原则:

①月计划的安排应在确保安全的前提下,考虑均衡安排,避免集中作业。

②处理好列车的开行时间和密度、施工封锁等方面的关系,避免抢时、争点现象(原则上车与车、人与车需有一个安全区间或安全站台)。

③为方便施工单位作业,月计划内各项作业应注明施工日期、作业起止时间、作业

内容、作业区域、安全事项及其他应说明的问题,如列车编组、行车计划、配合部门及详细配合要求、联系电话等。

④经济、合理地使用机车车辆,避免浪费资源。

(2)编制审批程序:

①月计划。

每月24日9:00,由施工计划协调工作小组组长召开施工计划协调会,根据提报计划的情况,组织相关部门协调。

协调月计划时,对于安全上有特殊要求和规定的,在施工计划协调会议上提出讨论确定。月计划中应明确说明施工作业起止时间、地点。

由客运部根据月施工计划协调会议的结果,编制"施工行车通告",经分管运营的副总经理或分管副总经理授权的领导签字后于每月月末前发布到各专业中心,并且一经发布,若无特殊情况,不得随意修改。

遇节假日顺延或提前,具体时间在上月的施工协调会议上确定。

②日补充计划。

日补充计划应于工作开始前一天的12:00以前(周六、周日和下周一的日补充计划应在周五的12:00前),由办公室车场管理员、物资设施部设修调度员、车辆部检修调度协理员按部门分工,并取得配合单位同意后,向客运部施工管理工程师申报,填写"维修施工日补充计划表",见表6-1。

维修施工日补充计划表　　　　　　　　　　　　表6-1

YYZL/GL—行调—004

提报单位:_____　　　　　　　　　　　　　_____年___月___日

作业日期	作业部门	作业时间	作业区域	作业内容	供电安排	申报人	防护措施	施工负责人	配合部门以及配合要求	备注

审批人:

注:1. 本表一式二份。

　　2. 工程车运行计划时间列入备注栏。

　　3. 施工负责人栏内须列明联系电话。

客运部施工管理工程师接到申报后,应综合平衡安排,再由控制中心值班主任进行审批。接触网停送电应由电力调度员审核后,再由控制中心值班主任进行审批。审批之后于提报当日的15:30前返还到施工管理工程师处,施工管理工程师于提报当日的16:00前通知各申报部门(特殊情况除外)。如果施工作业影响的范围广、涉及的部门多、存在难以解决的问题,施工单位应事先提出专题的方案,再由分公司分管领导召开方案协调会,最后定出具体的施工方案。

日补充计划要在月计划的基础上进行安排,以提高月计划的兑现率。日补充计划申报的作业项目原则上不得超过同期同类月计划内日作业项目的20%,月计划因特殊情况需要变动以"计划变更表"(表6-2)的形式提报。

计划变更表　　　　　　　　　　　　　表6-2

YYZL/GL—行调—005

作业代码		作业部门	作业时间	作业内容	作业区域	供电安排	施工负责人	防护措施	备注
	变更前								
	变更后								
	变更前								
	变更后								

日补充计划中应明确说明施工作业请/销点的时间、作业地点、施工负责人。

日补充计划原则上不安排工程车开行、正线电客车调试和接触网停送电。

③临时补修计划。

临时补修计划由办公室车厂管理员、物资设施部设修调度员、车辆部检修调度协理员向控制中心值班主任申报,控制中心值班主任对临时补修计划应及时优先安排,不受月计划和日补充计划限制。

(3)遇影响正线行车的事故,须将抢修恢复行车设备的作业安排为临时抢修。

三　施工时间的安排

施工时间的安排如下:

(1)施工作业安排。晚上列车运营即将结束时,最后一班列车尽头站或回到车场后,可分段安排线路已出清区段的线路施工。

(2)正常施工时间应于4:40结束,在有工程车返回的线路上施工时,有关作业必须在4:00前完成,并出清线路。

(3)若工程车开行计划有变更时,相关部门应在当晚17:00前发出通知;因工程机车故障不能开车时,车场调度或检修调度应通知值班主任,由值班主任通知申请单位。

(4)维修部生产技术室根据施工计划安排好当天巡道计划,当天16:00前书面通知行车调度员。

(5)每日17:00—19:00由OCC向各站传送日补充计划和巡道计划。

(6)每日尾班车离开起点站起,由车站根据施工登记表与行车调度员核对当晚的施工作业。

(7)车场内施工(作业)时间的安排。

①车场内施工(作业)时间安排严格按照施工计划的要求执行,车场调度员、检修调度应根据当日施工计划提前做好线路空闲、车辆和司机配合准备。

②如车场内施工与车辆检修计划时间有冲突时,车场调度员应联系检修调度及相关主办作业部门协调处理。

四 施工进场作业令

1. 适用范围

凡编入运营事业总部施工月计划、周计划、日补充计划及临时补修计划的施工,都必须领取施工进场作业令。

2. 管理工作

调度票务部负责施工进场作业令的管理工作如下:

(1)凡属各生产部门内部作业,不涉及其他部门配合协作的施工进场作业令由调度票务部授权维修生产技术室、安全质量室、车辆部生产技术室签发;其他施工进场作业令由调度票务部签发。

(2)对于超过3天的大型节假日,从第4天至上班后第1个工作日维修部的施工进场作业令,由维修部预先编制及审批,调度票务部根据计划变更情况提前1天向各分部发放。

(3)节假日全天,周一至周五8:30—17:00以外时间的临时补修计划的施工进场作业令由调度票务部签发。

3. 施工进场作业令的内容

施工进场作业令的内容包括施工进场作业令号码、作业项目、作业区域、作业时间、施工负责人及施工责任人姓名、维(检)人员姓名和主要工器具、配合事项等。

4. 领取程序

(1)月计划、周计划、日补充计划的施工作业单位于前一天的16:00—16:30到调度票务部生产管理室登记领取施工进场作业令;由各部门自行签发的作业令,由各部门自行规定。

(2)临时补修计划的施工作业单位到调度票务部生产管理室登记领取作业令。

5. 使用程序

(1)作业单位持进场作业令到施工地点所在的车站或车场登记施工。

(2)车站根据作业单位的进场作业令向行车调度员报告备案(B/C类作业由车场/车站审批)。

(3)A类、涉及影响正线行车的B类作业经行车调度员审核批准方可安排施工。

五 施工安全管理

1. 一般要求

每项属于A类、B类、C类(B3、C2类除外)的作业需设立1名施工负责人,辅站另设施工联络人;属于B3、C2类的作业,需指定1名人员负责施工及施工安全管理。

(1)施工负责人、施工责任人(含B3、C2类作业的指定人员)职责:

①负责作业人员、设备的管理。

②办理施工作业登记、施工作业注销手续。
③作业过程的组织指挥。
④及时与车站、车场联系作业有关事项。
⑤组织设置、撤销作业安全防护设施(接触网停电及挂地线由电力调度员负责)。
⑥出清作业区域、设备状态恢复正常。
(2)施工负责人、施工责任人任职条件：
①熟知标准有关规定。
②熟悉该项作业的性质、内容、方法、步骤、要求等。
③具备该项作业相关的安全知识和技能。
④经过培训中心培训并考试合格,发证。

2. 施工防护

(1)接触网停电检修或需接触网停电配合挂地线时,由供电操作人员负责在该作业地段两端挂接地线。设置红闪灯的位置应在挂接地线的外方。

(2)站内线路施工时,由施工负责人在车站两端头轨道上设置红闪灯防护(特殊情况下,昼间高架车站派专人使用红色信号旗或红牌进行防护,以下同)。

(3)在站间线路施工时,除施工部门设置防护外,车站还负责该施工地段两端车站的端墙门处设置红闪灯防护(遇特殊情况,因曲线或建筑物遮挡影响瞭望时,防护信号设置地点可适当外移,但具体位置应在《车站行车工作细则》中明确,以下同)。施工前,由请点车站设置红闪灯,并通知作业区另一端车站值班员放置红闪灯防护。施工结束后,车站撤除红闪灯,并通知作业区另一端车站值班员撤除红闪灯。如遇到跨越站内站间时,车站应在车站内另一端墙门处设置红闪灯防护。

(4)下轨行区作业的人员应自身做好安全防护,固定作业地点的作业,施工单位负责在施工区域两端的轨道中央设置防护信号或派专人防护;轨道或设备巡检作业可以不在施工区域两端设置红闪灯防护,但施工区域两端的车站应做好防护,必要时在端墙门处设置红闪灯进行防护。

(5)车站值班人员到站台检查红闪灯是否按规定摆放,并检查红闪灯状态是否良好,并对设置的红闪灯是否按规定摆放、状态是否良好进行不定期的检查。

(6)车场内的设备检修施工和防护的有关规定按"车场运作办法"中规定执行。特别需要注明的是,在试车线的隧道内进行施工作业时,应在隧道口的线路中央放上防护信号进行隧道内的防护,施工负责人安排人员到隧道口对防护措施状态是否良好进行不定期的检查。

(7)凡在运营时间内进行作业的,必须做好防护措施,以确保城市轨道交通乘客的安全,最大限度地减小对乘客的影响。

(8)在运营结束后,如果当晚没有工程车开行,车站可以不设置红闪灯等防护措施,但施工单位自身要做好安全防护措施。

(9)在施工作业时,除严格执行以上规定及运营部门相关安全规定外,要按施工部门的有关施工操作程序的防护规定执行。

（10）特殊情况下，多家施工单位进入同一封锁区间内施工时，由主要施工单位负责防护和请、销点，主要施工单位由施工计划协调小组指定。

3. 为保证施工作业安全，遇下列情况，应将线路封锁并限定施工时间

（1）工程车或调试列车在一个区段多次往返运行时。

（2）接触网（轨）检测车在测试区段或钢轨打磨车在打磨区段运行时。

（3）对于更换钢轨（接触网）施工项目，无论有无工程车开行，均须将所占用线路封锁，且封锁区段内只准有一项施工作业进行。

4. 施工安全

（1）人、工程车在同一区域作业时，由施工负责人统一负责，需要动车时，由施工负责人向司机下达指令，司机按正确的指令执行。

①按施工前进方向，列车在前，人员在后，原则上不得颠倒或列车运行前后皆有作业。

②非随车施工人员与列车应有50m以上的安全间隔距离，原则上列车不得随便后退。如有需要退行时，车长（司机）应听从现场施工负责人的指挥，按要求退行，确保人身安全。

③作业人员应在自己现场作业区来车方向设置红闪灯防护。

（2）多个作业区域开行工程车作业时，在工程车运行的前方必须保证至少有一个站台区或站间区间空闲。

（3）凡进入线路施工的施工作业人员（包括外单位作业人员）必须按要求穿荧光衣，并根据作业性质及作业要求使用其他安全防护用品。

（4）施工单位在作业期间需要接触网停电或接触网停电挂地线的，应在施工申请表中明确提出配合要求，施工请点时要确认接触网确已停电才能开始作业。如无停电要求，接触网一律视为带电体。

（5）在施工作业过程中，如要进行动火作业，必须按照有关规定办理动火令及作业，严禁在无动火令的情况下进行动火作业。

（6）委外项目施工由对口专业管理部门负责安全管理、安全监督。

六 施工组织

1. 对维修、调试、施工等作业按性质、地点分别组织

（1）A类作业，须经行车调度员批准，方可进行。

（2）B类作业经车辆段调度员同意方可进行；如影响正线行车须报行车调度员批准。

（3）C类作业运营部门内部的施工项目经车站值班站长批准方可施工，外部单位施工作业按外单位工程施工作业管理流程进行，经车站值班站长批准方可施工。

2. 各施工单位及部门的施工、检查作业，严格控制作业区范围及作业时间

外单位在地铁范围内进行施工时需向对口专业管理部门申报施工计划，最终得到批准后，凭施工计划向安保部申请办理施工人员临时出入证。

3. 施工人员进出站规定

(1) 施工负责人持作业令在作业令规定施工开始时间前 15min 到达主站;施工联络人及维修人员在作业令规定施工开始时间前 10min 到达辅站和相关车站;按规定程序办理施工作业手续。

(2) 施工作业人员于关站前 10min 进站。因工作需要确需关站后进入的,应与车站联系,车站根据联系的地点、时间,查验施工作业令和相关证件后开门放行。

4. 请点规定

(1) 属于 A 类的作业,施工负责人在作业令规定施工开始时间前 15min 到车站填写"车站施工登记表"(表6-3)请点,由车站报行车调度员备案,当线路出清后行车调度员通知车站,车站值班员传达允许施工的命令,请点生效,可以施工。

车站施工登记表　　　　　　　　　　表 6-3

_____年_____月_____日　　　　　　　　YYZL/GL—行调—006

	作业项目		作业区域		
	作业代码		作业单位		共　　　人进场
	施工负责人		证件号码	计划作业时间	时　分起 时　分讫
	安全措施				
请点登记栏	辅　站			主　站	
	接_____站值班员通知本项作业已获行车调度员_____批准,于_____时_____分至_____时_____分在所申报作业区域内进行,施工承认号码_____。 车站值班员签署:　施工联络人签署:			本项作业已由本站报 OCC 行车调度员备案,并获行车调度员_____批准,于_____时_____分至_____时_____分在所申报作业区域内进行,施工承认号码_____,并已知会辅站_____。 车站值班员签署:　施工负责人签署:	
销点登记栏	辅　站			主　站	
	本作业点的作业已结束,并于_____时_____分出清作业区域(本作业点所有有关人员已撤离、有关设备已恢复正常、工器具、物料已撤走)。 施工联络人签署:　车站值班员签署:			本项作业已结束,并于_____时_____分出清作业区域(所有本项作业各作业点有关人员已撤离、有关设备已恢复正常、工器具、物料已撤走)。 施工负责人签署: 接施工负责人/_____站值班员通知本项作业已结束并出清作业区域,由本人于_____时_____分报告行车调度员_____销点。 车站值班员签署:	
备注					

注:1. 请划去不适用字句。

2. 一项作业只由一个车站进场施工时,该站视为主站。

3. 向原请点站电话销点时在辅站栏填写。

(2)属于A类作业,但需由多个车站进入施工的作业项目,施工负责人除按第1条到主站办理外,还需核实辅站情况。辅站施工联络人在作业令规定施工开始时间前10min到达辅站办理登记手续,辅站值班员向主站值班员核实施工事项并请点。主站接到行车调度员允许施工的命令后,传达给施工负责人及辅站,辅站值班员允许施工联络人开始该作业点的施工。

(3)属于B类的作业,施工负责人到信号楼调度员处填写"车站施工登记表"请点,经信号楼调度员同意,方可施工;车场内进行影响正线行车的作业应经行车调度员批准。

(4)属于C类的作业,经批准,施工负责人到车站登记请点。

(5)如遇作业区域同时包含正线和车场线路时,施工部门到信号楼调度员请点,信号楼调度员在审核批准该项施工作业后,信号楼调度员还须向行车调度员请点,征得同意后,方可允许施工部门开始施工。

(6)有外单位作业时,由指定的施工配合部门人员协助办理请点后,方可开始作业。

(7)作业请点站(主站)须持外单位作业许可单、施工负责人合格证、出入证、作业令原件(运营部门内部作业部门作业时主站可用复印件或传真件),辅站登记可用作业令复印件(传真件)。

5. 销点规定

(1)A类作业,施工作业地点仅一个站的,施工负责人在施工区域出清完毕后,报车站,由车站向行车调度员销点。

(2)B、C类作业施工完毕后,施工负责人负责施工区域的出清后到车场信号楼调度员或车站行车值班员处销点。

(3)属于上文"4(5)"项的施工的销点,施工负责人在施工区域出清完毕后,向车场销点,车场在办理销点手续时必须同时向行车调度员办理销点。

(4)当多站销点时,辅站施工联络人负责本段线路出清并报施工负责人后,在辅站销点;辅站值班员向主站值班员销点;施工负责人负责该项作业区域全部出清后,方可报主站值班员销点,主站值班员向行车调度员销点。

(5)需异地销点的施工作业,施工负责人(联络人)应在"车站施工登记表"备注栏中注明异地销点的地点、人数。登记进入施工的车站要及时通知异地销点的车站值班员。

(6)当施工作业只有一组人员进行作业,需异地销点的,销点的时间不得超过"施工行车通告"上规定的时间,作业结束后,施工负责人向销点站登记销点,销点站经与施工负责人核对销点的施工内容、施工人数、地点全部无误后,记录施工负责人有效证件、姓名、作业令号码、作业人数等,并向请点站核对无误后,准予销点;销点站向请点站销完点后还负责向行车调度员报告销点。

(7)当施工作业有多组人员进行,需异地销点的,销点的时间不得超过"施工行车通告"上规定的时间;作业结束后,由施工负责人统一向在主站登记的销点站登记销点,销点站经与施工负责人核对销点的施工内容、施工人数、地点全部无误后,记录施工负责人有效证件、姓名、作业令号码、作业人数等,并向请点站核对无误后,准予销点,销点站向请点站销完点后还负责向行车调度员报告销点。

6. 施工作业时间调整的要求

当日因特殊原因,施工作业时间需调整时,值班主任通知作业部门或对口专业管理部门,由作业部门或对口专业管理部门通知施工作业人员。

7. 施工人员进、出站及请销点作业程序

施工人员进、出站及请销点作业程序见表6-4。

进、出站及请销点作业程序　　　　　表6-4

序号	作业程序	备注
1	施工负责人及施工人员凭施工作业令及证件进车站;需关站后进入的,应事先联系	B类作业由信号楼调度员办理,C类作业可省略
2	施工负责人向值班人员填报人数,办理施工登记手续;多站请点的,主站施工负责人及辅站施工联络人向主站或辅站值班人员填报人数,办理施工登记手续,辅站值班员要向主站汇报,由主站统一负责请点	
3	车站值班员据施工负责人提出的施工申请及所报人数,办理施工登记手续,并按有关规定办理请点	
4	行车调度员根据车站请点要求审核、批准	
5	车站值班员通知本站员工及相关车站设置防护	
6	车站员工(站务员)根据值班员的指示及要求设置防护	
7	施工负责人根据施工要求设置防护	
8	开始施工	
9	施工结束后,施工负责人清点人数、出清线路、撤除防护措施,到车控室办理销点手续;多站销点的,主站施工负责人及辅站施工联络人清点人数、出清线路、撤除防护措施,辅站施工联络人向主站施工负责人报线路出清,主站施工负责人向在主站登记的销点站车控室统一办理销点,同时施工负责人应在销点站进行书面登记	
10	车站值班员按有关规定办理销点	
11	行车调度员根据车站销点要求审核、批准	
12	车站值班员销点后通知保安人员;开出入口门送施工人员出站	

七、运营时间内特殊情况的施工规定

1. 正线、辅助线发生各类设备故障或事故需封锁区间抢修的规定

(1)正线、辅助线发生各类设备故障或事故需封锁区间抢修的程序

①由行车调度员负责组织故障情况下的行车,根据设修调度员要求组织相关问题的处理。

②行车调度员向有关站发布封锁线路的命令,需要时通知电力调度员停电。

③设修调度员得到行车调度员的封锁命令号码、范围和时间后,负责组织封锁区

间内的设备抢修工作,并指定一名施工负责人为现场指挥;同时现场指挥指派专人在车控室进行防护,被指派到车控室的防护人员负责抢修作业的请销点工作,同时还负责与现场指挥积极联系,随时掌握抢修的进度。

④抢修完毕,现场指挥确认线路出清后报设修调度员,设修调度员在"值班主任事故/事件处理记录表"上签认恢复行车时间,该封锁区间交回行车调度员解封、组织列车运行。

⑤列车或车辆在线路上的起复救援工作按突发事件应急报告程序等有关规定执行。

(2)抢修、救援人员进出已交由设修调度员控制、封锁的区间应使用无线电话(如无法联络时经车站)向设修调度员申请,得到设修调度员批准后进入封锁的区间。

(3)遇车辆在线上的起复救援工作,涉及系统设备,由分管的电力调度员、环控调度员或设修调度员向值班主任提供技术支援,具体包括:

①影响范围、预计处理(开通)所需时间。

②变更的运行模式(指系统设备),如越区、单边供电、借用相邻设备等。

③处理进展情况。

④达到开通条件(轨道、供电)时的报告。

(4)设备故障或事故处理时,线路出清的确定。

①根据现场情况,由行车调度员组织行车,由现场指挥负责现场抢救工作。

②故障、事故处理完毕,由现场指挥报设修调度员、检修调度员,设修调度员、检修调度员再报行车调度员/信号楼调度员线路开通;遇车辆在正线上起复救援时,由现场指挥确认可以行车后报告行车调度员开通线路。

2. 运营时间进入正线、辅助线的各类设备故障短时间抢修规定

(1)行车调度员按照"先通后复"的原则,根据运营实际情况及时安排抢修作业。

(2)进入站台或站台附近区段的作业:

①抢修人员到车控室办理临时登记手续后(特殊情况下经行车调度员同意可不办理登记手续),到站台待令并及时汇报设修调度员。

②行车调度员及时通知车站抢修作业内容,具备抢修条件、行车调度员或车站通过信号系统设置防护后(无法通过信号系统防护时,行车调度员通知车站设置红闪灯进行防护)立即通知设修调度员和车站。

③得到行车调度员准许后,设修调度员负责通知抢修人员进入抢修区间,车站应监督抢修人员进入正确的区域。

④抢修期间严禁运行列车进入抢修的区间或站台区域。

⑤特殊情况在有安全地带避让列车的轨行区进行抢修作业时,须征得值班主任同意。抢修单位应在车控室安排胜任的联络防护员,现场抢修人员要及时避让列车,注意作业安全。

⑥抢修人员抢修结束、出清线路、恢复运营条件后,及时通知设修调度员,设修调度员再汇报行车调度员,行车调度员通知车站抢修结束,确认防护措施撤除后恢复

运营。

⑦抢修人员应及时到车控室补办相关手续。

(3) 运营时间搭乘客车到区间隧道的抢修作业。

①区间抢修行车设备搭乘客车应得到值班主任的批准。

②抢修人员在指定车站站台待令,设修调度员按行车调度员指定的车次通知抢修人员上车(行车调度员通知相关车站和司机)。

③抢修人员登乘驾驶室后通知司机在故障点前停车,从驾驶室门下车进入轨道。进入驾驶室的抢修人员以2人为限,其余人员到客室乘车,下车时通过驾驶室门进入轨道。

④能够及时恢复的作业,抢修完毕后立即汇报设修调度员,设修调度员汇报行车调度员,在抢修人员进入驾驶室后,由行车调度员通知司机动车;须滞留区间的作业,抢修人员进入安全地带后,用白色灯光做圆形转动或通过无线电联系(已到安全地点)通知司机继续运行。抢修作业时不得超出指定区域,严禁影响其他列车运行。抢修人员要返回车站时应向设修调度员申请,设修调度员与行车调度员协商后,分别通知抢修人员和列车司机,抢修人员给司机停车信号(使用信号灯或手信号),指示司机停车,并打开驾驶室车门让抢修人员上车。

3. 车站或线路两旁发生设备故障或事故,但不影响到列车正常运行时处理

在车站或线路两旁发生设备故障或事故,但不影响到列车正常运行时,由设修调度员统筹处理。

4. 车场内发生各类设备故障或事故时的处理

(1) 由信号楼调度员负责封锁相关线路。

(2) 如为行车事故,由信号楼调度员统筹组织处理,车辆检修调度员、设修调度员配合。

(3) 属车辆部管辖设备故障,由车辆检修调度统筹组织处理,并指定一名专业人员为现场指挥。

(4) 属物资设施部所管辖设备故障,由设修调度员统筹处理,并指定一名相关专业人员为现场指挥。

任务实施与评价

1. 教师课前下发任务,学生课前按要求完成预习任务。
2. 教师进行讲解,学生分组学习。
3. 学生完成任务。
4. 教师和各组长承担本次任务的他人评价工作,评判学生的任务完成情况。

思政案例

防护未撤除

某日,工程车作业结束返回某车站上行站台。3:10行车调度员逐站检查上行线路出清情况及防护撤除情况,各站依次回报上行线路已出清、防护已撤除,行车调度员随即通知车站排列工程车上行反方向回车场进路。3:12 行车调度员通知工程车凭地面信号动车。3:24 值班主任从洗手间回到中控室,当时工程车已运行两个区间。值班主任询问行车调度员上行线地线是否已经拆除,行车调度员意识到地线还没有拆除,立刻通知工程车停车待令。3:27 行车调度员询问工程车司机运行线路是否有异常,司机刚使用无线电台答复"线路没有异常",就发现有两名供电人员从变电房出来,对地线进行检查,随后司机打开车门,发现离车站头端墙 20m 处有一组地线,地线已在机车中部,附近没有红闪灯防护。

当班行车调度员工作责任心不强,安全意识淡薄,未与电力调度员核对并在登记簿上标记地线位置,在未拆除地线的情况下,排列了工程车回场进路,并盲目指挥司机动车,是造成本次事故的主要原因。

思考: 请阅读案例,谈谈对遵守劳动纪律意识的感受。

拓展知识

城市轨道交通系统建设及运营管理中,一般将不同专业技术工作之间的协调或匹配工作称为工作接口。本部分以值班主任、行车调度员、电力调度员、环控调度员及维修调度员的工作接口为例进行介绍。

一、值班主任与电力调度员、环控调度员的工作接口

(1) 值班主任负责协调本班各调度工作,组织、处理运营中发生的故障和事故。

(2) 当发生事故和突发事件时,由值班主任指挥各调度员的工作,电力调度员、环控调度员负责了解相关设备的受影响情况,并提供事故、事件和救灾的配合处理方案,经值班主任确认后各自执行,并适时汇报进展情况。电力调度员负责提供供电配合处理方案,环控调度员负责提供环控配合处理方案。

二、行车调度员与电力调度员的工作接口

1. 接触轨停/送电

(1) 运营结束后,行车调度员填写停电通知单,经值班主任审批后交电力调度员办理停电手续,电力调度员确认接触轨停电后,通知行车调度员。

(2) 计划首列车到达转换轨前约 25min,行车调度员确认送电区段符合送电条件后,填写送电通知单,交电力调度员办理送电手续,电力调度员确认接触轨已送电后,通知行车调度员。

(3) 事故抢险时,行车调度员口头通知电力调度员立即停电,事后补填停电通知单。

(4) 接触轨停/送电时,行车调度员须通知有关车站、信号楼,通知的主要内容包括:

① 停、送电时间。
② 停、送电区域。
③ 行调工作代号。

2. 牵引变电所跳闸或故障时

（1）电力调度员接报变电所跳闸或发生故障时，应立即通知行车调度员，行车调度员在值班日志上作记录，并通知车站和司机查找跳闸原因，并把信息及时反馈给电力调度员。

（2）牵引变电所跳闸或故障后，不能以正常方式供电时，电力调度员提供越区供电方案，经值班主任同意后，实行越区供电。

3. 用电量

电力调度员应于每日23时前统计当日牵引和总用电量数值，供值班主任填写运营日报使用。

三、行车调度员与环控调度员的工作接口

1. 环控系统开启和关闭

正常情况下，环控调度员按列车运行图规定的时间，在运营开始前和结束后开启和关闭车站环控大系统。因特殊情况，加开列车或列车晚点须延误收车时间时，行车调度员通知环控调度员提早或推迟开启和关闭车站空调大系统。

2. 开启隧道风机

（1）非运营时间，因检修施工、工程车开行需要开启隧道风机时，环控调度员根据计划通知有关车站开启。

（2）发生列车在隧道内停车超过2min时，行车调度员口头通知环控调度员，检查隧道风机是否开启。

（3）当发生车站、列车、区间隧道火灾事故时，谁先接报由谁通知当值全体调度。各调度员按值班主任的组织去处理，环控调度员应首先按火灾模式进行中央控制或组织车站启动各减灾、救灾设备运作。

四、行车调度员与维修调度员的工作接口

行车调度员接到影响行车的设备（信号、通信、线路、车站设备、供电）故障时，应及时通报维修调度员。

习题

1. 电力调度员的职责有哪些？
2. 简述系统操作管理。
3. 简述断路器操作管理。
4. 简述隔离开关操作管理。
5. 简述环控调度员的工作职责。
6. 简述FAS火灾报警确认制度。
7. 简述隧道通风系统运作管理。
8. 简述FAS系统故障处理。
9. 简述火灾事故调度的一般原则。
10. 遇车站站台、站厅火灾应如何处理？
11. 简述列车火灾的处理。

12. 简述施工计划的分类。
13. 简述施工计划的编制原则。
14. 简述施工防护。
15. 简述施工安全管理。
16. 简述施工人员进、出站及请销点作业程序。
17. 运营时间内正线、辅助线发生各类设备故障或事故需封锁区间抢修的规定有哪些?

参 考 文 献

[1] 操杰,王笑然. 城市轨道交通车站行车工作[M]. 北京:中国物资出版社,2012.
[2] 程钢,操杰. 城市轨道交通运营组织[M]. 成都:西南交通大学出版社,2010.
[3] 何宗华,汪松滋,何其光. 城市轨道交通运营组织[M]. 北京:中国建筑工业出版社,2003.
[4] 张国宝. 城市轨道交通运营组织[M]. 2版. 上海:上海科学技术出版社,2012.
[5] 何静. 城市轨道交通运营管理[M]. 北京:中国铁道出版社,2007.
[6] 何宗华,汪松滋,何其光. 城市轨道交通通信信号系统运行与维修[M]. 北京:中国建筑工业出版社,2007.
[7] 徐金祥,冲蕾. 城市轨道交通信号基础[M]. 北京:中国铁道出版社,2010.
[8] 薛亮,刘小玲. 城市轨道交通调度指挥[M]. 北京:人民交通出版社,2013.
[9] 李慧玲. 城市轨道交通调度指挥工作[M]. 北京:中国财富出版社,2013.

附录1 缩略语对照表

序号	英文缩略语名称	中文名称
1	AP	无线接入点
2	ATC	列车自动控制
3	ATO	列车自动运行
4	ATP	列车自动防护
5	ATS	列车自动监控
6	AX	电源插座箱
7	BAS	环境与设备监控系统
8	BOM	半自动售票机
9	CBTC	基于通信的列车控制
10	CCTV	闭路电视/视频监控系统
11	CRT	重庆轨道交通
12	DCS	集散式控制系统
13	DDC	车辆段(或停车场、车辆基地)控制中心
14	EPS	紧急电力供给
15	FAS	火灾自动报警系统
16	GPS	全球定位系统
17	IBP	综合后备盘
18	IC	集成电路
19	ICT	信息与通信技术
20	IGBT	绝缘栅双极晶体管
21	ISCS	综合监控系统
22	LCB	线路控制块
23	MCP	带驾驶室和受电弓的动车
24	MCS	主控系统
25	HMI	人机界面
26	OCC	运营控制中心
27	PIS	乘客信息系统
28	PLC	可编程控制器

续上表

序号	英文缩略语名称	中文名称
29	PSL	站台门控制盒
30	RM	限制人工驾驶
31	SCADA	电力监控
32	TVM	自动售票机
33	UPS	不间断电源
34	VOBC	车载控制器
35	ZC	区域管理

注：本表仅列出重点英文缩略语的中文名称。

附录2 数字资源二维码列表

序号	名称	页码
1	车辆编组与配置	10
2	列车交路	12
3	判断是否开行长短交路例题	15
4	列车开行数量例题	16
5	列车停站方案	19
6	计算断面客流量	27
7	全日分时最大断面客流量	29
8	列车运行图的分类	46
9	运行图的要素	46
10	确定车站在运行图上位置的方法	48
11	三显示自动闭塞	57
12	列车折返方式	60
13	拓展内容:铁路轨道区间列车开行方案与计算通过能力	64
14	上海地铁运营时刻表	76
15	行车指挥系统	83
16	运营控制中心的布局	86
17	线路的分类	114
18	列车运行图中的符号	119
19	列车运营前准备工作	130
20	列车正线运行	132
21	列车出库的流程	132
22	列车入库的流程	136
23	列车故障组织	172

资源使用说明:
(1)扫描封面上的二维码(注意此码只可激活一次)。
(2)关注"交通教育"微信公众号。
(3)公众号弹出"购买成功"通知,点击"查看详情",进入后即可查看资源。
(4)也可进入"交通教育"微信公众号,点击下方菜单"用户服务-开始学习",选择已绑定的教材进行观看。